谨以此书献给我的导师樊启荣教授

本书受中央高校基本科研业务费专项资金资助（项目编号：18CX05030B）

保险法上损失补偿原则及其当代发展研究

康雷闪——著

法律出版社
LAW PRESS·CHINA
——北京——

图书在版编目(CIP)数据

保险法上损失补偿原则及其当代发展研究 / 康雷闪著. -- 北京 : 法律出版社, 2022
ISBN 978 - 7 - 5197 - 6371 - 8

Ⅰ. ①保… Ⅱ. ①康… Ⅲ. ①保险—赔偿—研究—中国 Ⅳ. ①D922.284.4

中国版本图书馆 CIP 数据核字(2022)第 008700 号

保险法上损失补偿原则及其当代发展研究
BAOXIANFA SHANG SUNSHI BUCHANG YUANZE JIQI DANGDAI FAZHAN YANJIU

康雷闪 著

策划编辑 似 玉
责任编辑 似 玉
装帧设计 汪奇峰

出版发行 法律出版社
编辑统筹 法律应用出版分社
责任校对 邢艳萍
责任印制 刘晓伟
经　　销 新华书店

开本 A5
印张 9.25　**字数** 215 千
版本 2022 年 6 月第 1 版
印次 2022 年 6 月第 1 次印刷
印刷 北京新生代彩印制版有限公司

地址:北京市丰台区莲花池西里 7 号(100073)
网址:www.lawpress.com.cn
投稿邮箱:info@lawpress.com.cn
举报盗版邮箱:jbwq@lawpress.com.cn

销售电话:010 - 83938349
客服电话:010 - 83938350
咨询电话:010 - 63939796

书号:ISBN 978 - 7 - 5197 - 6371 - 8　**定价**:56.00 元

凡购买本社图书,如有印装错误,我社负责退换。电话:010 - 83938349

序

人类本于互助共济之需要、共同利害之基础、社会连带之自觉,而使保险制度得以滥觞、建立与发展,保险合同法亦随时代之精神而形成。保险合同与众不同,有其独特要素,使其区别于其他的合同,这集中体现在对承保责任范围内的损失作有条件赔付的承诺方面。质言之,保险之功能在于使被保险人所受之损失获得填补,则损失与填补之间应遵循何种原则,方符法的公平与正义之要求,即属保险契约法领域首要之议题。故损失填补原则成为保险契约法的基本原则,且在一定意义上可视为保险契约法之首要原则。正如保险法谚有云:无保险利益者,无损失;无损失者,无填补。由此表明,损失填补原则是由保险制度之目的所决定的,既是填补被保险人所受损失之有效的制度安排,亦是防免道德危险之灵丹妙药。抑有进者,损失填补为科学界定保险之定义及分类的逻辑起点，涵盖了保险契约法之基本范畴及核心制度。因此，不论是从宏观上观察，还是从微观上审视，损失填补原则在保险契约法中居于核心地位，除极富理论上的学术价值外，更有认识论与方法论上的工具价值，即损失填补原则是“纲”，保险契约法之价值是“目”，“纲举”方能“目张”。易言之，损失填补原则是理解保险契约法之真谛的“金钥匙”，只有把握了这把“金钥匙”，方能打开保险契约法之宝藏，进而得以窥其堂奥。

我国《保险法》自 1995 年 10 月 1 日施行以来，虽已经过两次大的修改，但迄今为止，损失填补原则并未由某一法律条文直接宣示，而是以隐藏在诸多法律条文背后的法律思想而存在，学理上只能从法律规定中借助整体类推或者回归法律理由的办法推求出来。本书作者敏锐地捕捉到此“上位概念隐而不显、具体制度明文列举”之立法技术上的局限，突破已有研究成果大多着眼于损失填补原则所衍生的具体制度研究之窠臼，将研究视角聚焦于作为上位概念的损失填补原则之本体。从损失填补之基本概念入手，运用法史学分析、比较法分析以及目的功能之解释等研究方法，澄清了我国保险立法上所采“损失赔偿”术语之讹误，勾勒了损失填补原则从海上保险到陆上保险历程中的“源”与“流”，厘清了损失填补原则旨在于防止被保险人不当得利之迷思，厘定了损失填补原则规范适用范围之判定标准等。如此诸端，表明本书实属损失填补原则之“形而上”之作，在一定意义上可以说已具保险合同法教义学之意蕴。

从保险实务运作观之，损失填补原则之遵循，最重要者在保险理赔环节。针对保险理赔而言，适用损失填补原则之险种与不适用损失填补原则之险种，二者之间有着重要区别。申言之，前者为损失填补性保险，保险理赔环节所须解决之问题有二：赔不赔？赔多少？而后者为定额给付性保险，保险理赔环节所须解决之问题只有赔不赔的问题,至于赔多少的问题在缔约环节当事人双方已有约定,约定多少,给付多少;对于保险人给付义务之履行而言,正如近年网络流行语所言:“出来混,总是要还的。”进言之,在损失填补性保险中,赔多少问题之解决则须服膺于损失填补原则之要求。而赔多少的金额之确定,则仰赖于保险损失之理算,其本身极具技术性与实践性,须同时考量保险利益、保险价值与保险金额等要素及其关联。其中,核心要素则为保险价值,将抽象的保险利益转换为具体的货币数额,为估算实际损失提供了参照标准。但是,保险价值之确定方式又极具变通性,其考量因素涉及时间、地点乃至于人;出于理赔效率以节省估损成本之考量,保险实务上在不定值保险基础上发展出定值保险、重置成本保险等。而所谓不定值保险、定值保险以及重置成本保险等术语,均为“描述性概念”,其适用对象与条件需要保单条款予以明确。因此,本书可以说从学术研究的角度提供了实务界一个省思的空间,对于未来保单研发、市场发展以及促进法制之完善等,应具有重要的参考价值。

本书作者于2008年9月考入中南财经政法大学法学院,在我的指导下研习保险法,先后获得法学硕士学位与法学博士学位。在其6年的求学期间,与我成就一段亦师亦友的师生情谊。其攻读学位期间所崭露的学术灵气与才华,令我及商法教研室同人颇为欣赏。在博士毕业之际,本来希望他能留校做我的助手,并将坚守近30年保险讲台传承给他,但囿于我无一官半职、人微言轻而作罢。我虽然未能满足自己的心愿,但也为他能得中国石油大学(华东)文法学院器重而倍感欣慰,看到他事业蒸蒸日上、家庭美满幸福而由衷高兴。

本书是在作者的博士论文基础上修改而成,兹值本书付梓之际,我欣然为之作序,一方面向读者郑重推荐本书,期盼受到保险法学界与实务界之重视;另一方面勉励他不以学成而自傲、不以年壮而轻浮,继续努力、勇于创新、多出精品,为中国保险法制建设作出自己的贡献。

樊启荣　谨志

2022年2月22日于保险法研究所

前　言

保险因其“分散危险、消化损失”[①]之功能，日渐成为现代国家不可或缺的重要制度。保险功能的发挥，主要在于使被保险人遭受的损失得到充分补偿，同时又不能使被保险人因保险事故的发生获得额外的利益。因此在填补损失的过程中应遵循何种原则，才符合公平正义，成为保险法上的重要课题。保险法上的损失补偿原则（principle of indemnity）即着力于解决上述问题。

损失补偿原则既是保险合同法之基石，也是近年来我国保险法理论与实务聚讼之疑难问题，其中之缘由，既有我国保险立法上之缺失，又有理论上对保险损失补偿观念之认识不清，对于损失补偿原则亟待全面而深入的研究。

---

① 桂裕编著：《保险法论》，台北，三民书局1981年版，第1页。

损失补偿原则是保险合同法之基石。系统而深入地研究保险损失补偿原则,有利于全面提升我国保险法理论水平。损失补偿原则为保险合同法诸多制度之基础,不足额保险之比例分摊、超额保险之禁止、重复保险之排除、保险竞合之调整、保险代位权之赋予,均以该原则为中心衍生而来;损失补偿原则适用与否之分界,构成保险合同权利义务规范之不同基础,进而已成为保险合同分类架构——"损失补偿保险"与"定额给付保险"现代二分模式之法理依据,促成了有关保险定义之现代二元学的形成。可以说,损失补偿原则是保险合同法理一切问题之"交集点",无论是保险定义之界定,还是保险合同之立法分类及其架构,抑或是保险合同权利义务之规范,均需以"损失补偿"为"纲"予以厘清。因此,系统而深入地研究保险损失补偿原则,对于提升我国保险合同法理论水准,廓清关于保险损失补偿原则的认识或观念误区,推动我国保险合同法制从传统走向现代,具有重大的理论价值。

损失补偿原则为保险法学说及实务争议之重点。在我国保险法理论与实务上,向来存在诸多的争议,其中,损失补偿原则及其适用问题,又是学说上存有争议、实务中纠纷聚集的一项重要问题。随着保险产品的不断丰富、社会风险的多样化,社会大众对于保险的需求也日益增长,因保险而引发的纠纷也呈现出"爆炸式增长"①。据不完全统计,②在保险纠纷中,财产保险纠纷占保险合同纠纷的85%以上,而与损失补偿原则直接或间接相关的纠纷占保险合同纠纷的50%以上。其中,保险标的物损失如何算定,保险合同中的除外、免责条款的效力认定,人身保险有无保险代位、重复保险之适

---

①　王静:《保险类案裁判规则与法律适用》,人民法院出版社2013年版,前言页。

②　周迅:《当前保险合同纠纷案件审理中存在的主要问题及对策分析——以基层法院相关案件的审理为依据》,载《法律适用》2013年第2期。

用，医疗费用保险可否适用损失补偿原则，保险竞合问题如何解决，积极财产之定值保险是否适用损失补偿原则，定值保险是否有适用关于不足额保险与超额保险规定之余地，新兴之重置成本保险与损失补偿原则之关系如何等，诸如此类问题，已成为困扰我国当前保险法理论与实务之疑难争议问题；而上述问题之“源头”，无不与保险损失补偿原则相关联；上述问题之产生，部分系源于法制继受上的冲突，但亦有些是来自法院及部分学者对于保险损失补偿原则之认识不清。因此，全面而深入地探讨保险损失补偿原则，有利于从源头上正本清源、廓清争议，并有利于该原则正确地解释与适用。

“上位概念隐而不显、具体制度明文列举”的立法格局，阻碍了学理上对于损失补偿原则的深入探讨。在我国现行的《保险法》中，仅规定了超额保险、重复保险、保险代位等具体制度，而对损失补偿原则这一上位概念并未有明文规定。这种立法格局导致对于损失补偿原则本身的研究不受重视，同时也产生了适用上的困境。因此，系统地研究损失补偿原则，对于进一步阐明保险之法理、健全保险法之体系，具有重大的理论意义和实践意义。

本书以保险法上的损失补偿原则之研究为中心，分别从其基本范畴、历史流变、规范功能、适用范围以及保险理赔环节之落实五个方面展开。

第一章解析损失补偿原则之基本范畴。主要从称谓辨正、内涵解析、协同机制及规则体系等方面展开。在称谓上，保险之损失补偿，是保险人依据保险合同之约定，待保险事故发生之时，履行给付保险金的义务，从而达到补偿被保险人损失之目的，此与基于违约或侵权而产生的法定的损害赔偿责任截然不同；在具体内涵上，损失补偿原则包含充分填补被保险人的投保损失与防止被保险人获得不当利益两方面的内容；在具体运作上，保险利益、保险金额、保险价值等原则或概念共同推动损失补偿原则的有效实施;在具体规则上,单一保险中的足额与不足额保险、多数保险中的重复保险、保险竞合以及多数债务人情形下的保险代位等衍生制度,共同形成了损失补偿原则的规则体系。损失补偿原则是保险法诸多重要问题的交集点,在保险法中具有奠基性的地位。

第二章考察损失补偿原则之历史流变。分别从观念、制度、性质三个角度展开。保险法上损失补偿观念之确立,始于12世纪末13世纪初的海上保险,大约于16世纪普及到陆上的财产保险;保险损失补偿原则所衍生的制度与规则体系的形成,大约在17世纪中后期;其中,英国在这一时期保险判例所确立的规则,影响了两大法系主要国家的保险立法。综观保险委付、追溯保险、定值保险及重置成本保险等制度的形成,均为当事人双方通过合同条款对严格意义的损失补偿原则予以变通的结果。观念的更新、制度的变革与性质的转变缓解了传统严格意义的损失补偿原则在承保与理赔中的技术性困境,方便了损失补偿原则的实施,保险的损失补偿功能也得到了更加充分的发挥。

第三章阐释损失补偿原则之规范功能。从填补实际损失、限制补偿与充分补偿之权衡的角度展开。损失补偿原则之规范功能,包含积极意义与消极意义两个方面。积极性功能旨在确保被保险人的投保损失得到充分的补偿,使被保险人尽可能恢复到损失发生前的状态;而消极性功能则在于防止被保险人的不当得利,以维护保险制度的运行。其中,确保被保险人获得充分补偿乃是实现损失补偿的前提性、原初性的内容,是保险损失补偿原则所追求的“主导目标”;而防止被保险人不当得利只不过是确保“完全补偿”目的实现之后的一种“反射结果”,是保险损失补偿原则所追求的“附属目标”。损失补偿观念在当代的新发展中表明:虽然“禁止得利”依然是很重要的内容,但不再是唯一的核心,如何实现对被保险人损失的充分补偿成为损失补偿原则的重要内容。

第四章厘清损失补偿原则之适用范围。从传统保险分类模式下产生的损失补偿原则的适用困境展开。传统“二分法”将保险分为人身保险与财产保险。在人身保险中,基于“人身无价”之观念,无损失补偿原则适用之空间。随着诸如医疗费用保险、丧葬费用保险、信用寿险等以人身为标的的财产性保险的出现,衍生出了这类保险“归财”还是“入寿”,即有否损失补偿原则适用之问题。该类保险旨在填补被保险人或受益人因保险事故发生而导致的财产性损失,不应囿于其标的为人身而否认损失补偿原则的适用。鉴于此,传统的人身与财产分类模式并不能有效厘清保险合同中的权利义务关系;保险合同应打破人身与财产之界限,重新分类为损失补偿保险与定额给付保险,以有效规范保险合同双方当事人之权利义务关系。

第五章探讨损失补偿原则在保险理赔环节之落实。主要从运行原理、损失的计量规则、损失补偿的方式三个方面展开。被保险人对保险标的具有保险利益,是保险人承担损失补偿责任之前提,亦为被保险人损失多少计量之依据;对于损失的计量方法,我国《保险法》规定按照保险标的的“实际价值”计算被保险人的损失,这一规定缺乏明确的标准,未来改进之道,应构建以被保险人对保险标的的使用意图为标准的损失计量规则。对于保险的补偿方式,应确立以金钱给付为原则,以恢复原状、重置、修理为例外的方式。对于不足额保险中保险金的计算方法,我国《保险法》应改比例制计算方法为第一损失计算方法,以充分保障被保险人之利益。

损失补偿原则在保险法中居于核心地位,不仅被视为“保险制度之最高指导原则”,而且被奉为“保险理赔给付标准之最高准则”。

损失补偿原则之影响不止及于超额保险、重复保险、保险代位等衍生规则，还涵摄保险利益、保险价值、保险金额等重要概念，更关乎保险之本质及其基本定义、保险合同之基本分类、保险合同权利义务之规范、保险理赔之运作等问题，实属保险合同法理一切问题的"交汇点"。因此，系统而深入的研究损失补偿原则，对于进一步阐明保险之法理、健全保险法之体系、规范保险实务之经营，具有重大的理论与实践价值。

目录

第一章 损失补偿原则之基本范畴

损失补偿原则是保险法之核心。但国内对该原则的研究，不仅名词称谓不统一，①而且内容也不确定；在研究视角上，也多以民法上损害赔偿之原理来对该原则作出解释。这种称谓混乱、内涵不清、原理不明的现象，严重阻碍了损失补偿原则在保险法理上的发展以及在保险实务中的运用。本章即从损失补偿原则的称谓、含义、结构、功能、规则体系等方面展开，以展示其内涵、呈现其本质。

① 保险法学界对此概念在表达上有相当分歧，目前使用的名词有损害填补原则、损害补偿原则、损失填补原则、损失补偿原则、损害赔偿原则、禁止不当得利原则、利得禁止原则、不当得利禁止原则等。

第一节　损失补偿原则称谓之辨正

古语云：夫欲行其实者，必先正其名。“名正”才得以“言顺”。称谓的确定是探讨损失补偿原则的基础。

人类为了区辨不同的事物而创立了不同的词语，但是，“我们语言的丰富和微妙程度还不足以反映自然现象在种类上的无限性、自然力的结合与变化，以及一个事物向另一个事物的逐渐演变”①。在我国的法律用语中，与保险法上“损失补偿”相似的词语众多，典型者如民法上的“损害赔偿”。在法律用语上，保险法上的“损失补偿”一词一度与民法上的“损害赔偿”之用语混用，甚至将二者等同视之；无论是我国的保险实务还是保险法的理论研究，长期以来均套用民法上“损害”及“损害赔偿”的理论，来解释保险法上的“损失”及“损失补偿”的内涵。如我国早期保险法学者认为：“由表而观之，两者似有不同，然照民法债编之规定而论，则‘损失填补’与‘损害赔偿’实无二致也。”②

法律术语的错误使用，导致损失补偿原则的真正内涵被错误解读。从某种意义上来讲，正是这种词不达意，造成了业界多年以来对损失补偿原则观念的错误认识。故厘清保险法上的“损失补偿”与民法上“损害赔偿”之关系，有助于进一步认清保险损失补偿原则之真正内涵。

---

①　[美]E. 博登海默：《法理学——法哲学及其方法》，邓正来、姬敬武译，华夏出版社1987年版，第464页。

②　王效文：《中国保险法论》，中华书局1930年版，第85页。

一、"损失"抑或"损害",何者更符合保险制度之本质

为了厘清"损失"与"损害"之关系,有必要考察二者之词源、词性和词义。《说文解字》对"损""失""害"的解释分别为:"损,减也;失,纵也;害,伤也。"在现代汉语中,"损失"的基本意思为毁损丧失,"损害"则为使受损失、使受伤害。但上述解释似乎并不能确切反映这二者在法律上的差别。

(一)民法上对于二者的区分

就损害一词而言,诚如国外学者所言:"所有人都知道损害是什么,显然只有法学家不知道。"①从词性角度观之,损害既可作为动词,又可作为名词。当其作为动词使用时,在民法上指侵权行为;作为名词时,是指权利主体的各种合法权益受到损害时的不利状态。但作为名词的"损害"常常与"损失"相混淆。我国的早期民法研究认为损害即损失:损害指的是财产上的损失;人身损害,也是因人身伤害造成的财产上的损失。② 随着立法技术的不断完善以及科研水平的不断提高,民法学界逐渐认识到二者的差异与关联。可归结如下:(1)损害与损失不同,损害是对民事权利主体行使权利的妨害,损失是民事权利主体利益的丧失,损害是一种侵权行为,其结果是带来损失。③ (2)损害包括损失,损害不但包括财产上的不利益,还包括人身或非财产的不利益,不论该不利益是人的行为还是自然事件所致。而损失一般仅指财产上的或财产性的不利益。④ (3)损害不仅包括已经发生的损失,而且还包括未来必然的不利益;损失仅

---

① [德]格哈德·瓦格纳:《损害赔偿法的未来——商业化、惩罚性赔偿、集体性损害》,王程芳译,熊丙万、李翀校,中国法制出版社2012年版,第13页。

② 参见佟柔主编:《民法原理》,法律出版社1986年版,第240页。

③ 参见麻昌华、蔡军:《试论损害》,载《中南政法学院学报》1991年第1期。

④ 参见宁金成、田土城:《民法上之损害研究》,载《中国法学》2002年第2期。

指已经发生的财产上的不利益。①

由此可见,在我国民法用语中,损失是有别于损害的一个概念。损害是一个较为广泛的概念,不仅包括损失,还包括侵害、妨碍和伤害等。损害之范围涵盖了财产上的和非财产上的不利益,发生之原因包括了人的行为和自然事件,发生之时间不论是现实的还是未来的,只要不利益的发生是确定的,均可称之为损害。诚如学者总结所言:“损害应当是法律承认保护的物和利益的所有损失,基于此,《奥地利民法典》第 1293 条给出了定义:‘损害即任何人对他人财产、权利或人身造成的损失。’——这就是提到损害时每个人都知道的事。”②而损失的概念则相对较小,仅指已经发生的经济利益的减损。

(二)英美法上的“损失”(loss)与“损害”(damage)

从严格意义上来讲,我国法律用语中的“损失”和“损害”这两个词语,是近代西方法律移植的结果。因此有必要考察其对应的英文的含义。

“损失”与“损害”在英美法中分别对应的单词为“loss”和“damage”。《元照英美法词典》对两个词的解释如下。③ loss:名词:①损失、损害。用于此含义时,该词意义不定,多与“damage”“detriment”“injury”“deprivation”等词同义。既指经济上的损失,亦指因人身伤害而导致的损害。在保险法中,保单上使用该词是指一种被丢失、破坏或毁损灭失的事实状态。在劳工赔偿法、社会保障法或残疾保险合同有关残疾利益取得的规定中,它是指部分或永久

① 参见马俊驹、余延满:《民法原论》,法律出版社 1998 年版,第 1028 ~ 1029 页。

② [德]格哈德·瓦格纳:《损害赔偿法的未来——商业化、惩罚性赔偿、集体性损害》,王程芳译,熊丙万、李翀校,中国法制出版社 2012 年版,第 16 ~ 17 页。

③ 参见薛波主编:《元照英美法词典》,法律出版社 2003 年版,第 363 页。

地丧失眼睛、肢体等的器官功能。②损失额。常用于保险条款中，尤指诸如部分损失、全部损失、实际全损或推定全损等。③(财务)损失、亏损。因任何原因而造成的财务上的损害，例如，供货后无法取得债务人款项；货物的售价低于成本；管理费用高于销售利润总额等。④剥夺、丧失。damage：作为动词时是指损害、伤害。作为名词时是指损害、伤害、破坏、损失。因过失、故意或意外事故而非法侵害他人人身、财产等合法权益所形成的损失或伤害。它的复数形式“damages”则意指损害赔偿金、损害赔偿额。

从上述《元照英美法词典》的解释来看，“loss”与“damage”虽然在某些情况下可以通用，二者之间并没有不可逾越的鸿沟。但值得注意的是，“loss”一词在保险法中有其特殊含义，专门指保单中保险标的物被毁损灭失的状态，包括全部损失、部分损失及推定全损等。

(三)“损失”一词更贴近保险之本质

综合上述分析，本书以为“损失”一词更能确切反映保险制度之本质特征。(1)保险所补偿者，为财产上或财产性的不利益。无论是财产保险中标的物的毁损灭失，还是人身保险中医疗费用之支出，均为被保险人财产之减损，可用金钱予以衡量，符合“损失”一词之本旨。至于人寿保险之保险金，因具有极强的储蓄性质，不应认定为被保险人所遭受之不利益的对价。(2)保险之目的，在于补偿被保险人于保险事故发生时所遭受的不利益。进言之，保险所补偿之不利益必须是保险事故发生时已经现实存在的，对于未来的、尚未发生的不利益，保险人不予补偿。此与“损失”一词所代表的不利益发生的时间点一致。(3)在保险法上使用“损失”一词，符合国际惯例。在英美保险法上，普遍使用“loss”(损失)一词，且该词在法律上已经确立了专属于保单中保险标的物毁损灭失的意义。

(四)保险法上“损失”与民法上“损害”之区别

以上仅从术语解释的角度，论述了“损失”与“损害”之不同，并得出保险法上应采用"损失"一词,以符合保险法之实质内核。以下就保险法上"损失"与民法上"损害"之本质做一区分。

1. 法律关系不同。第一,被保险人所遭受之保险事故可能由第三人"所害",从民法上的法律关系来讲,被保险人确实遭到了"损害";但保险合同之双方当事人为保险人和被保险人,并不包括"致害第三人"。另外,保险事故未必来自人之行为,保险事故来自自然事实者,常可见之。所以不能将民法之法律关系与保险法之法律关系混同。第二,发生在被保险人之人身或财产上的不利益,可从行为人与保险人两个不同的角度观察。从行为人之角度观察,不利益固可以损害称之;从保险人之角度观察,保险人并非致害方,其自身并无过错,只是基于保险合同而承担给付保险金之义务,故该不利益不能称之为损害,仅能称之为损失。[①] 据此,保险事故发生后,被保险人所遭受之不利益,本质上与损害赔偿之"损害"有别。

2. 范围不同。保险之目的虽在填补被保险人于保险事故发生时所遭受之损失,但其所补偿之范围并非和民法上损害赔偿之范围一致。[②] 民法上,损害赔偿义务人对于因其所引起之财产损害皆须负赔偿之责,所谓财产上损害包括债权人所受之损害及依通常情形或已定之计划、设备或其他特别情事,可得预期之利益。至于非财产上之损害民法虽亦有规定侵害人须负赔偿义务,但仍属例外。于保险法上,保险人基于保险技术的原因,即危险范围之估计和保险费之对价关系,并非于保险事故发生时,补偿所有因此而产生之损失,保险人所负之义务唯限于保险合同中保险标的所受侵害而产生之损失。例如,汽车保险,汽车受损,依民法上损害之概念,除汽车本身受损所支出之修理费用外,可能亦包括因无法使用该汽车致额外

① 参见曾世雄:《损害赔偿法原理》,中国政法大学出版社2001年版,第13页。

② 参见江朝国:《保险法基础理论》,中国政法大学出版社2002年版,第86页。

支出之费用,然于保险法上极可能只将损失额限定于汽车修理费用而已;或者于意外伤害保险,保险人得依条款规定,只负责意外伤害医疗费用支出之补偿,而不及于因伤害致无法工作所受之其他损害。

3. 性质不同。保险法上的损失属于个别损害,民法上的损害属于总额损害。[①] 所谓总额损害,即损害之确定系以受害人之整体财产变动为依据,因此损害事故发生时,受害人所发生之损害应列入考虑,且受害人因而获得的所有利益,如有相当之因果关系,也应于损益相抵时考虑在内。总额损害之观念,在民法中适用。所谓个别损害,相对于总额损害,其对损害之认定,并非以受害人之整体财产变动为标准,而系以个别之标的是否遭到侵害为标准。故在保险法中所指之损失为个别损害。"于'个别损害'既然何种损失及其赔偿范围皆已特定,而不至有像于'总括损害'般,可能产生后续性损害是否亦应由赔偿义务人负责之问题"[②]。

此外,民法上并未规定赔偿义务人最高赔偿金额,只要是属赔偿义务人所应承担者,则无论额度多少,赔偿义务人皆须承担;但于保险法上,因有保险金额之额度,故保险人之责任有最高之限度。保险法上何种损失应予以补偿以及补偿范围,几乎皆由保险法或保险合同条款予以明确规定。

综上所述,保险"损失"与民法"损害"之内涵并不完全相同。被保险人于某事故发生时所遭遇之损害,并非皆应由保险人承担,而是唯有该保险事故属于保险责任范围内之事故,且该损害因被保险人已

---

① 总额损害与个别损害之概念为德国著名保险学者 Moeller 所提出,他于 1937 年以比较民法上及保险法上"损害"之概念为题发表一著作,称保险法上之损害为"个别损害",而民法上之损害为"总括损害",以示两者之区别。参见江朝国:《保险法基础理论》,中国政法大学出版社 2002 年版,第 340 ~ 341 页。

② 江朝国:《保险法基础理论》,中国政法大学出版社 2002 年版,第 340 ~ 341 页。

投保的保险利益受到影响而产生的,才属于保险法上的"损失"。

二、"补偿"抑或"赔偿",何者更符合保险制度之目的

从词源角度考察,保险法上的"损失补偿原则"的英文表述为"principle of indemnity"。在我国的保险法规中,受传统民法的影响,均将英文的"indemnity"翻译为"赔偿"。例如,我国《保险法》第2条规定:"本法所称保险,是指投保人根据合同约定,向保险人支付保险费,保险人对于合同约定的可能发生的事故因其发生所造成的财产损失承担赔偿保险金责任……"根据该条款的规定,财产保险是一种由保险人对被保险人的损失承担"赔偿保险金"的行为。但是,这种将"indemnity"翻译为"赔偿"的做法值得商榷。

(一)"赔偿"之含义

了解"赔偿"之真正含义,是厘清上述问题的前提。按《现代汉语词典》对"赔偿"的解释,赔偿是指因自己的行动使他人或集体受到损失而给予补偿。在法律上,就如同"损害"一词具有多种意义一样,"赔偿"术语的意思也远非简单。"这里常常提到律师通常认为'赔偿'作为弥补损失的一个方法,作为取代一个人已经被剥夺的一些东西的一个方法"①。

一般来讲,"赔偿"应至少包括三层含义:②第一,赔偿是一种有意识的行为,而非自然力的作用。如身体受伤,虽第三人所致,但自然愈合,则不属于赔偿。第二,赔偿是由致害人或与致害人之间有某种关系的人所作的行为。赔偿是致害人或与致害人之间有某种关系的人代替致害人弥补受害人的损害,而非受害人本人作出的行

---

① [澳]彼得·凯恩:《阿蒂亚论事故、赔偿及法律》,王仰光等译,中国人民大学出版社2008年版,第4页。

② 参见沈岿:《国家赔偿法:原理与案例》,北京大学出版社2011年版,第2~3页。

为,也非其他任何人或组织的慈善行为或救助行为。第三,赔偿一般是具有金钱或财物给付性质的行为。不是金钱或财物给付性质的,不属于赔偿。

在人身伤害与死亡以及财产的意外损害场合,赔偿有两个主要目的:①第一,赔偿用来弥补可测经济损失,例如,支出的费用、无法再获取意义上已经"丧失"的收入、修理或代替那些已经在物理上被损害或者毁坏的财产的费用。第二,赔偿用来赔偿残疾或者能力丧失、痛苦与创伤或者近亲属的死亡。

(二)"补偿"与"赔偿"区别之学理分析

在法学理论上,不同学科对待"补偿"与"赔偿"之区别有不同的认识,以下归纳分析民法上、行政法上对两个术语区别的探讨。

1. 在我国民法学界,对这一问题似乎没有引起足够的重视,并未像讨论"损失"与"损害"之区别那样热烈;即便是有学者对此有所着墨,但依旧认为二者并无实质差别。

如有学者认为"赔偿"与"补偿"一般可以看作是一枚硬币之两面,两个词语在法律中交替使用,并无不妥,这种用法在学者的著作中经常出现。因为民事责任中的侵权责任和违约责任都重在对受害人损失的填补。这符合损害赔偿法的基本目的:使受害人的财产状况不因他人行为而减少。如果说二者有什么区别,仅仅是某一笔填补损失的金钱对给付金钱的一方意味着"赔偿",对接受金钱的一方意味着"补偿",就相当于"租"与"赁"一样。②

另有学者在对"补偿"与"赔偿"做专门解释时,指出二者意思大致相同,只是适用范围不同而已:赔偿与补偿均为填补之谓。赔偿

---

① 参见[澳]彼得·凯恩:《阿蒂亚论事故、赔偿及法律》,王仰光等译,中国人民大学出版社2008年版,第4页。

② 参见樊芃:《分洪与赔偿》,载《法律科学》2000年第1期。

是指对于违法行为所造成损害之填补。补偿亦为对损害之填补。但有各种之用法，有基于公权力之行使之适法行为所生之损害，亦有对于劳动者因业务上原因所造成之伤病所为之给付。①

可见，在我国的民法领域，“补偿”与“赔偿”基本处于相互交替使用的局面。在法学进一步发展、学科进一步细化的今天，这种做法略显粗犷，且与民法“慈母般”的关怀精神不太相称。

2. 在我国行政法学界，因有“国家补偿”与“国家赔偿”等不同研究领域，故对于“补偿”与“赔偿”之区别研究较多。主流观点认为，“补偿”是有别于“赔偿”的一个概念，补偿专指对合法、正当行为所造成的损失予以救济的行为或制度。② 补偿与赔偿的主要区别在于引起补偿与赔偿的原因行为的性质不相同。引起补偿的原因行为是合法的、正当的、无可责难的；引起赔偿的原因行为是违法的、不正当的和应受谴责并应予以避免的。③ “赔偿”以行政主体的行为人有故意或过失为要件；而“补偿”虽无故意或过失，亦应负其责任。“赔偿”之范围，除法律另有规定或合同另有订定外，应填补债权所受损害及其所失利益；而“补偿”仅以填补其现实直接所受的损失为限。④

为了区分补偿与赔偿的这种差别，学者们通常将合法、正当行为造成的应予补偿的权益损害的后果称为“损失”。而将违法的、有过错的行为造成的应予赔偿的权益损害后果称为“损害”。“损失”

---

① 参见管欧、刘得宽、陈荣宗等编著：《法律类似语辨异》，台北，五南图书出版公司1997年版，第354～355页。

② 参见胡建淼主编：《行政法教程》，法律出版社1996年版，第330页。

③ 参见高景芳、赵宗更：《行政补偿制度研究》，天津大学出版社2005年版，第3页。

④ 参见管欧、刘得宽、陈荣宗等编著：《法律类似语辨异》，台北，五南图书出版公司1997年版，第90～91页。

是中性的，所以它与补偿联系在一起，而“损害”则有贬斥的意味，故与赔偿密不可分。

可见，在行政法上，“补偿”之概念在逻辑上内含权益之损害并非违法行为造成之意。[①] 所以，“补偿”与“赔偿”的区别是在学理上和法律上坚持对引起补偿和赔偿的原因行为进行对与错、是与非价值判断的结果。

3. 英美法之释义。一般认为，“补偿”和“赔偿”相对应的英文为“indemnity”和“compensation”。《元照英美法词典》对“indemnity”的释义为：①补偿、损失补偿。指以货币或财产弥补损失。②补偿契约。指使某人免受一方当事人或第三人行为损害的契约，如海上和火灾保险契约。③补偿请求权。一种契约性权利或衡平法权利。据此损失负担由形式上的、被动的侵权人转移至另一首要的、主动的、应负责任的人，即受害人有权向负有补偿义务者提出损失补偿的请求。④补偿金、补偿支出。[②] 而对“compensation”的释义则为：①补偿、赔偿。指对他人的损失给予价值相当的货币，或其他等价物，以使受损一方当事人恢复其原有状况。②土地补偿金。因公共目的而致土地被征用或受到破坏性影响，从而给予土地所有人或占有人价值相当的货币。③(劳灾)补偿、(工人)抚恤金。根据劳工赔偿法，由雇主向受伤雇员发放的款项。该术语在劳工赔偿法中是指根据该法所指定的人员和确定的额度提供的金钱补助，而不是针对

---

① 我国绝大多数论及国家赔偿、行政补偿等内容的教科书、专著等学术文献，基本都认同赔偿之前提为非法行为造成之损害，而补偿则基于合法行为所造成之损失。参见王太高：《行政补偿制度研究》，北京大学出版社 2004 年版，第 51 页；司坡森：《论国家补偿》，中国法制出版社 2005 年版，第 2～3 页；姚天冲：《国家补偿法律制度专论》，东北大学出版社 2008 年版，第 6 页；沈岿：《国家赔偿法：原理与案例》，北京大学出版社 2011 年版，第 14～16 页。

② 参见薛波主编：《元照英美法词典》，法律出版社 2003 年版，第 681 页。

不法行为或违反合同依法起诉所获得的补偿性赔偿金。①

从上述《元照英美法词典》的释义来看,两个单词并未像行政法上那样被赋予较多的价值判断的因素,只是二者的适用领域不同而已。值得注意的一点是,"indemnity"一词在保险领域也具有其特殊含义,专指保险中的补偿性合同。

(三)"补偿"一词更符合保险给付之目的

综合上述关于"补偿"与"赔偿"之术语在不同领域之区别,本书认为,"补偿"一词更能确切地反映保险合同之本质。

第一,在保险合同中,保险人只是在合同约定事由出现时履行保险金之给付义务。其中,保险人并无任何过错,也无任何加害行为。例如,在房屋火灾保险合同中,投保人将其房屋投保火灾保险,于保险事故发生之时,保险人之所以向被保险人支付保险金,不是因为保险人故意纵火烧毁房屋或疏于照管房屋而造成火灾向被保险人"赔偿"损失,而是保险人向被保险人履行合同约定之保险金的"给付行为"从而填补了被保险人的损失。所以在我国台湾地区的"保险法"中,将这类保险形象地称为"损失填补保险"②。

第二,"赔偿"一词对于赔偿义务人隐含有加以非难和制裁的意味,而保险之"补偿",并无制裁与惩戒之意味。在保险合同中,被保险人之损失可能由侵权人所致,亦有可能由于被保险人自身原因所致,还有可能是保险标的物自身原因所致。在这些情况之下,这些损失均由与损失造成无关之保险人承担,只是因为保险人收取了保险费,与造成损失之原因关系不大。此虽然与行政法上区分损失造成的原因而确定适用不同的法律关系之做法不相同,但二者基本理

---

① 参见薛波主编:《元照英美法词典》,法律出版社2003年版,第268~269页。

② "损失填补保险"是林勋发教授从"indemnity insurance"翻译而成。参见梁宇贤等:《商事法精论》,台北,今日书局2009年版,第532页。

念是一致的。因为无论是保险人还是行政补偿的行政主体，其支出补偿金，并非因其自身有过错或实施了违法行为，而是基于某种特殊原因。这种特殊原因在保险法上表现为合同之约定，在行政补偿制度中表现为国家公权力的实现与对公民财产权的保障。

（四）保险“补偿”与民法“赔偿”之区别

虽然民法学者并未严格区分“补偿”与“赔偿”，但保险法中适用“补偿”而有别于民法之“赔偿”实为大势所趋。因为“补偿”一词不但契合保险之本质，更符合国际之惯常做法。保险之损失补偿与民法之损害赔偿，二者在形式上看似相仿，但在本质上却大异其趣。除前述有无制裁性的功能不同之外，还有以下区别。

1. 产生依据不同。民法上之赔偿，主要基于合同双方当事人债务不履行或侵权行为之发生。债务不履行或侵权行为，均包含一共同因素，即义务之违反。债务不履行，是特定人之间所建立特定法律关系所生义务之违反；侵权行为，则是一般义务之违反。换言之，法律对一般人课有不侵害他人权利之义务，而此义务被违反也。[①]而保险法上之补偿，则根据保险人与被保险人合意所订立之保险合同而来，被保险人之保险金请求权，需有保险合同之订立并且以保险事故之发生为前提条件。保险给付乃保险合同义务之履行，并无任何上述违反义务之色彩。另外，通常情况下，被保险人的过失常常不影响保险金的请求权，只是保险单可能将“与有过失”相似的特定事件排除在外，如酒后驾驶。在民法上，受害人受偿程度受其过失程度的影响。故二者之依据并不相同。

2. 行使对象不同。民法上受害人所享有之损害赔偿请求权的行使对象为加害人；而保险法上被保险人或受益人所享有之保险金的

① 参见曾世雄：《损害赔偿法原理》，中国政法大学出版社2001年版，第10页。

请求权的行使对象为保险人,并非向加害人行使。当然,如果保险人履行了保险金的给付义务之后,其可向加害人行使代位权。所以,在民法中无论是侵权行为还是违约行为所致之损失,赔偿义务人对赔偿权利人赔偿损害后,损害法律关系遂告终结;但保险合同中的赔偿义务人(保险人)向赔偿权利人(被保险人或受益人)履行了保险金的给付义务后,虽然保险合同之法律关系终结,但在其他法律关系(代位求偿)中的赔偿权利人(保险人)与赔偿义务人(致害第三人)之关系并未终结。

3. 目的不同。民法上的赔偿制度之设计,主要是为使实施侵权行为或违约行为之当事人对于其给他方造成之损害负有相应的赔偿责任,以符合法律之公平正义精神;而保险法上的补偿,并非保险人给被保险人造成损害时由其承担责任,而是被保险人由于其他原因造成损失时,由保险人弥补其损失。可见,民法赔偿之主要目的在于损害发生后之救济;保险补偿之目的在于保险事故发生前之预防。

4. 有无射幸性不同。民法上的赔偿并无射幸性,赔偿责任来自具体的侵权行为或违约行为,以该行为的发生并给对方当事人造成损害为前提;保险法上的补偿具有射幸性,在保险事故发生之前,被保险人或受益人所享有的仅仅是一种期待的请求权,补偿责任取决于保险事故是否发生,仅当保险事故发生并给被保险人造成损失时,才会涉及补偿的问题。

5. 给付范围不同。前已述及,民法上权利主体所遭受之不利益称为"损害",赔偿之范围以"损害"之大小而定。根据完全赔偿规则,一般情况下应赔偿被害人的一切损害,应恢复至被害人损失发生前的状态。保险补偿之范围则以被保险人所遭受之"损失"来确定,并且该"损失"应在保险合同所约定的保险金额与保险价值的范围内,同时还受最高赔付额、免赔额、自负额等条件的限制。

6. 价值取向不同。民法上的赔偿制度所追求的是一种"矫正正义",即对加害人(或违约方)因过失或创造伤害的危险而打乱的正义和公正得以恢复或使其重新均衡,仅在私人间发挥作用;而保险法上的补偿是危险共同体内所有成员的防灾减损活动,使个人之损失经由保险共同体而得以消化,其不但影响保险合同当事人,而且惠及整个社会层面,因此保险补偿所追求的是一种团体的"衡平正义"。

每一词语都有其历史生成性。在民商法领域,"损失补偿"与"损害赔偿"名词类似,从保险标的物损失数额的计算与确定上来看,确实可以借鉴侵权法上的相关类似规则;但"类似并非同一"①,二者分别在保险法上和民法上被赋予不同的含义,符合现代法学的发展趋势以及专业术语的精确性要求。更为重要的是保险损失补偿与民法上损害赔偿分别有自己所要解决的问题,因而,上述"咬文嚼字"并非毫无意义的无病呻吟,也并非为了凸显某一学科的独立性地位,而是为了探明其深层内涵、还原其本来面目。

保险损失补偿乃基于保险费支付,于保险事故发生时,保险人应负之责任,其要件和民法上之损害赔偿不同,不可混为一谈。② 保险损失补偿之法本质为基于保险合同的"给付行为",而并非"赔偿损失"。基于此,本书认为,我国《保险法》第2条关于保险定义的规定中,"保险人对于合同约定的可能发生的事故因其发生所造成的财产损失承担赔偿保险金责任"之"赔偿"一词使用欠妥,有违保险法理,应该将其修改为"补偿"或"给付",以符合保险法之真谛。

---

① 郑玉波:《法谚(二)》,法律出版社2007年版,第18页。

② 参见江朝国:《保险法基础理论》,中国政法大学出版社2002年版,第68页。

第二节　损失补偿原则内涵之解析

一、损失补偿原则之含义

保险法谚有云："无损失，无保险。"损失为保险的基本要素，保险以补偿损失为主要目的。诚如我国台湾地区著名保险学者袁宗蔚先生所言："保险之机能，在于损失之补偿，进而达成经济生活安定之确保。盖自整个保险制度而言，应以确保经济生活安定为最终目标；但自个别保险契约而言，当以损失补偿为主要机能。"[①]因此，损失补偿享有保险根本特点之美誉。损失补偿贯彻保险制度的始终，损失程度如何、损失金额多少、如何计算保险金等，是保险运作过程中无论如何都不可能回避的问题。

保险是以尊重生命、悲天悯人为出发点，进而结合精算、财务、风险管理等复杂之专业知识，经过精密完善的设计，帮助人类在危险事故发生时，得到经济上的救援。其真义在于集合多数个人的力量组成危险共同体，于成员发生事故需要补偿时提供经济上的补助，以此分散并消化危险。由此可见，补偿被保险人的损失是保险的基本功能之一，该功能的实现即表现为在被保险人遭受损失时为之提供经济保障。所以，损失补偿是保险制度的出发点和归宿点。

损失补偿体现了保险制度的核心职能，即以集中起来的资金对危险共同体成员因保险事故所遭受的损失予以补偿，免除经济上可能导致之困境，以达到稳定社会和经济秩序的目的。保险补偿功能的实现，应遵循保险制度运行的一般规则。第一，损失补偿是以被

---

① 袁宗蔚：《保险学——危险与保险》，首都经济贸易大学出版社2000年版，第56页。

保险人遭受实际损失为前提,因此,无实际损失,则无补偿。第二,损失补偿是以保险责任为根据。保险责任是界限,无保险责任范围内的损失,则无补偿。第三,损失补偿是以保险金额为限度。由于保险金额是保险费的对价条件,保险人作为保险商品的提供者,对保险金额范围内的保险利益提供保险保障。保险人在保险金额范围内对被保险人进行补偿,以符合保险法上对价平衡原则之要求。

保险对遭受损失的人提供的补偿,不仅是保险制度的基本职能,同时也体现了保险制度不同于其他制度的优越性。而这一优越性的体现,正是通过损失补偿原则这一概念来完成的;损失补偿原则也因此树立了其在保险法中的基础性地位。

保险的"补偿"观念起源于海上保险,损失补偿原则一直被人们公认为海上保险法的基本原则。[①] 在海上保险法的经典著作 *Arnould's Marine Insurance and Average* 一书中,曾明确指出:"海上保险合同在本质上属于补偿合同,损失补偿是海上保险合同的唯一目的。"[②]我国学者亦认为损失补偿原则是"海上保险合同法最根本的原则"[③]。

海上保险发展至陆上保险,损失补偿原则经历了几个世纪的洗礼,已经发展成为补偿性保险合同中的核心范畴,并在保险法中树立了其原则性地位。美国著名保险学者所罗门·许布纳先生曾指出:"许多保险学者通常并不认为保险中的一些基本概念都可以被视为'原则';但大多数人会同意,'补偿'这个概念在财产保险中是

---

① 参见朱作贤:《海上保险法补偿原则研究》,法律出版社 2009 年版,第 12 页。

② M. Mustill, J. Gilman, *Arnould's Marine Insurance and Average*, Stevens & Sons London, 1981, p. 3.

③ 汪鹏南:《海上保险合同法详论》,大连海事大学出版社 1996 年版,第 34 页。

如此重要,所以它应被视为一个真正的原则。"[①]我国亦有学者认为,损失补偿原则是"保险法诸原则的基础"[②]。损失补偿原则是保险法上诸多规则的基石,如超额保险、重复保险、保险竞合、保险代位等,均由损失补偿原则所派生。

保险法上所谓损失补偿原则,是指在补偿性保险合同中,被保险人因保险事故所遭受的损失,应获得如数的补偿,使被保险人在经济上恰好能恢复至保险事故发生前的状态。换言之,无论投保的保险金额多高,被保险人只能从保险公司获得以其实际损失为限的补偿。"一个人不能借保险获得额外利益""被保险人发生损失后之财务状况不应超过未发生时""恰好恢复至事故发生前之状态""补偿既不能多也不能少"等表述也成为损失补偿原则之经典解释。

概括而言,损失补偿原则主要包含两方面的内容:其一,"有损失,才补偿;无损失,不补偿"。这是损失补偿原则运行之前提条件,即只有保险事故发生造成保险标的毁损致使被保险人遭受经济损失时,保险人才承担损失补偿的责任;全部损失时全部赔偿,部分损失时部分赔偿。其二,"损失多少,补偿多少;既不能多,也不能少"。这是损失补偿原则在补偿数额方面的限定,即被保险人可获得的保险金数额,仅以其保险标的遭受的实际损失为限。被保险人的实际损失应得到充分补偿,但任何人不得因保险事故的发生获得不当利益。

二、损失补偿原则之结构

损失补偿原则的结构甚为复杂,不仅有保险法中的保险利益、

---

① [美]所罗门·许布纳等:《财产和责任保险》,陈欣等译,中国人民大学出版社2002年版,第46页。

② 尹田主编:《中国保险市场的法律调控》,社会科学文献出版社2000年版,第117页。

保险价值、保险金额等原则或概念的支撑，也受到保险实务中相关限额条款的限制，更有相关制度对其作出不断修正，同时还有其衍生规则的具体实施。以上内容将在各章中分别展开论述，为清晰地展现其结构，兹先以表1示之。

表1　损失补偿原则的结构

项目	相关因素	主要内容
保险人有无责任	保险利益	无保险利益，无保险；无保险利益，无补偿
	保险人承保范围	不在保险合同范围内的损失，虽有保险利益，亦无补偿；以经济性损失为限
保险人补偿之范围	保险利益	保险利益为损失补偿原则之前提
	保险价值	保险价值为保险利益之货币评价，为保险人在法律上之最高补偿限额
	保险金额	保险金额为保险人在合同上之最高给付金额，并决定保险合同是否为足额、不足额或超额
	保单形式	定值保险与不定值保险
	损失种类	全部损失与部分损失
补偿范围限制条款	除外责任条款	除外风险、除外损失、除外财产
	免赔额条款	绝对免赔额、相对免赔额、总计免赔额、消失的免赔额、递增的免赔额、等待期
	共保条款	[保险金额÷(共保比例×财产价值)]×损失额

续表

项目	相关因素	主要内容
补偿方式	现金	适用于所有险种,尤其是责任保险
	恢复原状	火灾保险有时采用
	重置	重置成本保险中采用
	修理	汽车保险中采用
修正	保险委付	推定全损对损失形态的扩充
	追溯保险	从期内损失向期前损失的回溯
	定值保险	以事前约定对事后定损的变通
	重置成本保险	从扣除折旧向补偿折旧之递嬗
规则体系	单一保险中的足额、不足额与超额保险	不足额保险的比例责任制与超额保险的禁止
	多数保险中的重复保险	重复保险的比例分摊规则
	多数保险中的保险竞合	保险竞合条款的适用
	多数债务人情形下的保险代位	保险人自向被保险人给付保险金后,代位行使被保险人对第三者请求赔偿的权利

综上所述,损失补偿原则不但是保险基本职能的体现,同时又维护了保险制度,从而使保险填补损失的职能得以良好发挥。保险法中的诸多制度规则均以损失补偿原则为中心,并以此为指导原则。因此,损失补偿原则在保险法中居于核心地位。

第三节　损失补偿原则之协同机制

损失补偿原则的实现,离不开保险法上其他原则或概念的支撑。在保险法的概念体系中,保险利益原则、保险金额与保险价值的概念,共同推动了损失补偿原则的实施。

一、保险利益:将实际损失限制在合法的利害关系范围内

保险利益原则在保险法中具有重要的地位。损失补偿原则,以保险利益之存在为依归。在保险法理上,保险损失与保险利益是一个概念的消极面与积极面,即保险损失为保险利益之反面。在实务操作中,保险利益是保险合同存在的基础性概念,亦是损失补偿原则实施的协同机制;保险利益将被保险人的损失限制在合法的利害关系的范围之内,亦扮演着限制被保险人获得保险补偿的角色。具体来讲包括以下几个方面。

(一)无保险利益,则无损失;无损失,则无补偿之必要

确定谁是应当受领保险金的主体,是损失补偿原则的应有之义,如若此前提出现了差错,则将造成真正遭受损失之人无法得到补偿,而非法受领保险金之人没有任何损失却可得到一笔意外之财,从而有违保险制度之初衷,保险制度保障危险共同体成员生活安定、免除经济上困境之功能更是难以发挥。因此,确定谁是受补偿方是损失补偿原则之首要问题,而该问题之解决有赖于保险利益功能之发挥。

1. 保险利益的主体:真正遭受损失之人

与民法中所谓“返还所受利益”“所失利益”“既得利益”中之“利益”不同,保险利益所强调之“利益”,并非指财产的得失,而是指利害关系。保险利益是指投保人或被保险人对于保险标的所存有之一种利害关系,“一般来说,一个人与被保险标的物有关系、有联系或涉及的地方,享有一项可投保利益,这样的保险标的物,将因其存在而获得金钱上的利益或好处,也将因其灭失、中止或者由于被

保险事项的发生而遭受到金钱的损失或侵害"①。简言之,保险利益是一种被保险法所承认的利害关系,此种利害关系是投保人或被保险人对于保险标的物所有得失的关切,投保人或被保险人因保险标的之存在而获益,因标的之毁损而蒙受损失。② 在财产保险中,被保险人因保险事故发生而遭受损失,必须以具有保险利益为前提;没有保险利益之人,因和保险标的物之间不存在利害关系,自然不会有任何损失。因此,保险利益决定着真正遭受损失的主体,对标的物不具有保险利益的人,不会遭受到任何损失。

一般认为,凡对财产享有法律上权利的人,无论此种权利是现有的还是将来的,都可以认为具有保险利益。如所有权人、保管人、占有人、担保权人、股东、董事等,对其相应财产具有保险利益。

2. 合法的保险利益:损失合法性之基础

保险利益在保险法上表现为一种利害关系,但并非任何利害关系均可作为保险法上的保险利益。换言之,保险利益必须是法律上所承认的利益,违法之利益不得保险。合法的利益,可因法律的直接规定而产生,亦可因当事人的约定而发生,但是当事人之约定不得违反法律的强制性规定以及社会的公共利益。凡是不符合法律规定而取得的利益,即便被保险人对其具有利益关系,但没有保险利益。对于不法的利益,如以法律禁止事项所生的利益,或以违反善良风俗所生的利益而为的保险,不论投保人是善意还是恶意,保险合同一律无效。如小偷以盗窃物投保的火灾保险、货主以违禁物品投保的水渍险等,都属于不法的利害关系,不能成为财产保险的保险利益。被保险人因此而遭受的"损失"亦不能得到补偿。因此,

---

① [英]M. A. 克拉克:《保险合同法》,何美欢等译,北京大学出版社 2002 年版,第 104 页。

② 参见施文森:《保险法总论》,台北,三民书局 1985 年版,第 43 页。

保险法上的损失，以保险利益的适法性为基础；保险利益合法，损失才会被法律所承认，损失补偿原则才得以适用。

综上所述，由于损失补偿原则要求保险给付金额不得超过损失额，所以如果被保险人没有遭受到损失，保险人便没有保险给付责任。此时，损失补偿原则与保险利益之间的关系最为明显：如果被保险人对于毁损的财产不拥有利益，那么毁损的财产也就不会给他造成任何损失。因此，要想从保险人那里得到保险金，被保险人就必须对保险标的拥有利益，此即保险利益。只有被保险人的保险利益受到损失，保险人才会对其进行补偿。

（二）保险利益之多寡，决定损失之大小；损失多少，补偿多少

在补偿性保险中，被保险人应得的保险金需要按照损失补偿原则进行计算。而损失补偿原则是要将保险人的给付责任限制在实际损失之内，这样做是为了让被保险人恢复到损失发生之前的状态。除了财产被毁损而导致其价值减损的部分以外，被保险人无权索要更多的保险金；而对于保险标的价值减损所导致的被保险人的实际损失，还要经过保险利益进一步检验：保险利益将被保险人实际损失限制在被保险人对保险标的物的利益的范围之内。“保险利益之存在，其主要目的之一，在于测定损失补偿之程度。反言之，损失补偿原则之适用，自亦可以保险利益原则为说明依据。”①保险利益将被保险人的实际损失限制在其对保险标的物的利益范围之内，这一功能的发挥，有赖于保险利益的经济性和可确定性。

1. 被保险人所拥有的利益必须是可用金钱衡量的利益，其他利益的损失不予补偿。补偿性保险以填补被保险人的损失为主要目的，如果损失不是经济上的利益，不能用金钱来衡量，则无论被保险

① 袁宗蔚：《保险学——危险与保险》，首都经济贸易大学出版社2000年版，第247页。

人认为该利益有多重大，该利益之损失也无法填补。如照片、录像带、书信等，虽然对于所有人具有相当重大的意义，但这种利益无法以金钱来衡量，故不能得到保险法的认可，不能得到补偿。损失不包括感情和情绪的伤害。虽然根据侵权法，有时可以以违反合同为由，获得精神损害的赔偿；但在保险法中，这一点是行不通的，因为出于风险控制的需要，被保险人“对获利或损失的预期，必须是可以金钱度量的”①。虽然有时保险人明知被保险人对财产的估价可能因感情因素提高仍然接受投保，但不能承保财产作为艺术的艺术价值。一般来说，在补偿性保险中，保险利益的性质是严格的经济性的。

2. 具有直接性、强制性的保险利益受到侵害而造成的损失，保险人才予以补偿。在财产损失保险中，被保险人与保险标的物之间的利害关系必须具有直接性和强制性。② 所谓直接性，是指因约定的保险事故的发生，被保险人将直接受到不利益；所谓强制性，是指因利害关系受到侵害而造成的损失可请求法院强制执行。

保险标的物毁损灭失与被保险人所遭受的损失之间必须具有直接的关系。因为只有直接的利害关系才可以衡量保险利益的大小。如在债权人与债务人的关系中，债权人对于债务人的担保财产，基于担保物权，有保险利益；但债权人对于债务人的一般财产（未设定担保的财产），就理论而言，债务人的财产为债权人债权的总担保，债务人财产的毁损灭失与债权人能否获得清偿，存在某种轻微的关系，因此应认定有利害关系。但究其实际，由于债务人某

---

① [英]M. A. 克拉克：《保险合同法》，何美欢等译，北京大学出版社 2002 年版，第 105 页。

② 参见刘宗荣：《新保险法——保险契约法的理论与实务》，中国人民大学出版社 2009 年版，第 97 页。

特定财产的毁损灭失是否必然导致债权人的债权清偿不足，则不可一概而论，因果关系难以证明。因此，一般认为债权人对于债务人的一般财产因欠缺直接性的利害关系而无保险利益。

在某些情况下，虽然被保险人的损失与他人财产之间有直接的关系，但因欠缺强制性而无法获得保险补偿。如某商店生意惨淡，几近关闭，但因游乐场在其旁边的兴建而死灰复燃，并不断地发展壮大成为连锁超市。虽然超市的营利和游乐场之间有直接的利害关系，但其却不能对游乐场投保火灾保险，因为超市业主并不能因游乐场所遭受的火灾而请求法院执行。在美国的 Farmers Mutual Ins. v. New Holland Turnpikes Co. 一案[①]中，也因被保险人对保险标的物缺乏强制性而判决保险合同无效，保险人无须支付保险金。

3. 被保险人仅能在其利益份额内受偿，超出其利益范围的损失不予补偿。尽管在损失发生时被保险人必须能够指认并证明其对财产具有利益，这种利益的性质却不一定要在保险合同中明确说

---

① See Farmers Mutual Ins. v. New Holland Turnpikes Co. ,122PA. 37; 15 A. 563 (1888). 当事人一方 New Holland Turnpikes Co. 是一个通过辟建道路、设置过路收费站收取过路费的公司，该公司得知纽约市政府将在纽约市与新泽西州之间的河流上建一座桥梁，鉴于桥梁的位置与其所设收费站的多少有密切联系，于是自愿捐桥梁建筑费用的1/3。待桥梁建成后，则由纽约市往新泽西州的汽车驶过该桥后，将进入其所设的收费站。由于 New Holland Turnpikes Co. 与纽约市政府之间并无合作关系，纽约市政府是受赠人，New Holland Turnpikes Co. 是赠与人，纽约市政府以受赠款项及自己所筹款项建了这座大桥。该桥建成之后所有权归纽约市政府，New Holland Turnpikes Co. 对该桥毫无任何权利。但 New Holland Turnpikes Co. 仍以该桥为保险标的物投保火灾保险，在保险期间内，该桥发生火灾，桥梁全部毁损灭失，New Holland Turnpikes Co. 请求给付保险金，遭到保险公司以 New Holland Turnpikes Co. 并无保险利益为由，拒绝给付。New Holland Turnpikes Co. 起诉请求给付。初审时，New Holland Turnpikes Co. 获胜，但经过上诉之后，上级法院以 New Holland Turnpikes Co. 对该桥并无所有权，且该桥的存在对于 New Holland Turnpikes Co. 固然有直接利益，但此种利益不具有强制性（不具有法律强制力之权利 legally enforceable right），因此对该桥无保险利益，保险合同无效，保险人无须给付保险金。

明。一个人如果不是保险合同中列明的被保险人,无论其利益多么强大,也不能依据该保险合同提出索赔。保险合同并不会因其他人对保险标的具有利益而失效,但是,如果被保险人仅对保险标的具有部分利益,则保险公司对被保险人的补偿仅限于其所有的利益的程度。

对于同一标的物,可以存在不同的保险利益,自然也可以存在多个保险合同,只有在能够清楚地区分不同的保险利益下,才能避免不当得利的产生。以下举例说明。(1)债权人通过债务人履行债务,可以获得一定的利益,因此债权人对于合同所发生的债权,有保险利益。例如,运送人因运输合同所产生的运费债权、出租人因租赁合同而取得的租金债权、定作人因定作合同而有履行利益等。这些承保债权人对债务人债权的保险为保证保险,保险人仅在有效的债权范围内承担责任,超出债权范围内的利益损失,则不属于保险人的责任范围。(2)在基于物权而产生的保险利益中,所有权人不论是单独所有、分别共有还是共同共有,对于其所有物具有保险利益;在分别共有和共同共有中,所有权人仅在其利益份额内享有保险利益。在因用益物权和担保物权所生的保险利益的情形下,其权利的存在须以标的物的存在为前提,但不论是用益物权人还是担保物权人,对于用益物权或担保物权所存在之标的物虽然有保险利益,但保险利益之大小应受利害关系大小的限制。如抵押权人对于抵押标的物固然有保险利益,但保险利益的范围不得逾越抵押物的价值,若抵押权所担保的债权额小于抵押物的价值,则不得超过原债权、利息、迟延利益及实行抵押权的费用。

据此,最高人民法院《关于适用〈中华人民共和国保险法〉若干问题的解释(二)》第1条规定,财产保险中,不同投保人就同一保险标的分别投保,保险事故发生后,被保险人在其保险利益范围内依据保险合同主张保险赔偿的,人民法院应予支持。概言之,保险利益之大小为被保险人损失之衡量依据,被保险人仅能在其对保险标的物直接的、强制的、可以用金钱衡量的利益份额的损失请求保险人给付。

综上,“从整部保险法的体系来看,保险利益概念之所以重要,并不是在于它的分类,而是在于它的功能”①。虽然有极端论者认为保险利益在保险合同中“产生了逐渐侵蚀其目的的负面诱因,为保险人创造了非法利用投保人的机会并最终降低了保险市场的效率”,并应该将其“抛弃”,②但保险利益在保险合同中发挥着不可替代的作用,如若将其抛弃将导致真正受损之人难以得到补偿,损失之合法性难以证明,损失补偿原则也因此失去了适用的基础。具备合法的利害关系,是判断保险利益的第一阶段;利害关系的范围的大小,则是认定保险利益的第二阶段。因为利害关系有大有小,若逾越利害关系的范围而投保,其逾越部分就是欠缺利害关系,应该认为没有保险利益。就此点而言,“保险利益有确定损失补偿范围及限制补偿数额的功能”③。

二、保险价值:保险人给付义务在“法律上”的最大值

保险法上的损失补偿原则,重点在于就保险法上“危险”的意义,阐释保险合同中保险人所承担保险金给付责任的范围。换言之,在确定某一“危险”是否属于保险人承担的范围时,须先确定“损

---

① 江朝国:《“保险法”逐条释义》(第1卷总则),台北,元照出版有限公司2012年版,第495页。

② Jacob Loshin,“Insurance Law's Hapless Busybody: A Case against the Insurable Interest Requirement”, 117 *The Yale Law Journal* 509 (2007);《保险法中倒霉的好事之徒——驳可保利益要求》,杨帆译,载《私法》(第19卷),华中科技大学出版社2012年版,第210页。

③ 刘宗荣:《新保险法——保险契约法的理论与实务》,中国人民大学出版社2009年版,第81页。

失"是否发生,"损失"是否属于被保险的范围,以及被保险的"损失"是否因为被保险利益受到侵害而产生,保险事故是否在承保范围内等。然除确定被保险的"危险"外,保险合同双方当事人仍得约定保险人保险金给付的最高额,以限制其责任,此即保险人给付责任受"保险金额"限制的问题;而论及保险金额时,基于损失补偿保险只填补具体损失,而具体的损失的范围又限制在保险标的的价值范围之内,故而保险金额不得超过保险价值,此即保险人的给付责任受"保险价值"限制的问题。诚如学者所言:"保险金额和保险价值皆为限制保险人保险赔偿范围因素之一,前者属约定之最高限制,后者则属法定之最高限制,彼此性质不同,确定方式亦不同。"①

在财产损失保险合同之中,保险人并非必然完全按照保险费所代表的保险金额来给付,实际给付额须受保险价值之限制。我国《保险法》第55条第3款明文规定:"保险金额不得超过保险价值。超过保险价值的,超过部分无效,保险人应当退还相应的保险费。"如此一来,"法律中的难点在于,当承保人接受要约时,每一个承保人提供的保险金额都可能在将来被无法预料的修改,这样合同可能被认为缺少法律所要求的确定性"②。因此,有必要从保险金额与保险价值在不同险种中的规范功能比较入手,深入阐释保险金额与保险价值之范畴在财产损失保险中限制保险人保险金给付责任的独特功能,以澄清认识上的疑虑。

(一)保险价值为保险利益之价值,而非保险标的物之价值

长期以来,保险价值一直被认为是保险标的物之价值,此与我国保险立法之移植有较大关系。关于此点,本章第一部分中已有论

① 江朝国:《保险法基础理论》,中国政法大学出版社2002年版,第311页。

② [英]M. A. 克拉克:《保险合同法》,何美欢等译,北京大学出版社2002年版,第275页。

述，在此不再赘述。保险价值只能是保险利益之价值，而非保险标的物之价值，否则可能有使保险制度遭到滥用之虞。在财产损失保险之中，必须将保险标的物的价值与保险利益的价值区别开来，诚如国外学者总结所言："在保险利益是保险债的客体时，必须指出经济上的保险利益和法律上的保险利益范畴是有界限的。保险利益在经济本质上表现为物本身、其他财产和非物质财富，而法律范畴的保险利益则反映在某个人与该利益的关系上。所有保险债的客体不是这个或那个财产或非财产的价值，而是特有人与该利益的关系，该关系被注入了保险利益。"①所以，保险价值只能是保险利益的价值，不能是保险标的物本身的价值。对这一观点的强调，在部分保险利益的情形下，其意义尤为显著。"人们对其只享有部分利益的财产可按全值投保，但除非他们不仅为自己而且为其他对财产享有利益的人一起投保，他只能就自己利益的价值获偿。"②如果将保险价值等同于保险标的物本身的价值，那么在被保险人对保险标的物只具有部分保险利益的情形之下，"被保险人就不是接受'损失补偿'，而是'通过损失致富'"③。其结果势必"打开欺诈和最可怕的邪恶之门"④，"保险将成为欺骗性损失和夸大索赔的诱因"⑤。

在财产损失保险之中，如果将保险价值简单地等同于保险标的

---

① [俄]E. A. 苏哈诺夫：《俄罗斯民法》（第4册），付荣译，中国政法大学出版社2011年版，第1416～1417页。

② [英]M. A. 克拉克：《保险合同法》，何美欢等译，北京大学出版社2002年版，第100～101页。

③ [美]马克·S. 道弗曼：《风险管理与保险原理》，齐瑞宗等译，清华大学出版社2009年版，第152页。

④ [英]M. A. 克拉克：《保险合同法》，何美欢等译，北京大学出版社2002年版，第748页。

⑤ [美]马克·S. 道弗曼：《风险管理与保险原理》，齐瑞宗等译，清华大学出版社2009年版，第151页。

物本身的价值，在某些情形下必将陷入论理解释上的困境。以汽车的盗窃险为例，当被保险车辆被盗时，其本身的价值未受损，那么保险人为什么必须给付呢？如果以保险价值为保险标的物的价值的观点来看，在解释上无疑是行不通的；反之，如果以保险价值为保险利益的价值的观点来看，保险人之所以应当给付，并不是因为"物"本身受到侵害，而是因为"关系"受到侵害。正如有论者总结所言："于汽车保险，其保险标的亦非汽车本身，而是被保险人和该辆汽车之关系，故该汽车遭窃而汽车本身虽未受损，但因被保险人之保险利益，即对该汽车之关系却已遭损害，故损害事故亦属发生。"①因此，保险价值是保险利益的价值，而不是保险标的物的价值。

从认识论的角度来看，将保险价值简单地等同于保险标的物本身的价值之观点，实属为现象所蒙蔽，未揭示出保险价值在法律意义上的本质。固然，从经济学的常理来看，在有形财产保险中，保险价值当然依附于保险标的物；但是，保险价值是否必然等同于保险标的物本身的价值，则存在疑问。因此，将"保险价值"直接等同于"保险标的物的价值"，在方法论上只是一种对通常经济学观念的简单套用，没有认识到保险价值在法律上的本质。正如英国著名保险法学者 M. A. 克拉克教授告诫所言："尽管人们提及保险合同时，好像是由于对某些事物的保险，但是，保险合同并不承保任何东西，被保险的是对这样的事物拥有或负有责任的人，以防止由于对该事物的侵害和灭失或由于使用或滥用该事物而给被保险人带来的损失。但是，保险仍然被普遍地称为是对某些财产的，并且该财产也被视为保险的标的。"②因此，我国《保险法》第 55 条第 1、2 款规定中所使

① 江朝国：《保险法基础理论》，中国政法大学出版社 2002 年版，第 81 页。

② [英]M. A. 克拉克：《保险合同法》，何美欢等译，北京大学出版社 2002 年版，第 100～101 页。

用的“保险标的的保险价值”之用语并不严谨，且有误导之嫌，应当修改为“保险利益的价值”，以利于揭示保险价值的法本质。

基于以上结论，本书建议，未来法律修改时，应当在我国现行《保险法》第 55 条之前增订以下规定：

第××条：保险价值是被保险人对保险标的物所享有的保险利益之价额。

第××条：除非双方当事人另有约定，保险价值应被认定为保险事故发生时替换或修理费用减去保险标的物折旧之费用。

（二）保险价值对保险金额之评价：超额保险之规制

在财产损失保险中，以保险价值来评价关于保险金额之约定的效力，其规范实益在超额保险情形下尤为凸显。超额保险之形成，可分为两种情形来讨论。第一，单一保险中的超额保险，即投保人仅与一个保险人订立保险合同，且保险金额超过保险价值。我国《保险法》第 55 条第 3 款旨在规范此一情形，该条款规定：“保险金额不得超过保险价值。超过保险价值的，超过部分无效，保险人应当退还相应的保险费。”第二，重复保险中的超额保险，即投保人与数个保险人订立数份保险合同，且保险金额的总和超过保险价值。我国《保险法》第 56 条第 2、3 款旨在规范此一情形，该条款规定：“重复保险的各保险人赔偿保险金的总和不得超过保险价值。除合同另有约定外，各保险人按照其保险金额与保险金额总和的比例承担赔偿保险金的责任。重复保险的投保人可以就保险金额总和超过保险价值的部分，请求各保险人按比例返还保险费。”上述规定表明，无论是因单一保险还是因重复保险所导致的超额保险，只要保险金额（总和）大于保险价值，当事人对保险金额的约定在效力上就应当“部分无效”，即保险金额（总和）超过保险价值的部分无效，保险人应当以保险价值为标准给付。也就是说，在超额保险情形下，对价平衡原则必须对损失补偿原则作让步。否则,如果墨守合同法上对价平衡原则之成规,仍然要求保险人按照保险费所代表的保险金额予以给付,那么,“保险合同将被大量用于谋划如何制造损失并从中获益,而不是用于如何对实际损失予以补偿”①。如此一来,保险也就沦为赌博之工具与滋生道德风险(moral hazard)之诱因。

在超额保险情形下,对价平衡原则之所以要作出让步,乃保险利益原则的要求使然。因为保险价值是对保险利益的货币评价,故以保险价值来评价关于保险金额之约定的效力,在本质上是以保险利益原则来评价关于保险金额之约定的效力。从合同法角度观察,“要求有保险利益不过是保险法以自己的语言对合同法一般命题的描述,即合同必须合法”②。因此,在计算保险人应当给付金额的过程中,“保险金额只是决定被保险人获得赔偿的一个起点;可保利益是必须考虑第二个要点,因为补偿是被限制在被保险人的法律利益之内的”③。如果容许补偿超出保险利益之价值,那么保险无异于赌博;因此,“在保险利益范围内的有限损失补偿是将保险合同从赌博中分离出去的简单方式”④。当保险利益原则被用来作为限制补偿额度的理由时,“这一原则所引起的作用就是限制当事人的合同自由;只不过,限制是为了实现公共政策,公共政策比合同自由更重

---

① [美]埃米特·J. 沃恩、特丽莎·M. 沃恩:《危险原理与保险》,张洪涛等译,中国人民大学出版社2002年版,第177页。

② [英]M. A. 克拉克:《保险合同法》,何美欢等译,北京大学出版社2002年版,第80页。

③ [美]C. 小阿瑟·威廉斯、迈克尔·L. 史密斯、彼得·C. 扬:《风险管理与保险》,马从辉、刘国翰译,经济科学出版社2000年版,第493页。

④ [英]M. A. 克拉克:《保险合同法》,何美欢等译,北京大学出版社2002年版,第103页。

要”①。也正是从这一意义上来说，在财产损失保险中，保险价值是保险人给付义务在“法律上”的最高限额，“系‘公序法上’之限制，为一不可移之最高限度”②。当然，在超额保险情形之下，对价平衡原则只是让步于损失补偿原则，并非完全被弃之不顾。因此，为了使对价平衡得以重新修复，保险人应当退还相应的保险费。

在财产损失保险中，保险价值是保险人给付义务在法律上的最高限额，无疑是财产损失保险的根本灵魂，保险法上诸多重要制度都是围绕这一灵魂来设计的。以我国《保险法》为例，第55条第3款关于“超额保险”的规定：“保险金额不得超过保险价值。超过保险价值的，超过部分无效。”第55条第4款关于“不足额保险”的规定：“保险金额低于保险价值的，除合同另有约定外，保险人按照保险金额与保险价值的比例承担赔偿保险金的责任。”第56条第2款关于“重复保险法律效果”的规定：“重复保险的各保险人赔偿保险金的总和不得超过保险价值。”第56条第4款关于“重复保险构成要件”的规定：“重复保险是指投保人对同一保险标的、同一保险利益、同一保险事故分别与两个以上保险人订立保险合同，且保险金额总和超过保险价值的保险。”上述规范设计之初衷，无疑是为了符合“保险价值是保险人给付义务在法律上的最大值”这一根本灵魂。正如学者总结所言：“其不仅系决定赌博性保单、超额保险、复保险及不足额保险有无之标准，抑且亦为决定保险契约全部或一部有效无效之准据，更系决定保险人填补被保险人具体损失义务之范围。无保险价值之概念，财产损失保险无非系一空壳而已。”③

---

① ［美］小罗伯特·H.杰瑞、道格拉斯·R.里士满：《美国保险法精解》，李之彦译，北京大学出版社2009年版，第104页。

② 杨仁寿：《海上保险法论》，台北，三民书局1996年版，第199页。

③ 杨仁寿：《海上保险法论》，台北，三民书局1996年版，第197页。

综上所述,在财产损失保险合同中,保险金额为保险人之给付在“合同上”之最高限额,保险价值为保险人之给付责任在“法律上”的最高限额。保险价值作为保险利益的货币表现,具有评价保险金额之效力的功能,这种效力评价之效用,在于协同保险损失补偿原则,将保险人的给付额度限制在附属于保险标的物之上的可保利益之损失额度以内,作为决定保险理赔额度的最终依据。因此,在财产损失保险合同中,保险金额与保险价值无疑一直扮演着重要的角色。没有保险金额与保险价值之范畴,保险利益原则就无法遵循,损失补偿原则也无法实施。

三、保险金额:保险人给付义务在“合同上”的最大值

(一)保险金额之意义与功能

被保险人因保险事故的发生而遭受损失,损失的大小或形态因保险标的不同而不同。有的表现为财产的毁损,有的表现为必要费用的支出,有的则是无法以金钱估计的人的生命或身体的完整性等。诸如此类损失的发生具有不确定性,损失数额的大小亦难以预知,如若不论损失多少均一概交由保险人承担,势必造成保险业经营困难。鉴于此,保险合同双方当事人须约定一定的金额来限定承保损失的范围,并以之为保险人保险金给付的最高限额,此即保险金额。

从合同法原理来看,保险金额为保险人危险承担之具体数额,即被保险人所给付的保险费之对价,当事人双方可基于私法自治原则约定保险金额的具体数额。当事人约定保险金额的目的有三:其一,公平地厘定保险费,以遵循合同法的对价平衡原则。“保险金额之约定与保费的厘定直接相关,基本目的是实现费率厘定的公平性”;“公平是指被保险人就一次损失所获得的赔付不能超过其购买

的保险金额"[①]。其二,判断不足额、足额、超额保险的标准,并以此算定保险事故发生时保险人的给付责任。在财产保险中,保险金额与保险价值的比较,可以判断是否为不足额保险、足额保险、超额保险。在足额保险中,直接按照保险金额内损失的大小进行给付;如为不足额保险,我国一般按照保险金额与保险价值的比例计算损失;而超额保险则须根据当事人的主观恶意程度来判断其效力,进而计算损失。其三,以约定之金额为"保险人'合同义务'的最大值"[②]。保险金额可以帮助保险公司清楚地了解其在任何一个地区内总的保险给付责任。否则,如果有一场火灾或风暴袭击一个城区内多个被保财产,就可能对依赖风险分散的保险人带来预想不到的后果。另外,"被保险人永远不能得到超过其保险单中规定之最高额的补偿。这是一个压倒一切的观点。这种最高额一般被称作'保险金额'"[③]。也就是说,保险金额是"保险人给付在'契约上'之最高限度"[④],故保险学理上称其为"保单限额"(policy limit)或者"保单面额"(face amount),我国《保险法》第18条第4款将保险金额定义为"保险人承担赔偿或者给付保险金责任的最高限额"。正是基于上述缘由,保险金额为所有保险合同之不可或缺的"原素",[⑤]具有评价保险合同内容是否完备以及能否成立的功能。诚如有学者总结所言:"保险金额之多寡,不仅为保险人所负赔偿金额之最高限度,亦为要保人应付保险费之计算标准,其于双方当事人之权利义

---

① [美]所罗门·许布纳等:《财产和责任保险》,陈欣等译,中国人民大学出版社2002年版,第69页。

② [美]小罗伯特·H. 杰瑞、道格拉斯·R. 里士满:《美国保险法精解》,李之彦译,北京大学出版社2009年版,第316页。

③ [英]约翰·伯茨:《现代保险法》,陈丽洁译,河南人民出版社1987年版,第183页。

④ 杨仁寿:《海上保险法论》,台北,三民书局1996年版,第199页。

⑤ 梅仲协:《民法要义》,中国政法大学出版社1998年版,第90页。

务,可谓至为重要,故须记载之。”[①]

(二)当事人约定保险金额及其限制

由上可知,不论保险合同的种类如何,当事人均有约定保险金额的必要,而为保险人于保险期间内所负责任之最高额度。既然保险金额是当事人约定之数额,则根据合同自由原则,当事人原则上可自由任意约定或于订立合同后进行改变,而以之为计算保险费之基础。在人寿保险中,由于人身无价,故当事人可自由约定保险金额;在责任保险中,由于“责任保险的需求取决于人们的财富”,[②]所以被保险人对于第三人可能所负之损害赔偿额,法律上并无最高的限制。在上述两种保险中,“保险金额宜尽可能地提高以保护周全”。[③] 但在财产损失保险中,保险合同双方当事人的意思自治应受到限制,即保险金额须符合保险价值的额度,否则将产生超额或不足额保险的问题。以下分别就人寿保险与财产损失保险中保险金额之确定展开论述。

1. 在人寿保险之中,只要合同约定的保险期间届满以及约定的条件成就,保险人就应当按照约定的金额给付,约定多少,给付多少。诚如国外学者所言:“作为一个合同,人寿保险仅仅指一方(保险人)的允诺去给付一定数量的货币于另一方(被保险人或指定受益人)。”[④]正是在这一意义上,保险法理将人寿保险定性为“定额给付保险”;也就是说,“人寿保险合同是一类如果被保险人死亡,保险

---

① 林群弼:《保险法论》,台北,三民书局2006年版,第182页。

② [美]哈林顿、尼豪斯:《风险管理与保险》,陈秉正等译,清华大学出版社2001年版,第142页。

③ 江朝国:《保险法基础理论》,中国政法大学出版社2002年版,第311~313页。

④ [美]S.S.侯百纳:《人寿保险经济学》,孟朝霞、王翠芳等译,中国金融出版社1997年版,第4页。

人按事先规定的数目给付给受益人的定额保单”①。进言之,在人寿保险合同之中,由于保险人是按照保险费所对应的保险金额来给付的,所以也严格地遵循了合同法所要求的对价平衡原则。至于为什么保险期间届满后,保险人实际给付的金额远远地高于投保人所实际支付的保险费之总和,这是因为人寿保险“既有保险性因素又有投资性因素”。② 申言之,大多数人寿保险是为被保险人的几十年乃至终身而设计运行的,正是从合同的长期性而言,“人寿保险是一种‘时间保险’。时间对于那些并不富有的人们而言是最有价值的一种资产”③。具体而言,生死两合保险与终身死亡保险都有浓烈的投资色彩及储蓄性质,所以,这两种保险合同具有“混合合同”之性质,保险法理上称之为“资本性保险”。④ 总之,在人寿保险理赔实务中,当事人双方不会像财产损失保险理赔一样,就具体给付数额之多少发生争执,因为给付数额自始已经确定,故“保险人会按照保单面值(保险金额)进行给付,不管给付额有多高”⑤。

2. 与人寿保险不同,财产损失保险不是按“约定多少,给付多少”的原则来给付的,而是按“损失多少,补偿多少”的原则来给付的,其目的是要将补偿数额限制在实际损失之内,可用公式来表示:给付≤损失。正是在这一意义上,保险法理将财产损失保险定性为“损失补偿保险”。也就是说,在财产损失保险之中,尽管保险金额

---

① [美]乔治·E. 瑞达:《风险管理与保险原理》,申曙光主译,中国人民大学出版社2006年版,第105页。

② [美]约翰·F. 道宾:《美国保险法》,梁鹏译,法律出版社2008年版,第5页。

③ [美]S. S. 侯百纳:《人寿保险经济学》,孟朝霞、王翠芳等译,中国金融出版社1997年版,第7页。

④ 刘宗荣:《新保险法:保险契约法的理论与实务》,中国人民大学出版社2009年版,第339页。

⑤ [美]小罗伯特·H. 杰瑞、道格拉斯·R. 里士满:《美国保险法精解》,李之彦译,北京大学出版社2009年版,第339页。

也是合同约定的保险人给付义务的最高限额，但是并非表明这就是保险人在保险事故发生后的实际给付数额，还须受到保险价值之大小的限制。诚如国外学者总结所言："在财产损失保险之中，保险金额是指'可能获补偿'的实际损失的上限，不一定是在全损时所'实际补偿'的金额。你不能认为保单使人们按所付保险费所代表的被保金额获偿，他只能获得保险利益的真实价值。法律不会允许以保险形式赌博。"①观诸各国或地区保险立法例，均规定财产损失保险的保险金额不得超过保险价值；且该规定在性质上为绝对强制性规范，当事人不得以约定加以变更。由此可见，在财产损失保险中，保险金额与保险价值皆扮演着限制保险人保险补偿额度的角色，只不过彼此性质不同而已；保险金额属"约定"之最高限制，保险价值则属"法定"之最高限制。因此，在财产损失保险合同中，当事人双方关于保险金额的约定，其效力之有无或者大小，最终须以保险价值之大小为标准来评价，此与人寿保险不同。

另外，被保险人确定保险金额时还会受到保险人的承保要求或保险合同具体条款的限制。在订立保险合同时，保险人一般都有一些承保方面的考量，如规定某类财产或某些地区的财产的最高承保限额，以达到在特殊财产或地区风险防控的目的。如某保险公司提供的"家庭财产综合保险附加险条款"中"附加自行车盗窃保险条款"规定，保险金额根据自行车购车发票载明的日期、价格，一年内按原购价确定，一年以上按年折旧率10%计算保险金额，每辆自行车最高保险金额为500元。有时保险合同中的某些条款会根据财产的价值规定被保险人投保的最低保险金额，如在包含共保条款的保险合同中，保险公司一般会要求被保险人选择的保险金额达到保险

---

①　[英]M. A. 克拉克：《保险合同法》，何美欢等译，北京大学出版社2002年版，第748页。

价值的一定比例;在重置成本保险中,保险公司的承保要求中一般都会规定被保险人选择重置成本的一个最低比例作为保险公司愿意承保的金额。之所以如此规定,是因为任何保险合同都会发生固定的管理费用,每个保险合同必须负担自己的固定成本并且公平地分摊损失补偿基金,以求保险制度的合理运作以及被保险人之间的实质公平。

保险法的显著特点之一就是法律对于私人合同进行适当程度的管制。[①] 在积极财产保险中对于保险金额约定之限制,是保险法对于保险合同当事人意思表示自由进行规制的最好体现。当保险合同双方当事人约定的保险金额小于或等于法定的保险价值时,此时约定的保险金额有效,当事人可在此范围内进行自由的意思表示,合同自由原则得到充分的尊重;但当约定之保险金额大于法定之保险价值时,因违反公共政策,约定之保险金额无效,此时,合同自由原则须对损失补偿原则作出让步,目的是防止被保险人因此获得不当利益,维系保险制度之运作。

(三)保险实务中保险金额之确定及应用

1. 在保险实务中,由于保险金额之大小事关保险费之多少,故对于双方当事人之利益有密切之关系。在我国的保险实务中,曾出现过所谓的“高保低赔”的问题。2011 年 3 月 27 日,中央电视台《每周质量报告》栏目曝光了机动车辆商业保险中的“高保低赔”问题:保险公司按新车的价格确定保险金额,收取相应的保险费,但理赔时却按照汽车折旧后的价格赔偿,相差部分是消费者白交、保险公司白拿的钱。这无疑在我国保险业界引起了一场“地震”。经过近一年的激烈争论,中国保险监督管理委员会于 2012 年 2 月 23 日发

---

① 参见[美]皮特·纽曼主编:《新帕尔格雷夫法经济学大辞典》(第 2 卷),许明月、夏登峻主编,法律出版社 2003 年版,第 377 页。

布了《关于加强机动车辆商业保险条款费率管理的通知》(已失效)。该通知要求中国保险行业协会和符合一定条件的保险公司重新拟订机动车辆商业保险条款,并指出保险公司和投保人应按照市场公允价值协商确定被保险机动车的实际价值,保险公司应与投保人协商约定保险金额。3月14日,中国保险行业协会发布了《机动车辆商业保险示范条款》。该示范条款明确规定,车辆损失保险的保险金额按投保时被保险机动车的实际价值确定。被保险机动车发生全部损失,保险公司按保险合同载明的保险金额进行赔偿;发生部分损失,保险公司按实际修复费用在保险金额内计算赔偿。以上两个文件分别从指导思想和实际操作上规定了确定保险金额及理赔的原则,全面禁止了保险企业"高保低赔"的做法,才最终使得这一问题尘埃落定。

由此,保险金额之约定应以订立合同时保险标的之实际价值为准,即如若保险标的物不为新品时,应扣减相应的折旧以确定其实际价值,①保险人不能为了多收保费而故意提高保险金额。对于保险人故意超额承保之情形,应严格按照保险法相关规定予以处罚。②

2. 保险金额之变动。在我国的财产保险实务中,由于财产保险的保险期间相对较短,保险期间内如果发生了部分损失,保险公司一般都会扣减相应的保险金额,并不退还相应保费;如若想恢复保

① 2011年中国保险行业协会制定的《机动车辆商业保险示范条款》第12条规定:保险金额按投保时被保险机动车的实际价值确定。投保时被保险机动车的实际价值由投保人与保险人根据投保时的新车购置价减去折旧金额后的价格协商确定或其他市场公允价值协商确定。折旧金额可根据本保险合同列明的参考折旧系数表确定。

② 我国《保险法》第163条规定:保险公司违反本法规定,有下列行为之一的,由保险监督管理机构责令改正,处5万元以上30万元以下的罚款:(一)超额承保,情节严重的;(二)为无民事行为能力人承保以死亡为给付保险金条件的保险的。

险金额,须另行缴纳保险费。[①] 这种保险金额随损失发生而递减的保单在学理上称为"非连续保单"(non-continuous policies)。对此,我国台湾地区"保险法"第82条规定:"保险标的物受部份之损失者,保险人与要保人均有终止契约之权。终止后,已交付未损失部分之保险费应返还之。……要保人与保险人均不终止契约时,除契约另有订定外,保险人对于以后保险事故所致之损失,其责任以赔偿保险金额之余额为限。"我国《保险法》第58条规定:"保险标的发生部分损失的,自保险人赔偿之日起三十日内,投保人可以解除合同;除合同另有约定外,保险人也可以解除合同,但应当提前十五日通知投保人。合同解除的,保险人应当将保险标的未受损失部分的保险费,按照合同约定扣除自保险责任开始之日起至合同解除之日止应收的部分后,退还投保人。"由此观之,我国《保险法》仅规定了保险合同双方当事人终止保险合同的情形,而并未就不终止之情形作出规定,实为立法上的疏漏。而这种采取扣减保险金额的做法,主要原因有两个:第一,如果财产遭受部分损失,则处于风险中的财产价值就减少了,除非被保险人重建该财产,否则就会出现保险金额大于保险价值的超额保险情形。第二,保险人认为被保险人如果想要恢复保险金额而重新获得全部或部分保险,就应当再追缴一部分保费,以合理分摊提供保险的成本。

上述扣减保险金额的做法,虽看似合理,但在理论上仍有可商榷的余地。其一,保险合同中约定的保险金额受保险价值的限制,即便发生了保险事故,仍应以保险标的之实际价值计算损失,故不

---

① 如某保险公司的《企业财产基本险条款》规定:保险标的发生部分损失,保险人履行赔偿义务后,本保险合同的保险金额自损失发生之日起按保险人的赔偿金额相应减少,保险人不退还保险金额减少部分的保险费。如投保人请求恢复至原保险金额,应按原约定的保险费率另行支付恢复部分从投保人请求的恢复日期起至保险期间届满之日止按日比例计算的保险费。

扣减保险金额出现超额保险,不会影响保险金的计算,也不会产生道德风险的问题。① 如果受损标的物被修复或重置,仍扣减保险金额,亦会造成不足额保险之情形,于被保险人不利。其二,保险人所收取的保费是依据保险金额来计算的,保险费率的高低以及保险金额的大小都有其保险学依据,并不能因为一次保险事故的发生而随意扣减保险金额,此与保险原理不符。诚如保险学者所言:"将保险金额视为一个保险蛋糕,损失可以将保险蛋糕提供的保障一口口吃光,从精算的角度看这是荒谬的。如果保费计算正确,它们就会代表一段时间内的平均成本,无论这一时段内单个风险造成了多次损失、一次损失,或完全没有损失。风险中的单个索赔分布对保险人并不重要。"②其三,扣减保险金额的作法意味着保险人在整个保险合同期间的总的支出的保险金都不会超过最初的保险金额;换言之,保险金额是保险期间内总的损失上限,保险人不对重复性的损失负责。这种歪曲保险金额作用的做法早已遭到社会的诟病,且早已被立法所改变。英国《海上保险法》第 77 条第 1 款规定:"除保险单和本法另有规定外,保险人应对保险期间内所保风险引起的任何次数的连续损失负责,即使这些损失的总额会超过保险金额。"因为保险金额的上限是适用于每次分别的损失的;所以重要的是要看某项损失是属于分别的损失,还是属于构成一个总值的多项结合在一起的损失中的一项,在后一种情况中,总值超过所保金额受到上限

① 参见[美]所罗门·许布纳等:《财产和责任保险》,陈欣等译,中国人民大学出版社 2002 年版,第 69 页。

② Clarence Arthur Kulp, *Casualty Insurance*, Ronald Press Co., 1956, p. 45. 转引自[美]所罗门·许布纳等:《财产和责任保险》,陈欣等译,中国人民大学出版社 2002 年版,第 69 页。

的影响。① 对此,答案取决于对合同的解释,在适当的情况下取决于有理性的生意人的意图和对商业惯例的证明。在一个著名的案例中,被保险人的电车翻车,40 人受到影响,责任保单中关于“每起事故上限为 250 英镑”的规定的适用,法院认为上限不是指该电车的索赔总额,而是指每个人的索赔总额。该案中保单中所保的是“对车辆事故引起的人身伤害和财产损失所提出的索赔”。“事故”一词可以是对电车也可以是对索赔人而言;法院倾向于后一种解释。②

由上可知,在保险合同中概括的采取扣减保险金额的做法是值得商榷的,保险实务中通过“预收保费保险”③或“自动恢复保险金额”④的附加条款来恢复保险金额的做法,有故意多收保费之嫌,在今后修法的过程中应对此作出明文规定以规范保险经营。

对此,本书试拟如下建议修改条款:

修改第 18 条第 4 款为:保险金额是指保险人承担保险金给付责任的最高限额。保险人应于承保前,查明保险标的物的实际价值,不得超额承保。

增加第 58 条第 3 款:投保人与保险人均不解除保险合同的,除

① 参见[英]M. A. 克拉克:《保险合同法》,何美欢等译,北京大学出版社 2002 年版,第 748 页。

② South Staffs Tramways Co. Ltd v. Sickness & Accident Assurance Assn Ltd., [1891]1 QB 402, 407.

③ 保险公司在火灾保险基本费率上加收保费构成总保费,这相当于为保费投保。这种增加的保险责任经常被称为“预收保费保险”。如果投保财产遭受了部分损失,预收保费保险可以提供必要的保费以恢复原始保险金额。如果投保财产遭受了全损,增加的保险责任规定将保单剩余期间的预收保费退还被保险人。参见[美]所罗门·许布纳等:《财产和责任保险》,陈欣等译,中国人民大学出版社 2002 年版,第 70 页。

④ 如某保险公司企业财产保险附加条款中的“自动恢复保险金额条款”规定:经双方同意,发生保险责任范围内的损失时,各项受损保险标的的保险金额自动恢复,但被保险人应按日比例支付恢复部分自损失发生之日起至本保险合同保险期间届满之日止期间的保险费。

合同另有约定外,保险人仍在原合同范围内承担相应责任。

损失补偿原则的规范目的之一在于对抗道德风险。它要求保险人对财产损失的赔付不得给遭受损失的被保险人带来额外收益。“所有的保单都根据投保财产的价值对保险金额和赔付程度作出限制。此外,标准保单还规定保险人仅在被保险人的利益范围内予以赔付,且只对被毁损财产在损失发生时的实际金钱价值予以赔付。”①因此损失补偿原则之实施离不开保险利益、保险金额、保险价值等原则或概念的支撑;这些原则或概念构成了损失补偿原则实现其规范目的的协同机制。

第四节　损失补偿原则之规则体系

损失补偿原则有保险法上保险利益、保险金额、保险价值等原则或概念的支撑才得以实施;同时,原则的实现更离不开具体规则的运行。在损失补偿原则这一上位概念之下,衍生出了诸如超额保险、重复保险、保险竞合、保险代位等诸多规则。这些具体规则构成了损失补偿原则的规则体系。

一、单一保险中的足额、不足额与超额保险

(一)足额保险

足额保险,又称“等值保险”,是指保险金额等于保险价值的保险。在不定值保险情形下,若当事人约定之保险金额与保险标的物在保险事故发生时的价值相等时,则为足额保险。在定值保险中,若保险金额与当事人约定之保险价值相等,即为足额保险。但理论

---

① [美]肯尼斯·S.亚伯拉罕:《美国保险法原理与实务》,韩长印等译,中国政法大学出版社2012年版,第234页。

上仍以“约定之保险价值”与“实际之保险价值”无悬殊差距者为限。①

在足额保险中，由于保险金额等于保险价值，所以保险人的保险金给付责任应以被保险人的实际损失为准；而在全部损失中，实际损失的数额与保险金额、保险价值以及保险利益的数额是一致的。

(二)不足额保险

不足额保险，又称“部分保险”，是指保险金额小于保险价值的保险。在不定值保险中，如果保险金额小于保险事故发生时保险标的物的实际价值，则该保险为不足额保险；在定值保险中，如果保险金额小于当事人于订约时预先约定的保险标的物在保险事故发生时的价值，即为不足额保险。

在不足额保险中，保险人所负的给付责任，我国采用比例责任制，即按照保险事故发生时保险金额与保险价值的比例确定保险人的责任。公式表示为：保险金 = 实际损失 ×（保险金额 ÷ 保险价值）。

(三)超额保险

超额保险，是指保险金额大于保险价值的保险。在不定值保险中，虽未明文约定保险价值，如果保险事故发生时保险金额大于保险标的的实际价值，则为超额保险。在定值保险中，超额保险指保险金额大于当事人订约时所约定保险标的物在保险事故发生时的价值。这种情形，虽然在理论上存在，但实务中几乎不可能，因为既已约定保险价值，不可能再约定得不到赔偿的超过保险价值的部分。

我国《保险法》第55条第3款规定：“保险金额不得超过保险价

---

① 参见刘宗荣：《新保险法——保险契约法的理论与实务》，中国人民大学出版社2009年版，第195页。

值。超过保险价值的，超过的部分无效”。由此可见，在我国保险人只需对保险价值内的部分负保险金给付责任。但观诸其他国家或地区的立法，多区分善意与恶意超额保险。如果超额保险是出于恶意（如投保人故意提高保险金额以求获得更多的保险金，或保险公司故意超额承保以求多收保费），当事人可解除保险合同并对损失有赔偿请求权；如果超额保险是出于善意（如因物价变动导致的超额保险），则其超过部分无效。我国《保险法》第 55 条第 3 款并未区分善意与恶意，实为疏漏，建议修改为：保险金额不得超过保险价值。超过保险价值的，如因当事人一方欺诈所致，他方可解除合同，并可请求赔偿损失；如无欺诈情形，则超过部分无效，保险人应当退还相应的保险费。

足额保险、不足额保险、超额保险由保险金额与保险价值在不同对比下所衍生，并有不同的计算规则，但均受损失补偿原则所规制，即保险金的数额不得超过被保险人的实际损失。结合定值与不定值保险之保单形态，将保险人责任范围的确定以表 2 示之。

表 2　不同保险形态下的保险责任确定

保险金额与保险价值之比较		不定值保险		定值保险	
		全部损失	部分损失	全部损失	部分损失
足额保险（保险金额 = 保险价值）		保险金额 保险价值 保险利益	实际损失	保险金额 保险价值 保险利益	实际损失
不足额保险（保险金额 < 保险价值）		保险金额	实际损失 ×（保险金额 ÷ 保险价值）	保险金额	实际损失 ×（保险金额 ÷ 约定价值）
超额保险（保险金额 > 保险价值）	善意	保险价值	实际损失	约定价值	实际损失
	恶意	依保险法理，保险人不承担保险责任			

二、多数保险之一：重复保险

重复保险是基于损失补偿原则而衍生出的重要保险制度，保险法对于重复保险采用损失分摊的方法规范重复保险行为，而不是全面禁止重复保险。

重复保险，是指投保人对同一保险标的、同一保险利益、同一保险事故与数个保险人分别订立保险合同的行为。保险人于保险事故发生时，即可产生“同一损失，多重补偿”的情形，其所受领的保险金即可能超过保险标的的实际价值，以致发生不当得利，极易产生道德风险，从而有违损失补偿原则。固然重复保险有可能使被保险人获得不当利益而受责难，但重复保险也有其正面作用，即重复保险可增强被保险人的安全保障，当保险人中出现不能履行保险合同义务的保险人时，可向其他保险人求偿，其保障不至落空。因此保险法只是规范重复保险行为，而非禁止重复保险。保险法规范之目的在于重复保险在不违反损失补偿原则之前提下，仍能发挥保障被保险人的积极功能，使被保险人的损失既能得到有效补偿，又不至于产生不当得利。

（一）重复保险的通知义务

重复保险有正反两方面的效果，既能保障被保险人之周全，亦可成为不法分子牟利之工具。因此，从法律上对重复保险加以规制是现代各国保险立法的通例，由此可见，规范调整重复保险对保险良性运行的重要性。其重要规制手段为强制投保人负重复保险之通知义务。凭借通知义务，责令投保人将重复保险的事实通知各保险人，以免在保险事故发生后，各保险人所给付的保险金总和超过被保险人所遭受的实际损失。我国《保险法》第 56 条第 1 款规定：“重复保险的投保人应当将重复保险的有关情况通知各保险人。”通知义务的设定，旨在防止投保人以“积少成多”的方法达到超额保险的目的,并进而通过不当得利之禁止以防范道德风险的滋生以及保险诈欺的可能。

我国《保险法》第 56 条虽规定投保人须履行重复保险通知义务,但却未对违反该义务应承担的合同后果作出规定,使得该条形同虚设。因此我国保险立法应增加关于投保人故意不履行通知义务的法律后果,即如若投保人故意不履行通知义务,合同无效。

(二)重复保险的损失分摊规则

我国《保险法》第 56 条第 2 款规定:“重复保险的各保险人赔偿保险金的总和不得超过保险价值。除合同另有约定外,各保险人按照其保险金额与保险金额总和的比例承担赔偿保险金的责任。”由此可见,我国《保险法》对重复保险的法律效力采“比例分担主义”的立法政策。然而,这样不仅不便于被保险人请求权的行使,且存在被保险人无法获取全部补偿的可能。换言之,由于各保险人应负担的比例是固定的,当重复保险的保险人中有一人以上破产或丧失清偿能力导致给付不能时,被保险人会因为该类保险人给付不能而不能获取保险金,又无法由其他有给付能力的保险人补偿。本书认为,我国的保险立法应借鉴连带赔偿主义的立法技术,使各保险人的外部关系采连带责任,而各保险人间的内部关系则按连带责任的内部求偿权处理,其求偿额度按各自保险金额与保险金额总和的比例来确定。如此,既可使被保险人自由选择向任一保险人请求给付保险金,而不必分别向各保险人一一请求,减轻被保险人的成本支出和诉累,又可对发生给付不能的保险人所无力支付的保险金,由其他保险人在其所承保限度内支付,避免或减轻了被保险人因保险人给付不能所承担的风险,还可平衡保险人间的内部关系。

(三)当事人的主观意图与重复保险的效力

重复保险的产生,可能是出于投保人的善意,即投保人纯粹是出于多一份安全保障的考虑，而非意图谋利；也有可能是出于投保人的恶意，即投保人纯粹是为了通过重复投保而获得较实际损失多的保险金，从而违反了保险法禁止不当得利的意旨。对于善意重复投保，其效力应予以肯定；被保险人应得的保险金，由各保险人分摊。对于恶意的重复保险，我国《保险法》并未规定。一般来讲，所谓恶意重复保险，系指投保人在订约之际，意图谋取不当利益，或在保险合同有效期内知悉重复保险的存在而不为通知，或故意为虚假通知。对于恶意重复保险，投保人企图谋取不当利益，破坏了保险制度分散危险、填补损失的宗旨。由于恶意重复保险的投保人主观恶意程度较高，其效力通常受到法律之否定，多数立法例规定恶意重复保险的保险合同无效。综上，本书建议，我国《保险法》第 56 条第 1 款修改为：重复保险的投保人应当将重复保险的有关情况通知各保险人。投保人故意不为该通知义务，或意图为不当得利而为重复保险的，除合同另有约定外，保险合同无效。

三、多数保险之二：保险竞合

虽然我国保险法规定了重复保险制度，但重复保险制度并不能穷尽所有发生多张保单补偿同一损失的情形。对于无法以重复保险概括的情形，国外学说或实务上，多以保险竞合来处理。我国《保险法》并未规定保险竞合。在学理上，保险竞合是指两个以上投保人、保险利益、保险标的物、保险事故不完全相同的保险合同，指定同一人为被保险人，由于该保险合同有理赔上的重叠性，于保险事故发生时，数个保险人就同一保险标的物的损失，都应对被保险人负保险金给付责任。[①] 保险竞合的实质是数个保险合同均须对被保险人的损失负保险金给付责任，而解决该问题的关键是如何划分保险人的责任。由

① 参见刘宗荣：《新保险法——保险契约法的理论与实务》，中国人民大学出版社 2009 年版，第 215 页。

于保险险种有其性质的不同,故保险竞合又可分为同质保险的竞合与异质保险的竞合。而其中还会出现竞合条款竞合的情形。

(一)异质保险的竞合

所谓异质保险的竞合,是指不同性质的保险险种对同一损失负有给付责任的现象。如责任险与财产损失险之间的竞合。因不同性质的保险有其不同的效力,故在异质保险竞合的情形下,应主要判断何种性质的保险具有优先效力,即何种保险应负主要责任。本书认为,当强制性保险与任意性保险竞合时,强制性保险应负主要责任;当社会保险与商业性保险发生竞合时,社会保险应负主要责任;[①]当不同性质的商业保险发生竞合时,为防止被保险人重复获偿,基于责任保险承担责任的终局性,应负担首要责任。[②]

(二)同质保险的竞合

所谓同质保险的竞合,即保险险种的性质处于同一效力层面,如财产损失保险之间的竞合,责任险之间的竞合等。对于同质保险的竞合,保险法上主要通过保险竞合条款对其进行规制,这些条款主要包括比例分担条款、溢额条款、不负责任条款等。[③] 比例分摊条款(pro rata clause),是指约定某一损失发生时,若该损失同时有其他保险合同承保时,本保险合同的保险人按照一定比例与其他保险人分担保险责任。溢额条款(excess clause),是指某一损失发生时,除本保险合同承保外,尚有其他保险合同承保的,本保险人就全部损失扣除其他保险人应负担部分之余额负起责任。不负责任条款

---

① 参见徐民、缪晨:《保险竞合研究——兼论我国保险法的完善》,载《中国商法年刊(2007):和谐社会构建中的商法建设》,北京大学出版社2008年版,第728页。

② 参见邱锦添等编著:《最新两岸保险法之比较——兼述2009年大陆保险法合同规定之评析》,台北,文史哲出版社2010年版,第190页。

③ See Mark C. Guthrie, *Other Insurance Conflicts: A Common-Sense Proposal*, 36 Baylor Law Review 689 (1984).

(escape clause),是指约定当某一损失发生时,若该损失另有其他保险合同承保时,本保险合同的保险人不负保险金的给付责任。

当保险合同中载有相同种类的保险竞合条款时,如比例分摊条款与比例分摊条款竞合、不负责任条款与不负责任条款竞合,各保险人按照其保险金额与保险金额总和的比例承担赔偿保险金的责任。① 异种保险竞合条款竞合时,以载有比例分担条款的保险为主要保险,载有溢额保险条款的保险为次要保险,载有不负责任条款的保险为再次保险。②

我国《保险法》并未对保险竞合予以规制,未来修法之际,应将其纳入其中,③以规范保险实务之经营。

---

① 除按照保险金额的比例分摊的方法外,还有等额最大损失法、保费比例分摊法、实际保险金数额比例分摊法等。以上四种分摊法中,以保险金额比例分摊法为多数观点,限于篇幅,本书不再展开。关于不同分摊方法的介绍,参见刘宗荣:《新保险法——保险契约法的理论与实务》,中国人民大学出版社 2009 年版,第 222 ~ 224 页。关于运用不同分摊方法,被保险人可得到的保险金的数额的比较,参见樊启荣:《保险法》,北京大学出版社 2011 年版,第 135 ~ 136 页。

② 参见刘宗荣:《新保险法——保险契约法的理论与实务》,中国人民大学出版社 2009 年版,第 224 ~ 225 页。

③ 学者们对保险竞合的立法有不同看法,但纵观保险业之发展趋势及各国立法之趋势,将保险竞合纳入保险法势在必行,以下列举学者之建议,以供参考。保险事故发生,有两个以上的损失填补保险合同条款均应负保险责任而不符合(重复保险)规定时,各保险人的责任依下列规定处理:责任保险与责任保险以外的损失补偿保险竞合时,责任保险为主要保险;其他损失补偿保险为次要保险。责任保险与责任保险竞合,或责任保险以外载有相同种类保险竞合条款的损失补偿保险竞合时,各保险人按照其保险金额与保险金额总和的比例承担赔偿保险金的责任。载有不同种类保险竞合条款的损失补偿保险竞合时,依下列规定:(一)载有比例分担条款的保险与载有溢额保险条款的保险竞合者,以前者为主要保险,后者为次要保险。(二)载有溢额保险条款的保险与载有不负责任条款的保险竞合者,以前者为主要保险,后者为次要保险。(三)载有比例分担条款的保险与载有不负责任条款的保险竞合者,由前者的保险人单独负其责任。(四)载有比例分担条款的保险及载有溢额保险条款的保险与载有不负责任条款的保险三者竞合者,以载有比例分担条款的保险为主要保险,载有溢额保险条款的保险为次要保险,载有不负责任条款的保险为再次保险。参见刘宗荣:《新保险法——保险契约法的理论与实务》,中国人民大学出版社 2009 年版,第 228 页。

四、多数债务人情形下的保险代位

保险代位,是指因第三者对保险标的的损害而造成保险事故的,保险人自向被保险人给付保险金之日起,在给付金额范围内代位行使被保险人对第三者请求赔偿的权利。我国《保险法》第 60 条第 1 款规定:“因第三者对保险标的的损害而造成保险事故的,保险人自向被保险人赔偿保险金之日起,在赔偿金额范围内代位行使被保险人对第三者请求赔偿的权利。”

(一)保险代位权的成立及行使

保险代位权基于两项权利而成立,即被保险人对保险人的补偿请求权和被保险人对第三人的赔偿请求权。保险人因对被保险人的保险补偿而取得代位权的资格,同时又因被保险人对第三人的债权而取得了向第三人主张的权利,但由于第三人仅对被保险人负有债务,故当保险人向其提出主张时,必须履行了相应的债权转让手续,第三人方可向保险人履行债务。由此可见,保险代位权实际上是在前两项基础权利上产生的一种新的民事权利。

(二)保险代位之双重功能

一般而言,保险代位之功能在于避免被保险人获得双重赔付。被保险人因保险事故发生,同时对保险人及加害人享有两重请求权,但被保险人的损失是一定的,如若允许其获得两次赔偿,则会产生不当得利,从而有违损失补偿原则。但保险代位之功能并不仅限于此。从另一角度来讲,保险代位权可保障被保险人获得充分补偿。保险代位权制度虽不为被保险人提供双重补偿,但当被保险人对保险人的补偿请求权和对第三人的赔偿请求权发生重合时,赋予被保险人自由选择权,以保障被保险人的损失得以充分弥补。保险事故发生后,被保险人既可以请求第三人赔偿,也可以请求保险人补偿,还可以在第三人的赔偿不足时,请求保险人予以弥补,又可以在保险人补偿不足时，向第三人请求赔偿。至于如何行使，由被保险人依情形决定，他人不得干涉。在一般情况下，被保险人依保险合同的规定选择资产雄厚、信誉良好的保险公司请求补偿，较为经济、快捷；而向第三人请求赔偿一般则较为困难，还有可能遇到第三人赔付能力不足的情形。当被保险人向保险人请求补偿时，第三人的赔偿责任不能构成保险人履约的抗辩事由。在保险关系中，投保人缴纳保险费而获得一个安全保障，保险人收取保险费则承担一项风险。在行使保险代位权的情形下，保险人所负担之风险实际上是以现有利益换取了期待利益。

本章小结　损失补偿原则为保险法之基石

世上一切交易规则的目的均在于追求交易的公平，保险法亦不能例外。鉴于保险之目的在于转移危险的特殊性以及危险对于交易双方的有害性，“公平”在保险的范畴内衍生出了损失补偿这一独特的原则与要求。

在保险法上，损失补偿原则补偿被保险人在保险事故发生时遭受的损失，体现了保险最基本的补偿功能；同时通过限制被保险人获得不当利益来防范道德风险的发生，从而保障保险制度得以实施，使其不至在历史的长河中被湮没。损失补偿原则是从保险交易的经济关系中总结出来的公理，其着眼于平等、公平、善良等永恒的道德价值；同时被所有国家和地区的保险立法和司法所遵循，没有任何例外。在制定保险法律规则、进行司法推理、选择法律行为以及需要衡平保险合同双方当事人的利益冲突时，损失补偿原则必不可少。因此，损失补偿原则是保险制度中最基本的原则。

在世界各个国家或地区的保险立法中,有的虽然未将损失补偿原则直接列明在法律条文中,但损失补偿原则却是指导和协调保险法律关系的重要法律调整机制。我国《保险法》第55条关于定值保险、不定值保险、超额保险、不足额保险的规定,第56条关于重复保险的规定,第59~63条关于代位求偿的规定等,均源自保险损失补偿原则的要求。在国外的保险实务中,保险人基于损失补偿原则,通过保险设计,设置多种限额选项以限制出险后对被保险人的补偿。“这些责任限制条款,有的能够维护损失补偿原则,有的体现的是费率厘定的公平性,还有的二者兼备。损失补偿——对所遭受的实际经济损失赔付受到以下条款的限制:(1)实际现金价值;(2)修理或重置成本;(3)不赔偿增加成本;(4)被保险人的利益;(5)其他保险(比例分摊);(6)代位追偿。下面的一些责任限制条款的基本目的则是实现费率厘定的公平性:(1)保单面额;(2)不赔偿丧失使用造成的损失;(3)近因原则;(4)承保风险和除外责任;(5)共同保险;(6)免赔额。”①由此可见,世界各个国家或地区的保险立法或保险实务,均以损失补偿原则为依据,以此维护保险合同双方当事人的利益,进而使保险制度得以顺利运行。

保险是一种人类的创造物,作为一种社会制度,其并非为了存在而存在,而是为了实现人类规避风险、分散损失、填补损失的目的而存在。损失补偿原则发挥着填补被保险人损失、防止被保险人获得不当利益的主要功能,借此维护保险制度的有效运作。因此,可以毫不夸张地说,损失补偿原则是保险法之基石。

---

① [美]所罗门·许布纳等:《财产和责任保险》,陈欣等译,中国人民大学出版社2002年版,第68页。

第二章　损失补偿原则之历史流变

我国《保险法》对损失补偿原则并无明文规定，在保险法的教科书或相关著作中，大多仅止于名词的援用或附以简单的说明，在学理上亦缺乏系统而深入的探讨。损失补偿原则究竟“从哪里来”，最终又将“到哪里去”？其在时代的变迁过程中是如何不断发展演变的？厘清损失补偿原则在保险制度发展及保险立法中的这一历史脉络，可从中窥探其发展规律，从而有助于损失补偿原则在当今的适用。本章主要围绕损失补偿观念的确立、规范性质的转变以及制度上的修正三个方面展开。

第一节　近代保险法上损失补偿原则之形成

现代保险源自海上保险，因此有学者将海上

保险亲切地称为“贯穿保险业发展的‘母亲之河’”①。所以，在思考保险法的原则和概念时，如果不重视四处渗透的“海上保险的触角”，那确实是荒谬可笑的。② 欲探寻损失补偿原则之渊源，更离不开海上保险。保险活动从它产生的那一天起，甚至在它的雏形里，便与“风险”(risk)、“损失”(loss)这两个概念亲密无间地联系在了一起。③ 然而，损失补偿原则并非和保险制度相伴而生，而是随着保险制度的不断发展在英美法的判例中逐渐确立，并为保险制度发达的国家的立法所确立。

以下从结合损失补偿原则之经典判例以及早期的保险立法例，追溯保险损失补偿观念之渊源，廓清损失补偿观念之历史发展轨迹。

一、损失补偿原则在近代判例及立法中之确立

损失补偿观念何时确立？有无标志性的立法或事件？对于这些问题，学者间鲜有论及。所以只能根据现有的资料进行归纳分析，并从中窥知点滴。

损失补偿观念，是指被保险人取得保险金须以保险事故的发生为依据，并因此而遭受了实际损失，其所取得的保险金不得超过其所遭受的实际损失。一言以蔽之，被保险人获得的补偿不得超过其投保损失，即“补偿≤损失”。这一观念的确立首先在海上保险的判例中予以阐明，而后在陆上保险中进一步深化，并被早期的保险立

---

① [英]奥梅、希尔：《OMAY 海上保险——法律与保险单》，郭国汀等译，法律出版社 2002 年版，序言，第 1 页。

② 美国著名海商法学者 G. 吉尔摩、C. L. 布莱克曾经说过：“在思考海商法的原则和概念时，如果不重视四处渗透的‘保险触角’，那确实是荒谬可笑的。”参见[美]G. 吉尔摩、C. L. 布莱克：《海商法》(上)，杨召南等译，中国大百科全书出版社 2000 年版，第 68 页。此处笔者改用此语，以说明海上保险对于保险法研究的重要性。

③ 司玉琢、李志文主编：《中国海商法基本理论专题研究》，北京大学出版社 2009 年版，第 663 页。

法所采纳。

（一）曼斯菲尔德勋爵1761年对损失补偿原则的初步阐释

曼斯菲尔德勋爵（Mansfield Lord）是近代保险法形成、发展史上至关重要的人物之一。他被誉为英国“商法的奠基人”，并有“保险法之父”的美誉。他的关于保险法的诸多判决，经常被援引甚至用来解释保险单。他判决的附论几乎成了现代“保险法的基础”。①

据考证，损失补偿原则的严格确立可追溯至曼斯菲尔德勋爵于1761年的一个判决。② 该案案情大致为：一名法国士兵俘获一艘英国船舶，但该船舶并未遭受任何损害，之后英国士兵又将其夺回。当船舶所有者（被保险人）得知其船舶被俘获后，欲将其对船舶的所有利益委付给保险人而起诉全损。保险人认为其仅对实际损失承担保险金的给付责任。曼斯菲尔德勋爵称其支持保险人的主张，并指出：“原告的请求是损失补偿，他的诉讼必须建立在损失已切实发生的基础之上，否则不能提起诉讼而要求认定全损。在损失补偿保险合同中，如若将任何海损或根本不存在的损失均认定为全损而予以补偿，这显然是荒谬的。在整个事件中，如果没有损失发生，是不能提起损失补偿诉讼的。”③

由此可见，在曼斯菲尔德时代，“无损失，无补偿”的真正内涵已经渐渐被揭示，并且对损失形态的认识也已渐渐明朗。

---

① ［英］奥梅、希尔：《OMAY海上保险——法律与保险单》，郭国汀等译，法律出版社2002年版，第5页。

② See Walter Williams, *The Principle of Indemnity: A Critical Analysis*, 1960 Insurance Law Journal 471 (1960).

③ Walter Williams, *The Principle of Indemnity: A Critical Analysis*, 1960 Insurance Law Journal 471 (1960).

(二)布莱特法官1883年在卡斯特林诉普瑞斯顿案中的经典阐释

卡斯特林诉普瑞斯顿案(Castellain v. Preston 1883)[①]是英国19世纪关于损失补偿原则的经典案例。该案例不但阐述了损失补偿的经典内核,更阐明了损失补偿在保险法中的关键地位。

该案案情大致如下:卖方出售一栋投保了火灾保险的房屋,买卖合同已经签订。但该合同中并未涉及保险。在合同缔结后,房屋交付前,该房屋遭受火灾受损。保险人向卖方支付保险金,之后买方也依照合同的约定支付了全部房款,其中没有扣减因火灾导致房屋受到损失的金额。保险人向法院提起诉讼要求返还保险金。法院根据损失补偿原则判决保险人胜诉。

布莱特(William Bailiol Brett)大法官在审理该案的过程中曾对损失补偿原则有过经典的论述:"在我看来,适用于保险法的每一规则的基础在于保险合同是一种损失补偿合同。损失补偿意味着被保险人因保险事故的发生而遭受实际损失时,应当获得充分补偿,但也仅仅是充分补偿。损失补偿原则是保险法的根本原则,如果任何观点与该原则相悖,从而使被保险人不能得到充分补偿,或使其得到补偿超过损失金额,那么这种观点肯定是错误的。"[②]

布莱特大法官的上述阐释在当今社会仍然有其现实意义。伴随损失补偿原则的逐渐明晰,其所具有的防止被保险人不当得利的功能亦逐渐凸显。审理上述案件的Cotton法官指出:"保险单只是补偿被保险人因承保危险所致损失的合同,并且仅为补偿性的合同。为确定损失,被保险人所获得的一切必须要考虑在内,因为其有可

① Castellain v. Preston 11 Q. B. D. 386(1883).

② Castellain v. Preston 11 Q. B. D. 386(1883).

能减少被保险人的损失。因此被保险人因保险事故的发生而获得的相关利益或金钱,必须予以考虑。保险合同仅对被保险人所遭受的损失予以补偿。”[①]伴随案件审理过程中损失补偿原则的确立,其逐渐衍生出了诸多制度,丰富了其理论体系。

在没有正式成文立法的情况下,法官对不同案件的裁判在这一过程起到了非常重要的作用。曼斯菲尔德作为现代保险法的先驱,明确了损失补偿原则的真正含义,确立了其在保险法中的基础性的地位,从而使这一远古时代已存在之朴素观念得以承载于保险法之上,而流传至今。布莱特法官更是直接阐明了被保险人不得因为保险事故的发生而获得额外的利益。从现代的观点来看,在卡斯特林诉普瑞斯顿案中,之所以法官判决保险人胜诉,正是因为被保险人在事故发生时对保险标的并不具有保险利益。而保险利益的存在与否直接关系被保险人是否有不当得利的可能。

(三)近代主要保险立法例对损失补偿原则之采纳

英国 1906 年的《海上保险法》是现代保险法的先驱。这部法律中的诸多规定体现了损失补偿原则的要求。

该法第 6 条第 2 款通过规定被保险人在保险事故发生时应具有保险利益,从而限制了被保险人获得不当利益的可能。该条规定:如果被保险人在灭损当时不具有利益,他不能在他知晓该灭损后,通过任何行为或选择而获取利益。[②] 另外,在关于损失补偿原则所

---

① Castellain v. Preston 11 Q. B. D. 386(1883).

② 英文原文为:Where the assured has no interest at the time of the loss, he cannot acquire interest by any act or election after he is aware of the loss。

衍生出的具体规则，该法也予以了详细的规定。如该法第32条①关于重复保险的规定、第79条②关于保险代位的规定，均为贯彻保险法上的损失补偿原则而设。该法颁布之后，损失补偿原则纷纷为德、法、澳、美等国的立法或判例所采纳。该法的颁布标志着损失补偿原则从判例层面走向了立法层面，对于损失补偿原则的发展起到了至关重要的作用。

二、损失补偿原则确立之背景

（一）赌博导致保险制度被滥用

保险从其产生之初似乎就与“投机”“冒险”等字眼联系在了一起。随着海上航运的进一步发展，资本主义国家逐步意识到海洋运输对国家发展的重要性，所以开始鼓励海上冒险，保险便成为鼓励冒险的手段之一。

正如《1601年伊丽莎白法》的序言中所说：“用保险的方法，船舶发生任何灭失或损害，不致造成人们破产；由多数人分担落在少

---

① 英国1906年的《海上保险法》第32条规定：(1)当被保险人或其代表，就同一冒险和利益或其中的一部分订立了两份以上的保险单，且保险金额超过本法所允许的赔偿限额时，被保险人即被视为因重复保险而超额保险。(2)在被保险人因重复保险而超额保险之场合：(a)除非保险单另有规定，被保险人可根据自己认为合适的顺序，依次向其保险人索赔，但他所得金额不得超过本法允许的赔偿限额；(b)如果被保险人凭以索赔的保险单是一份定值保险单，被保险人必须将其他保险单项下他已收取的任何数额从约定保险价值中扣除，无须考虑保险标的的实际价值；(c)如果被保险人据以索赔的保险单是一份不定值保险单，被保险人必须将其他保险单项下他已收取的数额从全部保险价值中扣除；(d)若被保险人得到的金额超过本法所允许的赔偿额，则此种超出金额即被视为由被保险人代各保险人托管，由保险人按他们之间的分摊权利摊回。

② 英国1906年的《海上保险法》第79条规定：(1)保险人赔付保险标的全损之后，不论赔付的是整体全损，还是货物的可分割部分的全损，均有权接管被保险人在该已赔付保险标的上可能留下的任何利益，并从造成保险标的损失的事故发生之时起，取得被保险人在该保险标的上的一切权利和救济。(2)受前述各条款制约，在保险人赔偿部分损失之场合，他并不取得该项保险标的或其存留部分的所有权，但是，根据本法，通过赔付此种损失，自造成损失的事故发生之时起，保险人代位取得被保险人对保险标的的一切权利和救济，但以被保险人已获赔偿额为限。

数人身上的损失;由不进行商业冒险的人分担进行商业冒险航行的人遭受的损失。从而所有商人,尤其是较年轻的商人,受保险方法的吸引,更愿意自由地去进行商业冒险。"①国家对海上商业冒险的鼓励行为,促进了海上保险的进一步发展;但同时也助长了投机思想,使民众对投机行为缺少了理性的思考。反过来,海上风险的不可预知性与海上的冒险行为又迎合了民众的投机心理,导致一些不法投机分子开始利用海上保险进行赌博。

有资料表明,历史上曾允许人们就某些风险订立保险单,即便他们对这些风险并不存在法律上所承认的金钱利益关系。这种事实也并未能避开法院的注意。曾有一段时间,法院在审理工作中拒绝承认那些隐藏有赌博行为的保险单项下的索赔。到了17世纪末18世纪初,这种一般原则在执行中有所放松,并出现了一些确认赌博性保险单有效的先例。② 虽然大多数人对赌博这一行为深恶痛绝,但习惯法的力量是有限的,其未能有效、全面制止这种不能令人满意的做法。

在貌似繁荣的保险业背后,是观念的扭曲和制度的破坏,更有大众的一片责骂。有一份英文文献记载:"在17世纪,有不少所谓的保险公司纷纷成立,这些公司根本比赌场好不到哪里去。我们(英国)和法国进行的战争为赌博提供了充足的空间,创造出一类'战争风险',这类有的和被保险人有关,有的完全无关。1697年,有一位分析家写道,'以保单和合同形式进行的赌博现在已经成为保险

---

① [英]哈罗德·A.特纳:《海上保险原理》,李学锋等译,中国金融出版社1987年版,第1页。

② 参见[英]约翰·T.斯蒂尔:《保险的原则与实务》,孟兴国、徐韦等译,中国金融出版社1992年版,第4~5页。

业务的一环了;更恰当的说,保险是博彩的一种,其名声极差……’”①

赌博对寿险行业造成了不小的冲击,因为事关人命,所以这一后果甚至更严重。当时的流行刊物记载了人们以遭到死刑起诉的犯罪嫌疑人的生命投保的事情。这类保单就是赤裸裸的赌博,赌的就是犯罪嫌疑人最终是否会被定罪。另一种类似的做法是为年迈的名人投保,这类保险所需缴纳的保费被视为被保险人的医疗费,其开支范围包括被保险人近期罹患的疾病。② 由于投保人对被保险人并无任何利益,这类保险最大的危险就在于可能诱使投保人设法提前终结被保险人的生命。

保险与赌博同样都具有射幸性,但发生的效果却完全不同。赌博旨在侥幸得利,赌赢者不但没有任何损失且获得意外之财,赌输者血本无归倾家荡产,不论是赌输还是赌赢,都是对既存状态的改变,因此都是“从安定走向不安定”;而保险制度则与之不同,在保险事故发生前,保险赋予被保险人以安全感,在保险事故发生后,在实际损失的限度内,损失获得一部或全部补偿,甚至恢复原状,是“从不安定走向安定”。③

以投机为主要手段的赌博导致了损失补偿观念的淡薄。赌博赢家的收益是以输家的损失为代价的,输赢主要凭运气,其创造了一种新的风险;而保险之损失补偿观念之所以能存在,是因为保险人和被保险人在预防损失方面具有共同利益。如果没有发生则实现了双方的共赢;如果损失发生时,保险人会全部或部分的恢复被保

① [美]小罗伯特·H.杰瑞、道格拉斯·R.里士满:《美国保险法精解》,李之彦译,北京大学出版社2009年版,第101页。

② 参见[美]小罗伯特·H.杰瑞、道格拉斯·R.里士满:《美国保险法精解》,李之彦译,北京大学出版社2009年版,第102页。

③ 参见刘宗荣:《新保险法——保险契约法的理论与实务》,中国人民大学出版社2009年版,第37页。

险人的财务状况。就某种意义而言,赌博确实比保险更"过瘾""来得快",但正是由于这种投机心理,导致了保险制度难以维系,其填补损失的美好愿望也逐渐幻灭。

(二)保险利益之产生导正了损失补偿观念

赌博对保险制度的践踏,是损失补偿观念自应用于保险以来遭到的最大挑战。正当人们担心保险制度能否继续维系、损失补偿功能能否存续之时,保险利益的出现使损失补偿观念得以导正,并且得以进一步发展。

1. 保险利益的产生基于反对赌博的公共政策

在没有保险利益的要求时,保险的货物或船舶遭到毁坏,被保险人的利益可不受到任何影响而得到补偿。如果海上保险单失去了原先设想的补偿功能而变成一种以他人的不幸进行赌博的工具,甚至能使所谓的"被保险人"在他人的海上财产遭受损坏时,还能从中得到某种利益,这是人们最大的担忧。为了禁止这类"保险"的发生,公共政策确定了一项原则,即除非损失发生时,被保险人对保险标的具有"保险利益",否则,任何保险合同均属无效。在缺乏保险利益的情况下,保险人有权拒绝履行补偿损失的义务。

18 世纪之前,保险业界其实没有保险利益的要求,基本上任何愿意缴付保费的人都可以买到一份保单。这样造成的负面后果是非常恶劣的,居心叵测的人得以利用保险牟利,这不但致使赌博盛行(因为人们可以为自己的赌注投保),而且还导致谋财害命(因为恶徒可以对任何财产和人命投保,继而毁灭保险标的以诈取保险金)。1746 年,英王乔治二世颁布法令,痛斥当时保险业界的混乱局面:"实践证明,没有任何利益就可以投保的做法引发了很多恶劣行为:大量的船舶以及货物要么被恶意灭失或摧毁,要么轻易被敌国俘获;投机和赌博行为借保障船舶和贸易之名大行其道,使助人向善的保险业蒙羞……”①英国国会认为,这“使得非法赌博或博彩可以借货运之名大行其道”,使“保险制度及其精密的框架”被“滥用”了。②

2. 制定法将保险利益予以明文化

虽然人们对待赌博的态度是消极的,但是习惯法的力量毕竟是有限的,最终只能依靠制定法来遏制这种“以保险之名,行赌博之实”的现象。

1746 年,英国国会制定了法律规则,要求在财产保险中必须具备保险利益:“任何人、法人或者政治团体如果只具备可有可无的利益,或除保单本身之外不具备任何利益证据,或只为赌博或博彩之目的,或无权向保险人进行委付的话,均不能为国王陛下或其臣民所拥有的船只投保,亦不能为此等船只所承载或将要承载的货物、商品、物品投保;如有违反,则此等保险应自始无效,不管保险的意图或目的为何。”③在颁布该法案后,国会于 1774 年颁布了第二个法案,规定:“无论投保为谁所用,对谁有好处、保险单记在谁的名下,但是如果没有保险利益、或者如果保险用作赌博,那么对任何人的生命投保、对任何事物的投保,都不合法。”④由此明确了在人寿保险中必须具备保险利益,否则是非法的。

虽然现在很多国家和地区都允许赌场、赌马等各种各样的博彩方式存在,越来越少的人将赌博视为罪大恶极,但像保险这样具有

① 黄勇、李之彦:《英美保险法经典案例评析》,中信出版社 2007 年版,第 2 页。

② 参见[美]小罗伯特·H. 杰瑞、道格拉斯·R. 里士满:《美国保险法精解》,李之彦译,北京大学出版社 2009 年版,第 101 页。

③ Act of 1746, 19 Geo. 2, c. 37. See Robert E. Keeton, *Basic Text on Insurance Law*, West Publishing Co. ,1971 ,p. 95.

④ Act of 1774, 14 Geo. 3, c. 48. See Robert E. Keeton, *Basic Text on Insurance Law*, West Publishing Co. , 1971 ,p. 95.

经济价值的方式不应该成为赌博的幌子。保险所具有的经济价值体现在对无法预测的损失起到补偿的作用,但绝不是为了让被保险人得到财富,否则道德风险将会大大增加。

3. 保险利益从无到有:丰富了损失补偿之内涵

虽然损失补偿观念在赌博盛行之时一度被掩埋,但这种朴素观念并未因此而失去理性的光辉。损失补偿观念也从未停止过对赌博的反抗。禁止赌博、禁止被保险人获得不当利益,一直是其追求的目标。保险利益和损失补偿观念在禁止赌博这一点上具有一致性,这一共性源自公共政策的要求。

仅凭损失补偿制度一已之力难以维系整个保险制度,保险利益这一"强制性规定"的出现,无疑给损失补偿添上了一双强有力的翅膀,可以使其飞得更高。正如国外学者所言:"补偿原则是在法律教条和保单的有关限制条款下实施的,支持补偿原则的最重要的法律条款是保险利益原则。"①保险利益的出现,使损失补偿不仅仅停留在观念的层面,还有了法律上的支撑。进言之,保险损失补偿所谓之"损失"是保险利益之反面,只有在被保险人利益范围内的损失,保险才予以补偿,亦即所谓"无损失,无补偿"。

可以毫不夸张地说,保险利益的产生是损失补偿观念迈向现代化的标志,更加快了损失补偿作为保险基本原则的步伐。

综上所述,损失补偿观念并非和保险制度相伴而生,而是随着保险制度的不断发展和完善逐渐确立的。然而这一历程并非一帆风顺,相当一段时间,保险制度被滥用并沦为赌博的工具。曼斯菲尔德勋爵和布莱特法官对经典案例的阐释体现了损失补偿观念的实质内核。对于被保险人有保险利益的要求使得海上保险真正步

---

① [美]埃米特·J. 沃恩、特丽莎·M. 沃恩:《危险原理与保险》,张洪涛等译,中国人民大学出版社 2002 年版,第 174 页。

入正途,损失补偿之理性光辉才得以照耀全人类。在保险从海上到陆上的发展过程中,损失补偿原则也完成了从观念到制度的技术性的转变;保险利益在这一过程中发挥着至关重要的作用,促成了保险损失补偿制度体系的形成。

第二节　从“刚”到“柔”:损失补偿规范性质之转变

一、损失补偿原则强制性规范位阶之审思

损失补偿原则的目的之一在于防止被保险人于事故发生时所受领的保险金超过其实际损失,因此该原则适用的前提,应以填补被保险人的实际损失为限,而此种保险类型的保障目的旨在填补被保险人经济上可估计的损失。[①] 基于防止不当得利的基本要求,传统理论将损失补偿原则作为保险法上的强制性规定,要求于火灾保险等损失补偿保险中,不允许保险合同的当事人或关系人获得不当利益。换言之,在损失补偿保险中,保险人所为之保险给付须以填补被保险人所蒙受的实际损失为度,以防止被保险人为获取不当利益而发生道德风险。

(一)损失补偿原则作为保险法上的强制性规范的表现

正是基于禁止不当得利进而防范道德风险的规范目的,损失补偿原则的规范体系均将禁止不当得利作为强制性规定:禁止被保险人在单一保险中获得超额补偿的超额保险制度、禁止被保险人在多数保险中获得多次补偿的重复保险制度、禁止被保险人在第三人致害时获得双重补偿的保险代位制度,无一例外不是围绕着如何防止

① 参见汪信君、廖世昌:《保险法理论与实务》,台北,元照出版有限公司2015年版,第9页。

被保险人获得不当利益来设计的。

1. 单一保险中的禁止被保险人获得超额补偿的超额保险制度。超额保险制度是规制在单一保险中保险金额大于保险价值的保险制度。保险价值是被保险人对保险标的所拥有的保险利益的价值，亦是保险人在法律上的最高给付限制，如若保险金额超过保险价值，则有使被保险人获得超额补偿的可能，故为了防止被保险人获得超额补偿，保险法一般对保险金额作出限制性的规定，即保险金额不得超过保险价值，否则无效，以贯彻损失补偿原则之目的。

2. 禁止被保险人在多数保险中获得多次补偿的重复保险制度。重复保险制度是为规制多数保险中的重复投保行为进而获得重复补偿的制度。在重复保险中，如若允许被保险人“一重损失，多重填补”，则有使被保险人获得的补偿超过其损失的可能，导致被保险人反因保险获得不当利益，严重违反损失补偿原则。故法律明确规定限制被保险人从不同的保险人处获得给付的总额不得超过保险价值。

3. 禁止被保险人在第三人致害时获得双重补偿的保险代位制度。保险代位制度主要作用之一在于避免被保险人获得保险人和致害第三人的双重补偿。被保险人从保险人处取得保险金后，在该取得保险金的范围内，将其对第三人的损害赔偿请求权转移给保险人，从而避免了被保险人既基于保险合同从保险人处获得保险金，同时又基于损害赔偿请求权从第三人处获得保险金的双重给付情形的发生，避免了被保险人的不当得利。

诚然，这些制度的设计遵循了损失补偿原则中禁止被保险人获得超额补偿的宗旨，维护了保险制度的良好运作。但是，禁止不当得利并不是损失补偿原则的全部内容，充分填补被保险人损失这一损失补偿原则的最原初意义的功能被忽略了；同时，将损失补偿原则限定在禁止不当得利的制度框架内,不仅存在本末倒置的逻辑错误,而且还会使损失补偿原则的适用过于僵化和教条化,难以满足经济效率、合同自由、技术更新等多方面的需求。

(二)损失补偿原则强行法位阶之反思

将损失补偿原则定位于强制性规范有众多的理由。对于损失补偿性质的保险而言,不当利益的获取实已违反该保险存在之目的,被保险人受领超过其损失部分的保险金将会造成巨大的道德风险。若允许有获取不当利益的情形存在,则投保人或被保险人可因保险标的物的毁损灭失而获得经济上的利益,这将使道德风险升高而导致保险制度本身无法继续运作,进而会诱使诸如放火之类的违反全体法秩序的行为接连发生。无论是故意的放火行为还是过失的失火行为而使建筑物遭受损失,却可因此重建漂亮的新建筑物,此等情形违反社会上一般人的伦理情感。基于此,多认为损失补偿原则为绝对强制原则,并非须当事人约定才适用或可因当事人约定而排除适用。①

然而,在保险实务中,违反上述损失补偿原则内涵的保险皆以各式各样的形态存在(典型者如定值保险中允许被保险人有获取额外利益的可能),但损失补偿原则的有效性并未因此而受影响。故在解释损失补偿原则时,不能一味囿于固有传统,认为一旦有不当得利的情形就认定保险合同无效,否则将导致诸多良好的制度设计难以发挥其功能。实际上,在损失填补保险中,支持损失补偿原则存在的理由主要是防止借保险获取不当利益而使之形同赌博;但即便有获取少量利益之情形,也不与赌博行为同义,损失补偿原则下防止不当得利之目的亦未遭到否定。在此前提下,将使损失补偿原

① 参见吴玉丰:《论保险法上利得禁止原则》,我国台湾地区中兴法律研究所1996年硕士学位论文,第36页。

则的适用更加具有柔软性。在损失补偿原则中，将防止道德风险及违背一般伦理情感作为其适用理由；但因其属于相对性的概念，若能以其他手段防止道德风险，且不当然违背一般人的伦理情感，则没有严守损失补偿原则而完全排除取得利益的必要。[①] 由此可见，损失补偿原则的内涵已逐渐放宽，而非固守一旦超额受偿即属不当得利的逻辑，允许保险人根据自身经营需要及被保险人需求，并按不同险种的特性，就理赔责任范围作出妥适安排。因此，损失补偿原则的强行法位阶有不断弱化的趋势，将逐渐转变为半强制性规范。

二、半强制性规范及其在保险法上之准用

（一）半强制性规范及其存在依据

私法通过一定的法律规范调整人们的行为，确定人们的行为模式。立法者通过对不同种类的利益关系的识别、价值评判，从而确立不同种类的法律规范。在法律规范的技术选择上，立法者既要确保行为人行使权利和履行义务的自由度，亦要对此作出必要的限制；故而法律规范通过不同程度的允许或强制来引导人们的行为。私法对不同效力程度的法律规范的划分，不但有利于实现法律对人的行为自由度的规范目标，更体现了法律对不同行为人的价值关怀。

根据法律规范效力的刚性程度不同，可将法律规范分为强制性规范、半强制性规范和任意性规范。强制性规范普遍适用于所有行为当事人，并不以当事人的意志为转移，不可通过当事人的约定予以排除或变更；换言之，即便当事人作出了不同的约定，这些规范仍

---

① 参见［日］山下友信等：《保险法》，有斐阁2010年版，第77页。转引自蓝鼎澔：《损失填补原则法律规范之比较研究》，我国台湾地区铭传大学2012年硕士学位论文，第7页。

然适用。其存在依据为法定优于意定,进而要求当事人必须为或者不为意定的行为。任意性规范是法律为了补充当事人之间约定,允许当事人根据自己的意思自治作出变更或排除其适用的安排,并赋予行为人约定的效力高于既有法律规定的效力。① 半强制规范,也称为相对强制规范、单边强制规范、混合性规范,是位于强制性规范与任意性规范之间的规范。半强制性规范允许有利于被保护人的约定,但“不是在全部内容上的强制,而是部分内容的强制”②;其效力内容,对于较强一方,具有必须遵守的最低标准的强制性因素,而对于另一方而言,也有其获取利益的最低标准的任意性因素;③其规范功能,有时发挥补充任意性规范功能,有时发挥限制禁止性规范的功能。④

半强制性规范是法律对不同利益关系进行利益衡平的结果。在一般合同中,法律假定合同双方当事人可在充分发挥合同自由基础上,进行平等协商,公平交易,妥适地安排各自的利益,因此没有必要对某一方当事人进行特殊的保护。但是在一些特殊的合同中(如保险合同),可能由于信息不对称、经济实力或交易能力上的差别、格式合同的大量使用等因素,导致合同双方当事人处于不平等之地位,因此有必要对相对弱势的一方当事人进行特殊的保护。半强制性规范由此而生,其对较强势一方的自由进行了严格限制,设定了其行为的最低标准;而对较弱势一方,法律则给予更多的关怀,在不

---

① 参见[德]卡尔·拉伦茨:《德国民法通论》(上册),王晓晔等译,法律出版社2003年版,第42页。

② 耿林:《强制规范与合同效力》,中国民主法制出版社2009年版,第91页。

③ 参见徐卫东、高湘宇:《论保险法上的半强行性规范——保险法精神与技术的一般原理》,载王保树主编:《中国商法年刊(2007)》,北京大学出版社2008年版,第732页。

④ 参见王轶:《民法典的规范配置——以对我国〈合同法〉规范配置的反思为中心》,载《烟台大学学报(哲学社会科学版)》2005年第3期。

干涉合同自由的前期下，允许双方当事人约定高于最低标准的利益。此种规范既考虑了当事人之间的利益均衡，又未过分限制其行为自由，更好地适应了不同规范目的的需要，具有一定的灵活性，“在某种程度上缓解了任意性规范和强制性规范之间的对立”①。

（二）半强制性规范在保险法上的表现及其判断标准

保险法上的半强制规范是为保护投保人或被保险人所设，原则上不得以合同方式变更，但若有利于投保人或被保险人的不在此限。在具体的适用上，半强制性规范在保险法上表现为限制保险人的合同自由，维护投保人或被保险人的合同自由。“保险法上设立半强制性规范旨在规制保险人行为，衡平保险合同双方当事人之利益，并以此种规定为保险合同的最低标准，以符合保险法具有监督之性质的本质，避免保险人借附合合同的方式剥夺投保人或被保险人之权益。”②

保险合同是典型的附合性合同。在保险实务中，保险公司多以定型化条款和投保人订立保险合同。虽然定型化条款减少了当事人之间磋商的时间，符合处理大量保险合同的需求，促进了保险事业的发展。但保险人经常依仗其雄厚的经济实力订立不利于投保人或被保险人的条款，使居于弱势地位的投保人或被保险人蒙受不利。此与保险合同为最大诚信合同及其本身所具有的社会性不符。故如何对保险合同进行内容控制是保险法的重要任务之一。保险法中的半强制规范，以抑制保险人的行为为目的，为其设定最低行为标准，旨在恢复因双方当事人实力不均等而导致的权益结构破坏的状态，在更大程度上保护投保人或被保险人的权益。

---

① ［德］卡尔·拉伦茨：《德国民法通论》（上册），王晓晔等译，法律出版社2003年版，第44页。

② 江朝国：《保险法上之相对强制规定》，载《月旦法学杂志》1997年第31期。

法律条文的表达方式可以为判断该规定是强制性规范还是任意性规范提供重要的依据。例如,法律规定,“不得”通过法律行为来约定什么,就说明这是一条限制私法自治的规定,也就是一条强制性规范。如法律再加上一句话,明文规定“不符合法律规定的约定无效”,则该条规定的强制性就一目了然了。① 的确,在很多情况下,从规范的措辞就可以知道该规范的性质。但法律规范性质的判断,不能仅仅局限于规范本身的字词,更不能先入为主地认为某种规范就属于强行性规范抑或任意性规范。诚如史尚宽先生所言:“……何者为强行规定,何者为非强行规定……不能全依法文方式以为决定,而应依法文之体裁及法律规定本身之目的以定之。”②

“对于相对强制规范,在解释何条规定属之时,不应以一般私法上之原则判断,而应以法条规定的内容是否对投保人或被保险人较为有利为据。”③在保险法中,条文含有“除当事人另有约定外”的是否皆为任意规定?换言之,当事人“约定”的内容能否有利于保险人?一般而言,保险法虽然具有监督性质,但仍不失为私法,因此该类规定应为任意性规范。但保险法为侧重保护投保人和被保险人利益之法,合同约定不应更不利于投保人或被保险人,否则应认定为无效。故半强制性规范的认定,应从条文的立法目的予以判断,并非一概而论地仅从条文中有无“除当事人另有约定”等用语为解释条文属性之依据。在我国保险法的条文中,有些条文虽无“除当事人另有约定”等文字,立法者似无意强制投保人或被保险人须以

① 参见[德]卡尔·拉伦茨:《德国民法通论》(上册),王晓晔等译,法律出版社2003年版,第43页。

② 史尚宽:《民法总论》,中国政法大学出版社2000年版,第329页。

③ 江朝国:《保险法上之相对强制规定》,载《月旦法学杂志》1997年第31期。

一定方式为一定行为，有如任意规定。[①] 但基于保险合同的附合特性，为保护要保人或被保险人，应将其解释为半强制性规范。换言之，保险人不得以合同订定更不利于要保人或被保险人的约款。

规范属性并不是一成不变的，随着社会的发展，法律规范的性质将会发生变化。也就是说，本身属于强制性规范的法律规范，有可能随着社会的发展，该种强制性会发生转变。[②] 具体到损失补偿原则，保险实务中的定值保险与重置成本保险、天气指数保险等，似有允许双方当事人作出有利于投保人或被保险人的约定，而使其有获得一定的利益的可能，逐渐突破了损失补偿原则的强制性。

三、损失补偿原则半强制性之比较法考察

损失补偿原则逐渐变为相对强制性规定并非仅停留在理论层面，当代世界各国或地区的保险立法或判例中，也在不同程度上体现了这一趋势。通过了解其他法律体系，通过增加对其他法律体系关于同一问题的不同规定的理解，可更为清晰地勾勒出这一问题的发展趋向。综观世界各国或地区的保险立法例或判例，主要有以下方式体现损失补偿原则逐渐柔化的趋势。

（一）直接列举式

在一些国家或地区的保险立法中，其法律条文中明确规定哪些为强制性规定，哪些为非强制性规定，以此规范保险合同的效力。持此立法方式的国家或地区中，并未将损失补偿原则定位为强制性规定，而属于相对强制性规定的范畴。其主要表现方式为逐条列明强制性规定的内容，而其他只要不损害投保人或被保险人利益的规定均为有效。该种立法方式以《欧洲保险合同法原则》和日本《保险

---

① 参见马天柱：《相对强制性规范——保险格式条款规制的特殊技术》，载《保险研究》2016 年第 11 期。

② 参见许中缘：《民法强行性规范研究》，法律出版社 2010 年版，第 185～186 页。

法》为代表。

1.《欧洲保险合同法原则》。欧洲保险合同法整合计划团队起草的《欧洲保险合同法原则》(Principle of European Insurance Contract Law,PEICL)第1:103条规定:“(1)本原则第1:102条第二句、第2:104条、第13:101条①为强制规定。其他条款在其规制欺诈行为时,也为强制规定。(2)以不损害保单持有人、被保险人或受益人之权益为限,保险合同可以对本原则其他所有规定予以变通。”在该原则中,仅将适用规则、基于欺诈而违法披露义务的规则以及定额保险的范围作为强制性规定,并未将损失补偿原则列为强制性规定,而属于第1:103条所指的相对强制性规定。这一论点在该原则中关于损失补偿原则的具体规定以及关于定值保险中保险金给付范围的规定中也可以得到证明。该原则第8:101条规定:“(1)保险人应无义务使其赔付额超过补偿被保险人实际遭受损失所必需之额度。(2)在定值保险,即使保险金额超过保险标的物之实际价值,该保险亦为有效,但以当事人约定保险价值时保单持有人或者被保险人未实施欺诈或者未进行不实陈述为限。”由此可知,只要不存在欺诈或未尽如实告知义务的超额定值保险,均应承认其效力,即便存在超额给付的可能。

2. 日本《保险法》。于日本《保险法》中,其第二章“损害保险”中第三节关于“保险给付”之内容,亦有专门条文涉及强制规定的内

① 《欧洲保险合同法原则》第1:102条规定:如果当事人已经一致约定保险合同受本《原则》约束,则本《原则》得以适用、且不受基于国际私法的法律选择限制之影响。此外,除本《原则》第1:103条规定之外,本《原则》应该作为整体一并适用,不得排除任何特定条款。第2:104条规定:如果保单持有人的欺诈导致保险人与其订立保险合同,则保险人有权撤销合同并有权收取任何到期保险费;保险人的这些权利不影响第2:102条之适用。撤销合同的通知,应在保险人知道欺诈行为时起两个月内以书面形式向保单持有人发出。第13:101条规定:仅意外伤害保险、健康保险、人寿保险、婚姻保险、生育保险或者其他人身保险为定额保险。

容。该法第 26 条规定："违反第十五条、第二十一条第一款或第三款以及前两条的规定，约定有对被保险人不利内容的特约无效。"本条文中所指第 15 条[①]、第 21 条[②]分别是关于损害发生后保险标的物的灭失和保险给付履行期的规定，并未涉及损失补偿原则的相关条款。据此，在日本的保险立法中，损失补偿原则亦并非强制性规定。该法第 18 条关于损失补偿数额的计算以及定值保险的规定亦可佐证上述结论。该条规定："(1)损害保险契约应填补损害的金额依照损害的发生地以及发生时间的价格为基础进行计算。(2)存在约定保险价值的情形下，填补损害额应依照该约定保险价值计算。但是，约定保险价值明显超过保险价值的，填补损害额的算定以该保险价值为基础。"由此可知，在定值保险中，只有在约定价值"明显"超过保险价值的情形下，方按保险标的物的实际价值为计算标准，而在"非显著"的情形下，允许被保险人获取少量额外利益。

综上，虽然保险给付不应超过被保险人实际所生的损失，但如果合同中另行约定有利于被保险人的条款，并不影响约定的效力。故在《欧洲保险合同法原则》及日本《保险法》中，强制性规定的内容并未涉及损失补偿原则及其相关内容，允许保险合同双方当事人在一定范围内的意思自治，与此相关之数项规范均表明损失补偿原则

---

① 日本《保险法》第 15 条规定：在保险事故发生并因此造成了损害的情形下，即使与该损害有关的保险标的物于该损害发生后并非因保险事故而灭失，保险人仍须对该损害予以填补。

② 日本《保险法》第 21 条规定：为确认保险事故、填补损害额、保险人的免责事由以及其他损害保险契约规定的为了支付保险给付而有必要予以确认的事项等，需予以一定的合理期限。保险契约规定有支付保险给付的期限，但其为该合理期限最终日以后之日的，以该合理期限的最终日为支付保险给付的期限。保险契约没有规定支付保险给付期限的，在受保险给付的请求后，保险人于确认与该请求有关的保险事故以及损害填补额所必要的期限结束前，不负迟延责任。保险人就上述两款所定事项展开必要的调查时，投保人或被保险人在没有正当理由的情形下妨碍或拒绝该调查的，保险人就因此所延迟的期间不负迟延责任。

的性质有逐渐相对化的趋势。

(二)间接规定式

保险法中并未直接规定损失补偿原则及其相关条文内容的性质,而是先规定损失补偿的一般原则,如衡量被保险人损失的方法或保险人给付责任的上限;而后规定如若双方当事人另有约定,亦可对此作出变更,并非一旦违反损失补偿原则的内容即属无效。持此种立法方式的国家或地区有:德国、美国纽约州、韩国、中国台湾地区、中国澳门特区等。其中又有些许差异,以下分而论之。

1. "原则 + 例外"式规定。持此种立法方式的国家或地区在其保险法律中规定损失补偿的一般原则,但允许双方当事人对此以共同约定的方式对此作出变更;但这种变更也不是无限制的,其中应以不损害投保人、被保险人的利益为限。例如,德国《保险合同法》第 88 条规定:"除非双方当事人另有约定,保险价值被认定为保险事故发生时替换或修理费用减去保险标的物折旧之费用。"该条规定旨在界定保险价值,为保险事故发生后保险人的理赔责任确定标准,但该条款因含有"除非双方当事人另有约定"一语,赋予了计算被保险人损失依据的"保险价值"更多的意思自治因素。此处所指的"另有约定",不但包括该法中第 76 条①规定的定值保险,而且还有第 93 条关于重置成本保险的规定。该法第 93 条规定:"根据保险合同的约定在重置或修理保险标的物的情形下,如果保险人仅有义务支付部分赔偿金,则除非重置或修理要求得到保险人的同意,否则投保人不能要求保险人承担超过保险价值的赔偿责任。如果由

---

① 德国《保险合同法》第 76 条规定:投保人与保险人可以协商确定保险价值。保险价值同时也应当按保险事故发生时保险标的的实际价值计算,除非在那时其显著超过了实际的保险价值。如果保险金额低于保险价值,则保险人应根据保险金额与保险价值的比例承担保险责任,即使保险价值被高估也是如此。

于投保人的过错导致保险标的物无法在合理期间内得到重置或修理，则投保人应在扣减保险价值后将保险金返还给保险人。”该条规定表明，只要保险人同意重置或修理受损标的物，则可依此决定保险人保险金的给付责任，不用扣除保险标的物的折旧，与本段前引第88条确定保险价值的一般规定有所出入。由此可知，保险损失数额之确定与保险人之给付责任并非绝对，只要双方当事人在不违反公共政策的范围内达成合意即可。

另外，韩国《商法典》第676条第1款①、我国台湾地区“保险法”第76条第1款②、我国澳门特区《商法典》第997条③等有类似允许对损失补偿原则作出约定变更的规定。

2.“原则＋上限”式规定。持此种立法例的国家或地区在规定损失补偿一般原则的同时，亦规定被保险人可取得保险金的上限。在美国纽约州，保险人给付责任一般按照事故发生时保险标的物的实际现金价值来计算，但衡量实际现金价值的方法有很多种，故法规中又进一步规定了其上限。纽约州《保险法》第168条第5款规定：“保险公司补偿被保险人损失发生时的财产的实际现金价值，但

---

① 韩国《商法典》第676条第1款规定：保险人应要补偿的损害额，应根据该损害发生的时间及地点的价值来计算。但是，若当事人之间另有约定，则应根据该新货价值来计算损害额。

② 我国台湾地区“保险法”第76条第1款规定：保险金额超过保险标的的价值之契约，系由当事人一方之诈欺而订立者，他方得解除契约，如有损失，并得请求赔偿；无诈欺情事者，除定值保险外，其契约仅于保险标的的价值之限度内为有效。

③ 我国澳门特区《商法典》第997条规定：一、保险人向被保险人作出之赔偿，不得超过保险标的物于保险事故发生时之价值。二、订立合同时，双方当事人得以书面约定保险标的物之价值，并推定该价值为该物于保险事故发生时之实际价值，但另有证明者除外。三、双方当事人得约定，保险人所支付之赔偿金相当于保险标的物全新时之价值。

不超过在合理时间内以相同品种和质量修理或重置的费用。”①从本条规定可知，其把保险事故发生时保险标的物的实际现金价值作为保险人理赔的依据，但并未对“实际现金价值”作出明确的界定。只是规定保险人的给付责任以“在合理时间内以相同品种和质量修理或重置的费用”为上限。由此可见，美国纽约州现行做法只是规定保险人给付的上限，在此范围内，允许双方当事人自由约定，或交由司法机关作出裁判。这种对保险损失补偿原则的灵活性规定，赋予了保险合同双方当事人更多的意思自治，但也造成了一系列问题。诚如美国学者所言：“这个条款的本意为被保险人取得保险金的上限，但法院通常将重置成本作为测算实际现金价值的一种方法。它最大的优点是确定性，但其最令人反感的是缺少变通性。在某些案件中，可能会造成补偿过量。”②虽然理论界对此褒贬不一，但美国纽约州保险法的这种只规定以“重置成本”作为保险人给付上限的做法，不但赋予了重置成本保险的合法性，亦使双方当事人在其需求范围内自由选择，更赋予了法官极大的自由裁量权，③充分地彰显了损失补偿原则的相对化的趋势。

综上所述，不论是“直接规定”还是“间接规定”的立法模式，均

---

① 英文原文为：New York Insurance Law Sec. 168(5)：“This company... to an amount not exceeding the amount above specified, does insure the insured... to the extent of the actual cash value of the property at the time of loss, but not exceeding the amount which it would cost to repair or replace the property with material of like kind and quality within a reasonable time after such loss...”。

② Charles E. Schalliol, *The Broad Evidence Rule and Fire Insurance and Tort Recoveries for Household Goods*, 1973 Insurance Law Journal 365 (1973).

③ 在保险司法裁判中，对于“实际现金价值”的解释可谓是五花八门。多数法院将实际现金价值解释为重置成本减去折旧，亦有将其解释为市场价格和重置成本。此足以证明损失之发生是确定的，但损失数额大小之估算却因人而异。参见[美]小罗伯特·H.杰瑞、道格拉斯·R.里士满：《美国保险法精解》，李之彦译，北京大学出版社2009年版，第330～334页。

旨在使损失补偿原则的适用更具柔软性，以在更大程度上保护被保险人的利益。

四、损失补偿原则半强制性之制度表现

传统上，在损失补偿保险合同领域，依据“损失多少，补偿多少；既不能多，也不能少”的传统保险法理，均认为损失补偿原则在保险法中具有绝对强行性规定的性质。然而，在现今的保险实务中，悖于前述损失补偿原则内容的不在少数，以下从定值保险、重置成本保险、超额保险、天气指数保险予以分别说明。

（一）在定值保险中，损失补偿原则让步于“效率原则”

保险补偿之所以不能在“量”上完全等同于被保险人因保险事故发生所遭受的损失，除了不足额保险与免赔额之约定外，还主要与“保险价值”这一概念相关。在保险法理上，保险价值是指保险利益的价值，是保险人的给付责任在法律上的最高限制。保险合同双方当事人在签订保险合同时，可以根据保险标的物的特质选择是否约定保险价值。约定保险价值的保险为定值保险，否则属于不定值保险。在财产损失保险中，只有在不定值保险中，才能严格遵守损失补偿原则的规定；而在定值保险中，保险人所支付的保险金是以合同中所约定的保险价值的数额来计算的，并不考虑保险标的物在事故发生时的真实价值，除非当事人的约定存在欺诈或与实际相差甚远。因此在定值保险中，只要保险合同双方当事人约定的保险价值在合理范围内，哪怕与保险标的物的实际价值有所出入，亦不影响保险合同的效力。“定值保险的核心观念可能在于一种粗略的救济性平衡。关于定值保险的成文法也许只代表了一种理念，即为了达到救济性的平衡，它所潜在的任何道德危险都值得容忍。”[①]这就

---

① [美]肯尼斯·S. 亚伯拉罕：《美国保险法原理与实务》，韩长印等译，中国政法大学出版社 2012 年版，第 239 页。

为被保险人获得利益埋下了伏笔,因为保险人所给付的保险金可能大于被保险人的实际损失。但是承认定值保险的合法性,并不意味着否定损失补偿原则在其中的应用,因为在存在欺诈或显著超额定值的情形下,仍要根据补偿原则的要求使合同归于无效或恢复到不定值保险。

由此可见,定值保险并非完全违背损失补偿原则,而是为了避免保险事故发生前后对标的物的鉴价困难,对"效率原则"作出暂时的"让步",以达到理赔迅捷的目的;但又不能一味地为了实现效率而忽略了公平,当严重违反损失补偿原则时,其规范功能则又显现出来,以此来衡平保险合同双方当事人之利益。

(二)在重置成本保险中,损失补偿原则让步于"合同自由原则"

重置成本保险,又称新价值保险,起源于第二次世界大战后迅速蔓延的通货膨胀,因此对于建筑物或厂房的重建成本远大于其蒙受损失时的价值,导致被保险人因保险所获得的保险金不足以重置其受损的标的物。[1] 而重置成本保险的保险给付方式以保险标的物的修复或重置价值为基础且不扣除折旧因素,在保险事故发生时,保单持有人可依据保险合同请求修复或者以旧换新。于此情形之下,保险人所给付的保险金,显然不是损失发生时保险标的物扣除折旧后所拥有的市价。时至今日,在一定法律约束的范围内承认重置成本保险的运用已无争议。理由在于,对于建筑物、机器设备等使用性财产,在经济上有继续使用的需求,扣除折旧所给付的保险金,不足以购置新物品,被保险人尚须负担新旧差额部分的费用,对被保险人而言,未能充分获得保险保障。

从保险功能角度视之,重置成本保险是在使保险标的物得以重

---

① See John Birds, *Modern Insurance Law*, London: Sweet & Maxwell, 1997, p. 277.

建或修复以恢复至损失发生前的功能,并不当然违反损失补偿原则。[①] 但是,重置成本保险所承保的折旧部分属于自然损耗,并不具有偶然性,与保险是承保不确定事件的本质有异,且单纯从财务上观察与损失补偿原则有所冲突。既然如此,那为什么重置成本保险能在世界范围内广泛存在,同时受到保险消费者和保险公司的青睐呢？原因在于重置成本保险不但能满足被保险人重新置换保险标的物之需求,而且能在某种程度上符合保险人营利的目的。虽然看似有超额填补而不利于保险人,实际上此类超额填补的风险已转化为承保风险的保险费。进而保险合同双方当事人即可通过保险合同约定来达成共识。

由此观之,在重置成本保险中,损失补偿原则并不能完全限制保险合同双方当事人的意思自治,只要双方当事人的合意不违反公共政策,一般情形下即属有效。诚如英国著名保险法学者约翰·伯茨所言:"因为损失补偿原则是合同性的,因而它也根据合同的变化而不断变化。"[②]故而,损失补偿原则应根据保险技术及被保险人全面保障的需求,适时地向合同自由原则作出退让,使其在适用上变得更具柔软性。

(三)在超额保险中,赋予"合同效力的调整机制"

对于超额保险的立法规制,旨在防止被保险人从保险中获取超过保险价值的不当利益。对此,我国《保险法》第 55 条第 3 款明确规定,保险金额不得超过保险价值,超过的部分无效。该规定虽然在一定程度上能够实现对于超额保险的规制目的,防止被保险人的

---

① See Jeffrey E. Thomas & Brad M. Wilson, *The Indemnity Principle: Evolution from a Financial to a Functional Paradigm*, 10 Journal of Risk Management & Insurance 1 (2005).

② [英]约翰·伯茨:《现代保险法》,陈丽洁译,河南人民出版社 1987 年版,第 186 页。

不当得利。但是,未区分善意与恶意而当然的认定超额部分无效的生硬规定,不但给保险实务及司法审判造成了困境而屡遭学者诟病,[①]亦不符合当今保险法的立法趋势。《欧洲保险合同法原则》第8:103条[②]对于善意的超额保险作出了相对较为弹性的规定:如果在保险合同的有效期内,出现了保险金额超过遭受最大损失的可能,则允许双方当事人在一个月的时间内就降低保险金额的事宜重新协商。双方当事人均可主张降低保险金额并相应减少保险费;如果协商不成,则双方当事人可主张终止合同。除此之外,德国《保险合同法》第74条第1款[③]、法国《保险合同法》第L121-3条第2项[④],也有赋予双方当事人重新商定保险金额、减少保险费或终止合同的类似规定。而在日本《保险法》中,其第9条[⑤]规定,在善意且无重大过失的情形下,投保人对超额保险部分享有撤销权;行使撤销权将

---

① 参见刘建勋、王雁冰:《以保险人超额承保为视角论保险法的立法疏漏》,载尹田、任自力主编:《保险法前沿》(第1辑),法律出版社2012年版,第164页;孙蓉、罗立:《超额保险的成因、立法意旨及其法律规制——基于〈保险法〉第五十五条的分析》,载《上海保险》2015年第3期。

② 《欧洲保险合同法原则》第8:103条规定:(1)如果保险金额超过承保的最大可能损失,则任何一方当事人均有权请求降低保险金额,并相应减少剩余合同期间内的保险费。(2)如果当事人在提出上述请求后一个月内未就上述减降事宜达成一致,则任何一方当事人均有权终止合同。

③ 德国《保险合同法》第74条第1款规定:超额保险为保险金额超过保险价值,契约当事人一方可要求为避免超额保险而减少保险金额,并应减少保险费。

④ 法国《保险合同法》第L121-3条规定:(1)当保险合同的保险金额超过了保险标的物的价值时,如果上述现象是由于保险合同一方当事人实施的欺诈行为造成的,则另一方当事人可以向法院提起诉讼请求确认合同无效并请求相对人承担赔偿责任。(2)如果上述现象并非是由于当事人的欺诈造成的,则保险合同仍然有效,但是保险人仅在保险标的的实际价值范围内承担保险责任,并且保险人应将多收的那部分保险费退还给投保人。

⑤ 日本《保险法》第9条规定:损害保险契约缔结时,保险金额超过了保险标的物的价值(以下本章中称之为"保险价值"),但投保人及被保险人对此为善意且无重大过失的,投保人可就超过部分撤销该损害保险契约。但双方就保险价值事先有约定的(以下本章中称之为"约定保险价值"),不在此限。

导致超额部分失去效力，保险人应返还就超额部分所受领的保险费。因此，日本保险法就超额部分并非采取当然无效的立法态度，而是赋予投保人在一定条件下的撤销权。另外，如果投保人或者被保险人是在恶意情形下造成的超额保险，则认为违反公序良俗而使合同全部无效。

对于超额保险的立法规制，从世界各国的立法趋势来看，均已放弃超额保险当然无效的处理方式。"若认为当保险金额一有超额，超过部分之契约即应无效，但保险标的的价值可能因市场因素变动剧烈，致使在保险契约有效期间内保险金额一度超过保险价值，仍有可能在保险事故发生前保险标的价值再为上升，而无超额保险之情事。"①而采用赋予当事人合同内容的调整机制的立法模式，使当事人间因预期保险价值未来有上涨空间而保留超额部分，避免合同内容屡遭变更而徒增交易成本。在超额保险的情形之下，赋予当事人契约调整机制，并不当然使超额部分无效，而是由当事人通过协商的方式予以解决。而若是因欺诈所致之超额保险，则回归就欺诈所定之规范予以处理。此种给予合同效力及存续更多的弹性的规定，符合损失补偿原则柔软化之趋势。

（四）在天气指数保险中，由"大数据计算损失"代替"事后评估损失"

天气指数保险是基于特定的天气事件的气象参数或者参数组合而触发保险给付的保险险种。天气指数保险与承保地震、洪水、台风等极端灾难风险的巨灾保险不同，其主要承保一般的天气风险，"诸如热、冷、降雪、下雨、起风等天气事件侵袭的可能性，这种侵袭在本质上是非灾难性的，它影响的是企业的收益率而不是企业的

---

① 江朝国：《"保险法"逐条释义》（第 3 卷财产保险），台北，元照出版有限公司 2015 年版，第 240 页。

财产”①。在农业、能源、旅游及制造行业等在生产过程中易受到这类风险影响的领域，天气指数保险有着较为广泛的应用。

相较于传统的财产保险，天气指数保险最大的特点在于其保险责任的触发与保险责任的算定。天气指数保险以天气指数达到约定的标准作为保险责任的触发时点；在具体损失数额计算上，不对被保险人的“个别损失”进行估算，而是根据合同约定的统一的赔付标准对所有被保险人进行等额给付。例如，在农业气象指数保险合同中，一旦保险期间气象指数（如温度、风力、降水量等）达到一定的指数标准，保险公司即给付保险金。保险事故的发生仅参考约定气象数据，如当温度数据低于触发条件即进行理赔，不需要审核定损，即对所有农户按照统一标准进行保险给付，理赔过程不考虑农户是否有实际损失或损失多少。

传统财产保险中的损失补偿原则，以保险事故对被保险人的保险标的造成了保险合同承保范围内的损失为前提，以填补被保险人的实际损失为目标。“保险人基于技术之因——危险范围之估计和保险费之对价关系，于保险事故发生时，保险人所负之义务唯限于保险契约中保险标的所受侵害而产生之侵害。学说上称之为个别损害原则。依个别损害原则，保险人只负责赔偿个别于契约中所定之损害。”②而个别损害的数额，需保险人对保险标的进行重新评估测算而定。而在天气指数保险中，只要保险合同承保地区发生了保单承保范围内的某一天气事件，且严重达到了事先限定的指数触发值，即视为保险事故发生进而进行保险给付，其给付标准统一事先约定，无论某一被保险人是否遭受损失以及损失的具体数额是多

---

①　［美］埃克里·班克斯：《天气风险管理》，李国华译，经济管理出版社2011年版，第3页。

②　江朝国：《保险法基础理论》，中国政法大学出版社2002年版，第86页。

少；换言之，保险人给付的保险金的数额与被保险人在本次事故中的具体损失情况没有直接关系。

天气指数保险特有的“只关注指数变化，忽略个别实际损失”的做法，会造成补偿数额高于或者低于单个被保险人的实际损失，从而产生“基差风险”，与传统损失补偿原则有异。但是这种看似与损失补偿原则背道而驰的做法，通过保险金额的设计、损失指数化、数据精准化等制度设计，基本上不会造成被保险人的不当得利，[①]而防止被保险人不当得利恰恰是损失补偿原则存在的主要目的之一。由此可见，在某一具体事件中，运用天气指数保险对损失数额的计算与被保险人的个别实际损失（往往是难以实际测算的）看似有所出入，但是基于对天气指数、风险测算等精准的大数据支撑，使得“大数据计算得出的损失”在总体上，甚至是个案上呈现出与实际损失的高度接近。因此，“使用天气指数保险不是独立于损失补偿，相反正是对它的近似（proxy），其原因在于天气指数的可测性和近似可能性”[②]。损失补偿原则因此也不再固守保险金的给付以“事后实际评估损失”为依据，而代之以“事先的大数据计算损失”，彰显了损失补偿原则适用的技术魅力。

综上所述，在定值保险与重置成本保险中，允许被保险人在一定范围内获得“利益”的可能，进而保险补偿在“量”上一般会与被保险人的实际损失发生一定程度的偏离；在超额保险中，不再坚守一旦违反损失补偿原则即合同无效的制度，赋予双方当事人对于合同效力的二次调整机制；在天气指数保险中，对于被保险人损失的评

---

①　参见强文瑶、韩璐璐：《农业气象新指数保险合同纠纷的法律争议问题探析》，载《保险职业学院学报》2019 年第 4 期。

②　孟一坤：《论农业天气指数保险的可保利益和损失补偿——一个法经济学视角》，载《上海保险》2016 年第 2 期。

估,不再具体评估某一被保险人事故发生后的具体损失,代之以根据天气数据等大数据计算得出的损失。这些制度中的对于保险价值的约定方法、合同内容与效力的变通手段、大数据时代的技术革新,带动着损失补偿原则规范属性的变化,对其适用更具有柔软性和张力。

五、损失补偿原则的"三阶段演化"及其边界

损失补偿原则在不同的发展时期所规范的重点是不同的。在上述立法及制度的发展过程中,损失补偿原则赋予了双方当事人更多的意思自治,充分地满足了当事人的补偿需求。纵观损失补偿原则从确立之初到如今的发展历程,可将其归纳为三个阶段。

(一)损失补偿原则的"三阶段演化论"

第一阶段,保险给付应以损失切实发生为前提,"无损失,无补偿"之内涵逐渐彰显。据学者考证,损失补偿原则的严格确立可追溯至曼斯菲尔德勋爵于1761年的一个判决。[①] 该案案情大致为:一名法国士兵俘获一艘英国船舶,但该船舶并未遭受任何损害,之后英国士兵又将其夺回。当船舶所有者(被保险人)得知其船舶被俘获后,欲将其对船舶的所有利益委付给保险人而起诉全损。保险人认为其仅对实际损失承担保险金的给付责任。曼斯菲尔德勋爵称其支持保险人的主张,并指出:"原告的请求是损失补偿,他的诉讼必须建立在损失已切实发生的基础之上,否则不能提起诉讼而要求认定全损。在损失补偿保险合同中,如若将任何海损或根本不存在的损失均认定为全损而予以补偿,这显然是荒谬的。在整个事件

---

① See Walter Williams, *The Principle of Indemnity: A Critical Analysis*, 1960 Insurance Law Journal 471 (1960).

中,如果没有损失发生,是不能提起损失补偿诉讼的。"①

在损失补偿原则最开始被强调的时期,"无损失,无补偿"的真正内涵已经渐渐被揭示,并且对损失形态的认识已渐渐明朗。此阶段的损失补偿原则属于绝对的强制法规范,不得有违反的情形。

第二阶段,保险给付与损失之间具有一定的关联性为必要,"谁的损失,如何补偿"等规则逐渐确立。保险利益原则在损失补偿原则这一阶段的发展中发挥了非常重要的作用,给付与损失的关联性即为保险利益原则的当然要求;若被保险人和损失之间无关联性,则保险给付将趋近于赌博而不被容许。为了禁止这类"保险"的发生,公共政策确定了一项原则,即除非损失发生时,被保险人对保险标的具有"保险利益",否则,任何保险合同均属无效。也就是说,"如果被保险人对于损毁的财产不拥有利益,那么损毁的财产也就不会给他造成任何损失。因此,要想从保险人那里得到赔付,被保险人必须对保险标的拥有利益——保险利益。如果被保险人的保险利益受到损失,他便能够得到补偿"②。因此,"补偿原则是在法律教条和保单的有关限制条款下实施的,支持补偿原则的最重要的法律条款是保险利益原则"③。

保险利益原则为损失补偿原则明确了"谁的损失"这一最基本的前提,避免了"无损失之人获利"情形的发生,此即损失补偿原则规范功能中禁止不当得利的"主体层面"的要求;而禁止从单一保险、多数保险中获利的超额保险、重复保险规则以及禁止从多数债

---

① Walter Williams, *The Principle of Indemnity: A Critical Analysis*, 1960 Insurance Law Journal 471 (1960).

② [美]小罗伯特·H.杰瑞、道格拉斯·R.里士满:《美国保险法精解》,李之彦译,北京大学出版社2009年版,第106页。

③ [美]埃米特·J.沃恩、特丽莎·M.沃恩:《危险原理与保险》,张洪涛等译,中国人民大学出版社2002年版,第174页。

务人处获利的保险代位规则，是为了解决在特定情形下的“如何补偿”问题，此即损失补偿原则规范功能中禁止不当得利的“数量层面”的要求。在此阶段，损失补偿原则仰赖立法技术的进步和成熟，将诸多的规则通过成文法的形式予以确定。这些通过成文法予以确立的规则亦属于强制性规范，不得违反。

损失补偿原则前两阶段的发展旨在禁止不当得利，针对的对象包括没有受到损失的人和被保险人。其主要目的在于避免保险制度遭到滥用，降低道德风险的发生机会，因此也有学者将这两个阶段的损失补偿称之为“严格的损失补偿原则”（strict indemnification or the principle of a strict indemnity）。[①] 但是，禁止不当得利不是损失补偿原则的全部内容。

第三阶段，在不违反法律强制性规定的前提下，以约定的补偿代替法定的补偿，“约定的损失，约定的补偿”的保险形式逐渐出现。随着保险技术的进步以及被保险人充分补偿需求的增加，损失补偿原则的效率功能、充分补偿功能[②]渐次展现；理论界对损失概念的理解趋于多元，[③]损失补偿的形式更加多样。随之出现的则是定值保险、重置成本保险以及以保险科技为主的新兴险种。而这些保险形态的出现，意味着“损失补偿原则不只是严格意义上的法定的损失

---

① See Walter Williams, *The Principle of Indemnity: A Critical Analysis*, 1960 Insurance Law Journal 471 (1960).

② See M. F. B. Reinecke, *The Basis of Insurance: the Indemnity Theory Revisited*, 2001 Journal of South African Law 222 (2001).

③ 保险法上对于损失的界定，源自损害赔偿法的基础理论，但同时又发展出了自己的特质。保险损失补偿原则的发展与民法上损害赔偿理论的发展两相对照，展现出了高度的一致性。例如，民法上对于“损害”概念的界定亦呈现出了较为多元的理论。参见任自力：《保险损失补偿原则适用范围思考》，载《中国法学》2019 年第 5 期；李昊：《损害概念的变迁及类型建构——以民法典侵权责任编的编纂为视角》，载《法学》2019 年第 2 期；刘玉林：《保险补偿机制在损害赔偿法中之地位及影响——以多维视角的分析为基础》，载《中国石油大学学报（社会科学版）》2017 年第 5 期。

补偿,还可以是基于交易习惯的约定式的补偿”,[①]在不违反法律的强制性规定的前提下,保险合同的双方当事人可以赋予损失补偿原则基于满足其现实需求的全新含义。

在此阶段,对于损失补偿原则的解释逐渐放宽,“严格的损失补偿原则不再是最终和唯一的标准;在某些情况下,它不过是为双方当事人为了满足特定需求而签订的具有实用性合同提供了一种参考而已”[②]。损失补偿原则在此阶段的规范属性随之出现了相对性的特征,即便当事人的约定会出现被保险人有少量获利的可能,也不应否定其效力。

(二)损失补偿原则相对化及其边界

无论保险科技如何进步、产品如何更新,保险人对被保险人提供充分而适当的补偿这一初衷必须坚守,损失补偿原则在保险业务适用的中心地位亦不可动摇。[③] 这同时对损失补偿原则提出了更高的要求,即为了更好地在不同种类的保险中得以适用,损失补偿原则应因地制宜,使其自身变得更具柔软性和适用性,否则其刚性过强将导致大量保险合同归于无效。新兴险种无法应用,势必将阻碍保险业的发展。因此,损失补偿原则的制度体系,想要经过漫长的时间推移仍能保持活力,就必须有接纳变化的灵活性;想要在当前持续变化的环境下寻找解决一系列不同问题的对策,这种制度体系得富有创造性。

损失补偿原则的属性虽逐渐由强制性变为半强制性,呈现出

---

① J. P. Van Niekerk, *Maintaining the Principle of Indemnity*: *Theory and Practice*, 1996 Journal of South African Law 572 (1996).

② J. P. Van Niekerk, *Maintaining the Principle of Indemnity*: *Theory and Practice*, 1996 Journal of South African Law 572 (1996).

③ 参见任自力:《保险损失补偿原则适用范围思考》,载《中国法学》2019 年第 5 期。

一种相对化趋势,但其相对化并非没有边界;损失补偿原则规范属性的转变,并非意味着补偿原则是一项可以由保险合同的当事人选择适用的可有可无的原则,而是以合同的"效率原则""自由原则"对"补偿原则"的合理补充,以"大数据损失评估技术"对传统损失评估技术的革新。传统保险法学说及判例所确立的损失补偿以损失发生为先决条件、以损失金额为补偿依据、补偿金额不得大于保险利益以及保险金额为保险人合同义务的最大值等规则,以今天的眼光看,仍然是保险损失补偿原则的基本精髓,不得以合同予以变更。① 诚如学者总结所言:"利得禁止原则(损失补偿原则)并不是一个当然具有规范上拘束力的法律原则,其规范上拘束力的发生及其效力范围,有赖于制定法加以形成及确定。超额保险、复保险以及保险代位等规范,在防止被保险人获得超过损害额的补偿,且兼有抑制道德风险功能,应以绝对强行规定的性质理解之;违反该等规定而受领超过损害额补偿者,应对保险人负不当得利之返还责任。至于其他非法律明定禁止超额受偿的事项,但却有产生超额补偿的可能性者,不宜径以违反利得禁止原则而否定其效力;此时被保险人纵使获有保险法上的不当得利,亦不构成民法上的不当得利。"②

保险法离开了损失补偿原则不可运行,但这一原则在理论上必须有更广泛和更自由的含义,并为当前及未来保险实践的发展留出足够的理论空间。为了适应商业发展的效率要求、保障充分填补被保险人损失的需求、满足双方当事人的意思自治以及适应新时代保险发展的技术更新,损失补偿原则在方法、手段、技术上不断变革,

---

① 参见樊启荣:《保险法诸问题与新展望》,北京大学出版社2015年版,第184页。

② 叶启洲:《论保险法上利得禁止原则之规范拘束力》,载《东海大学法学研究》2015年第47期。

促使损失补偿原则的规范属性不断调试。损失补偿原则在适用上显现着时代的张力与生命力。

第三节　从传统到现代:损失补偿制度之修正

就财产保险的角度而言,“保险法的根本特点是补偿原则。这一原则表明被保险人不能获得比遭受的损失更多的补偿”。① 但是,由于“财产损失的计算其实非常复杂,内里乾坤无穷无尽”,②所以如何界定与量度损失,既是保险法学说与实务中极具争议的问题,又是保险立法改革中最活跃的对象。综观保险损失补偿原则从传统到现代的演进,具有创新意义的观念变革主要有:从实际损失拓展到推定全损,从保险期间内发生的损失回溯到保险期间开始前发生的损失,从客观价值推演到主观价值,从实际现金价值扩张到重置成本。上述观念变革反映在现代保险立法上,即保险委付、追溯保险、定值保险以及重置成本保险等与损失补偿原则相关联的衍生制度之创设。反观我国《保险法》,虽然有诸多条文是专为损失补偿原则而设,但是在观念上仍停留于传统,在立法上未能充分吸收保险损失补偿立法的现代改革成果。有的制度如重置成本保险等,漏而未定;有的制度如定值保险等,虽设有专门规定,但过于简略、刚性,致使保险损失补偿原则的理解与适用成为保险法领域争议最大的疑难问题。鉴于此,以下运用法史学、比较法学和法解释学的研究

① [美]皮特·纽曼主编:《新帕尔格雷夫法经济学大辞典》(第2卷),许明月、夏登峻主编,法律出版社2003年版,第379页。

② [美]小罗伯特·H.杰瑞、道格拉斯·R.里士满:《美国保险法精解》,李之彦译,北京大学出版社2009年版,第336页。

方法,探讨保险损失补偿原则从传统向现代的变革及其走向,期能对我国关于保险损失补偿原则的理论发展与制度创新有所裨益。

一、推定全损对损失形态的扩充:保险委付之滥觞

就原始意义而言,保险补偿的对象仅为“实际损失”(actual loss),其形态也只区分为“全损”与“分损”。就全损而论,当海上保险于12世纪末13世纪初孕育之时,全损之意义也仅指“实际全损”(actual total loss),保险法学理上又称为“绝对全损”或者“真正全损”,即“构成被保险利益的保险标的,从物理上或者经济上丧失了全部价值”。[①] 在当时的海上保险实务中,凡有下列情形之一者,即构成实际全损:保险标的物已完全灭失的,或已被严重破坏而失去被保险时原有性质的,或被保险人已无法弥补地被剥夺了该项标的所有权的。[②] 之所以如此,无非是为了严格贯彻“损失多少,补偿多少”之实际损失补偿的保险法理。

海上保险发展到15世纪,“已可见到‘推定全损’或‘拟制全损’之制度”,[③]从而扩充了损失的形态。推定全损(constructive total loss)之概念,在保险法学理上又称为“解释全损”或者“拟制全损”,与实际全损相对称,系指“将某种程度之分损当作全损,或于全损与否不明时,将之视同全损”。[④] 推定全损概念的提出,突破了传统损失形态“二分法”之窠臼,进一步扩充为“三分法”,诚如国外著名学者总结所言:“推定全损是一个较为抽象的概念。它是一个混合状

① [日]加腾修:《国际海上运输货物保险实务》,周学业、王秀芬译,大连海事大学出版社1995年版,第348页。

② 参见[加拿大]威廉·台特雷:《国际海商法》,张永坚等译,法律出版社2005年版,第497～498页。

③ 杨仁寿:《海上保险法论》,台北,三民书局1996年版,第443页。

④ 杨仁寿:《海上保险法论》,台北,三民书局1996年版,第443页。

态,是界于实际全损和部分损失之间的中间阶段。”①

推定全损观念兴起之缘由,乃海上保险的商人性和风险的特殊性所使然。一方面,海上保险的商人属性,要求保险交易——损失评估与理赔之迅捷。海上保险属于典型之双方商行为,被戏称为“商人的女仆”。② 因此,“就被保险人言,如能简单迅速获得填补,尤为其所期盼。此于被保险人为商人时,更有极大之利害关系。良以商人就保险标的物投下资本,无非冀能迅速收回,并以之为有效之利用”。③ 另一方面,海上风险之特殊性,致使实际损失评估相当困难,影响保险理赔之迅捷。诚如我国台湾地区前著名大法官杨仁寿先生所言:“平心而论,船舶于航行中行踪不明,几与全损类似,且举证甚为困难;船舶于战时被捕获,在捕获之判决确定以前,船舶是否损失亦在未定之天,且需长久时期始能确定。再船舶遭遇搁浅发生损害时,究属破损物之堆积,抑尚有修复之可能,判断亦殊属困难,难以逆料。诸如此类,被保险人欲能获得损害之填补,不免旷日持久,戛戛乎难哉。若被保险人欲简单迅速回收其资本,尤属一大障碍。”④因此,于海上保险,如船舶及货物因保险事故发生某种程度之损失,或有发生损失之可能,苟能将其推定全损,使被保险人得请求支付该保险标的物之全部保险金,对于免除损失评估之困扰,以及避免双方理赔之争议,确属良策。

对推定全损的补偿,无疑是对实际损失补偿之法理的偏离,容易诱发道德风险。保险实际损失补偿原则要求,“在补偿性保险中,索赔人按实际损失额获偿,即使他投保的数额更大,他所获补偿也

① [英]奥梅、希尔:《OMAY海上保险——法律与保险单》,郭国汀等译,法律出版社2002年版,第505页。

② 杨仁寿:《海上保险法论》,台北,三民书局1996年版,第6页。

③ 杨仁寿:《海上保险法论》,台北,三民书局1996年版,第441页。

④ 杨仁寿:《海上保险法论》,台北,三民书局1996年版,第441~442页。

不能超出实际损失”。[1] 在保险实际损失补偿法理之背后暗含着一个基本前提,即损失额必须确定;用一般合同法的语言来表述,即给付必须确定。而就推定全损而言,“既不同于实际全损,又不同于部分损失”;[2]也就是说,保险事故发生后损失数额并不确定,只是“由全部虚损之情形,而取得全部实损之结果”。[3] 由此可见,保险对推定全损的补偿,偏离了“损失多少,补偿多少”之保险法理。如若不加以限制,那么,“被保险人为达领取全部保险金之目的,也有‘假装’发生保险事故之危险,恐有遭受被保险人滥用之虞”[4]。

为了矫正推定全损之于保险损失补偿原则的偏离,委付(abandonment)制度在近代海上保险立法中由此滥觞。考诸国或地区海上保险立法,对于委付之成立和生效,大多规定了诸多限制性条件。其中,重要者有二:(1)委付义务。即被保险人须将保险标的物上的一切权利全部移转于保险人,方可行使推定全损的补偿请求权,以避免被保险人不当得利,因此“委付义务是保险合同贯彻严格损失补偿原则的必然结果”。[5] 有学者指出:“委付制度乃将某种程度之‘分损’当作全损,或者全损与否不明时,将之视为全损。于承认被保险人得请求支付保险标的物全部保险金之同时,为避免不当得利,亦承认保险人取得保险标的物上之所有权及其他权利,实系一甚合理之制度。”[6](2)委付通知义务。委付通知“应当是提出推

---

① [英]M. A. 克拉克:《保险合同法》,何美欢等译,北京大学出版社 2002 年版,第 748 页。

② [美]G. 吉尔摩、C. L. 布莱克:《海商法》(上),杨召南等译,中国大百科全书出版社 2000 年版,第 98 页。

③ 陈顾远编著:《保险法概论》,新北,正中书局 1946 年版,第 232 页。

④ 杨仁寿:《海上保险法论》,台北,三民书局 1996 年版,第 443 页。

⑤ Roux v. Salvador (1983) 3Bing. (N. C). 266,283.

⑥ 杨仁寿:《海上保险法论》,台北,三民书局 1996 年版,第 442 页。

定全损赔偿请求权的先决条件”;[①]因此,“被保险人应当在获得关于损失的可靠信息之后,各尽合理勤勉义务发出委付通知”。[②] 之所以如此,是因为不合理地延误通知或者隐瞒重要事实,都会损害保险人及时采取行动并最终保护受损财产免受进一步损害的机会,故法律强制规定委付通知义务,旨在赋予保险人进行调查的权利,以便有效的防范保险欺诈。

总之,保险法中的推定全损,是在及时发出委付通知的前提下,赋予被保险人索赔全部保险金额权利,不失为“海上保险实务中的一项令人高兴的发明”。[③] 不过,比较遗憾的是,推定全损和委付制度迄今仍属海上保险之“专利”。其实,陆上保险如房屋的火灾保险亦有现实之需求,因为陆上商人也有要求“尽快获得资本解放”;[④]因此,“如果将推定全损的概念适用于非海上保险是有用的,法律不这样做就显得没有多少道理”。[⑤]

二、从期内损失向期前损失的回溯:追溯保险之推行

从损失发生之时间而论,保险法最初所通行的观念是,保险人只补偿被保险人在保险期间内所发生的承保损失。保险期间为保险合同之必备事项之一,其主要功能在于从时间上限定损失的范围,即“一般的结论是承保的风险及有关损失,必须是在保险期间内

---

① [英]奥梅、希尔:《OMAY 海上保险——法律与保险单》,郭国汀等译,法律出版社 2002 年版,第 516 页。

② [加拿大]威廉·台特雷:《国际海商法》,张永坚等译,法律出版社 2005 年版,第 503 页。

③ [英]奥梅、希尔:《OMAY 海上保险——法律与保险单》,郭国汀等译,法律出版社 2002 年版,第 505 页。

④ [英]M. A. 克拉克:《保险合同法》,何美欢等译,北京大学出版社 2002 年版,第 386 页。

⑤ [英]M. A. 克拉克:《保险合同法》,何美欢等译,北京大学出版社 2002 年版,第 386 页。

发生”。[①] 在保险期间开始之前或者终止之后所发生的损失,保险人不负担补偿义务。

自18世纪中叶以来,海上保险合同中普遍约定有“无论损失与否”(lost or not lost)条款,突破了保险只补偿“期内损失”之观念。关于“无论损失与否”措辞的含义,英国著名保险学者哈罗德·A.特纳教授曾指出:“在采用‘无论已灭失或未灭失’条件出立的保险单中,保险人签订合同的时间,即接受保险的日期,对承保责任开始的关系不大。‘无论已灭失或未灭失’条件的措辞的作用,在于使承保人的责任追溯到航程起点,风险责任在那里早已开始。显然,这个条件不能使被保险人追回在保险生效时,他已知道的损失。”[②]也就是说,当事人约定“无论损失与否”条款之目的,旨在将保险责任开始的时间追溯到保险期间开始之前的某一时点,从而将保险期间开始前已发生或未发生的损失纳入承保范围以内,由保险人予以补偿。简言之,通过“无论损失与否”条款的约定,将保险补偿之范围从“期内损失”回溯到“期前损失”。

“无论损失与否”条款是英国保险商人的发明,这与英国当时海上保险的法制环境与技术条件密不可分。首先,就法制环境而言,其形成与保险利益原则之确立紧密相关。英国国会于1746年颁布《海上保险法》,首次正式以法律的形式确立保险利益原则,旨在禁止法院强制执行那些缺乏保险利益的保险合同。但是,由于当时一些被保险人确实拥有保险利益,却又实在难以拿出保险利益之证据,故保险人不得不采取“无论损失与否”之变通方法,旨在“便于被

① [英]M.A.克拉克:《保险合同法》,何美欢等译,北京大学出版社2002年版,第473页。

② [英]哈罗德·A.特纳:《海上保险原理》,李学锋等译,中国金融出版社1987年版,第37页。

保险人在有关可保利益的法律可能禁止投保的情况下，获得有效的保险”。[①] 其次，从技术条件而论，当时海上保险处于前工业化时代，船舶为木制结构，电报电话仍未发明，而当被保险人投保时，船舶或货物已在海上或其他国家，可能导致被保险人在不知悉的情形下，于投保当时船舶或货物已经遭受损失。故当时在英国海上保险单中，普遍载有“无论损失与否”条款，以改变保险人“在法律上的地位”，[②]即在有这样一个条款之后，保险责任照样开始，保险人对保险合同订立前已发生的损失亦应负补偿责任，相应地不退还保险费，除非当时被保险人知道已经发生损失，而保险人不知情。综上，“无论损失与否”条款，虽表面上看起来与保险利益原则相抵触，但却是出于“商业上”的真正需要，允许双方当事人在皆出于“善意”时，即使订约时被保险人之保险利益早已消灭，保险人仍应依约补偿被保险人之损失，确实具有“经济上的合理性”。[③]

在一定意义上，“无论损失与否”条款背离了可保危险之“不确定性原则”，从而与保险损失补偿原则相抵触。就保险学理而言，可保危险(insurable risk)须具备“不确定性”(uncertainty)。也就是说，保险金的支付必须取决于不确定发生的事件，而不确定性是在合同成立时验证的；不确定性不仅在于该事件是否发生，还在于该事件发生的频率和程度，或者该事件什么时候发生。[④] 而就“无论损失与否”而言，其本身包含“损失已发生”与“损失未发生”两种状态；就

---

① [美]所罗门·许布纳等：《财产和责任保险》，陈欣等译，中国人民大学出版社2002年版，第180页。

② 汪鹏南：《海上保险合同法详论》，大连海事大学出版社1996年版，第48页。

③ [美]小罗伯特·H.杰瑞、道格拉斯·R.里士满：《美国保险法精解》，李之彦译，北京大学出版社2009年版，第101～102页。

④ [英]M.A.克拉克：《保险合同法》，何美欢等译，北京大学出版社2002年版，第4页。

前者而言，既然保险期间开始前损失已经发生，就只能是确定性的而非不确定性的损失，在理论上不再具有可保性。诚如国外学者所言："由于保险只为射幸事件而设，人们常说，不可以对已经出现或者已经发生的事件及其后果投保。这种说法的理由是：一旦事件已经发生或者正在发生，它就是必然性事件，而发生或不发生的风险一旦确定，那就不会有保险合同存在。"①因此，如果不对"无论损失与否"条款予以限制，那么势必诱发道德风险，使得保险制度遭到破坏。

为了调和"无论损失与否"条款与保险损失补偿原则之冲突，现代海上保险立法创制了"追溯保险"(retrospective insurance)制度，以规范海上保险合同中"无论损失与否"条款的效力。追溯保险制度之发明，应当归功于英国1906年《海上保险法》，该法第6条第1款规定："如果保险标的是按'已灭失或未灭失'条件保险，被保险人即使在保险标的发生损失之后获得利益，仍可获得赔偿。除非在缔结保险合同时，被保险人已经知道损失发生，而保险人并不知晓。"该规定被其他国家或地区海上保险立法纷纷效仿。综观各国或地区保险立法例，追溯保险的制度设计，是以"知悉规则"来认定"无论损失与否"约款的效力；所谓"知悉规则"，从信息经济学的信息分布状况理论来看，即关于损失已发生的信息在保险合同当事人双方的分布状况。对于已经发生的损失，无论是当事人双方均已知悉的"完全信息状况"，还是仅为被保险人一方知悉的"信息偏在状况"，"无论损失与否"约款均属无效，保险人不负担补偿责任，其理由正如国外学者所言："不仅是保险法上的公共政策，而且是保险的性质

---

① [美]小罗伯特·H.杰瑞、道格拉斯·R.里士满：《美国保险法精解》，李之彦译，北京大学出版社2009年版，第222页。

也‘禁止某人因被保险人知道已经存在的损失而获得保险’。”[①]但是，对于损失是否发生，如果属于当事人双方均无法知悉的“信息不存在状况”，那么“无论损失与否”约款当属有效，保险人应负担补偿责任。因为在信息不存在的状况下，尽管缔约之际客观上损失已经发生，但由于双方当事人并不知悉，故损失发生与否在主观上仍具备“不确定性”，与“可保危险之不确定性原则”相符，故法律应当承认其有效性。

总之，尽管“现代通讯的发展已经使得‘无论损失与否’这个概念，与一个世纪以前相比不那么重要了”。[②] 但是，由于现代保险仍然是一个对信息具有高度依赖性的行业，故追溯保险制度本身仍有充分的信息经济学依据。因此，自 20 世纪初叶开始，以德、日等为代表的陆上保险立法，纷纷将追溯保险制度推广到陆上保险。[③] 反观我国，虽《海商法》第 224 条规定了追溯保险，[④]但《保险法》并未明

---

① ［英］M. A. 克拉克：《保险合同法》，何美欢等译，北京大学出版社 2002 年版，第 5 页。

② ［美］所罗门·许布纳等：《财产和责任保险》，陈欣等译，中国人民大学出版社 2002 年版，第 180 页。

③ 在德国，1908 年《保险合同法》第 2 条开宗明义地规定：“(1)保险合同的承保效力可以追溯至保险合同订立之前而发生。(2)如果保险人在做出承保承诺时已经知晓保险事故不可能发生，其无权向投保人收取保费；如果投保人向保险人作出投保申请时知晓保险事故已经发生，则保险人可以拒绝向其支付保险金。(3)如果保险合同是通过保险代理人订立的，则当出现上述情形时，代理人与被代理人所知悉的事项都应考虑在内。”在日本，旧《商法典》第 642 条规定：“在订立保险契约当时，当事人一方或者被保险人已知道事故不能发生或者已发生时，契约无效。”鉴于该规定之粗略，2008 年日本《保险法》则予以完善，该法第 5 条规定：“旨在补偿损害保险合同订立前发生的保险事故所造成的损害的规定，在投保人要约或者承诺该损害保险合同时，该投保人或者被保险人已经知道保险事故发生的情况下，无效。旨在对损害保险合同要约前发生的保险事故造成损害进行补偿的规定，在保险人或者投保人提出订立该损害保险合同的要约时，该保险人已经知道保险事故没有发生的情况下，无效。”

④ 《海商法》第 224 条规定：订立合同时，被保险人已经知道或者应当知道保险标的已经因发生保险事故而遭受损失的，保险人不负赔偿责任，但是有权收取保险费；保险人已经知道或者应当知道保险标的已经不可能因发生保险事故而遭受损失的，被保险人有权收回已经支付的保险费。

确规定。因此,未来保险法之修订应当参酌国际保险立法之现代趋向,予以明文。

三、以事前约定对事后定损的变通:定值保险之采行

从损失评估之时点而论,保险法理原本遵循的是一种事后定损的规则。也就是说,在保险事故发生后,被保险人所遭受的损失,应按保险标的的“市场价值”来计算,而“市场价值”则须以损失发生时当地的价值为准。因此,在传统保险法意义上,“当提到‘市场价值’时,法律的出发点是指损失发生时财产的价值”。[①] 在保险法理上,将这种事后损失理算规则称之为“不定值保险”,顾名思义,在缔结保险合同之际,不必鉴定保险标的物之市场价值,而须待保险事故发生之时,以当时当地的市场价格重新鉴价。各国或地区保险立法大多将不定值保险作为原则予以明文规定,例如,2008 年日本《保险法》第 18 条第 1 款规定:“损害保险契约应填补的金额,依照损害的发生地以及发生时间的价格为基础进行计算。”

就理论而言,只有不定值保险的理算方式,才能彻底遵循“损失多少,补偿多少”的法理。常识表明,不仅在缔约之际无法精准地预知损失究竟是多少,而且在从合同缔结到事故发生的期间内,保险标的物的市场价值是变动不居的,其中主要影响因素包括保险标的物自身的折旧、物价的市场波动等,因此“被保险人的实际损失数额,只能是损失发生时损失地的市场价格”。[②] 英国著名保险法学者 M. A. 克拉克教授曾精辟地指出:“原则上,损失依据损失发生时财产的价值来计算。价值在合同订立后或者损失发生后发生了变化

---

① [英]M. A. 克拉克:《保险合同法》,何美欢等译,北京大学出版社 2002 年版,第 752 页。

② [英]约翰·伯茨:《现代保险法》,陈丽洁译,河南人民出版社 1987 年版,第 183 页。

并不要紧。被保险人本来就只能对设备再使用几天了，或者因为设备被淘汰，或者因为已售出，都不重要。承保人的责任是补偿对财产的损失。因为损失的数额是在损失发生时计算的，合同缔结之时就提出将来的问题将会打开臆测的大门，这将使次要问题蒙蔽实际损失的问题。"①

就技术而言，由于不定值保险在某些场合往往会面临"事后鉴价"的困境，故并非唯一可行的损失理算方式。不定值保险作为一种"事后估价"的损失理算方式，在操作上的可行性至少须同时满足以下条件：事后有客观市价可资参考，且操作上经济可行。但是，在下列情形之下，并不具备上述条件。(1)某些保险标的物本身并无客观市场价值可资事后估算损失。"某些保险标的物的价值，具有主观性，例如文稿、古董、照片……喜欢者视若拱璧，不喜欢者弃如敝屣，这些价值具有主观性的保险标的物，若于保险事故发生之后，才鉴定其价值，由于缺乏市场价格可供参考，当事人间又见仁见智，价值流于主观，因此价格的鉴定，格外困难。"②(2)某些保险标的物虽然有客观市场价值可资事后估算损失，但是在操作上并不方便或者不经济。"某些保险——例如火灾保险和海上保险，于保险事故发生后，保险标的物或是已化为灰烬，或是已沉没海底，在保险事故发生后，要回头鉴定该保险标的物在保险事故发生时的价值，不但事实上有所困难，若勉强为之，鉴价所需要的费用，可能所耗不赀，而且保险事故既然已经发生，事涉保险给付的多寡，当事人对于保险标的物的价值，必然朝有利于自己的方向，全力争执，以至于案件

① [英]M. A. 克拉克：《保险合同法》，何美欢等译，北京大学出版社2002年版，第753页。

② 刘宗荣：《新保险法——保险契约法的理论与实务》，中国人民大学出版社2009年版，第187页。

的理赔,久悬不决。"①因此,若墨守不定值保险所要求的事后估价法则,在上述情形下被保险人似乎就不能获得保险保障,而往往此时对保险之需求可能更甚。

为了克服不定值保险之局限,自近代海上保险之初,就有以定值保险之方式对事后定损规则予以变通。"'定值'保单是这样一种保单,即财产的全部价值由保险人与被保险人在保单起保之前协议确定,并且明确载明于保险单之中。如果保险标的发生全损,保险人应当支付的保险金数额就是保险人与被保险人协议确定的财产价值,而不是在损失发生时才确定财产的价值。"②与不定值保险相比较,定值保险是将"保险合同缔结时约定的财产价值",推定为"保险事故发生时财产的市场价值",以避免"事后鉴价"的困扰。因此,定值保险作为"事后鉴价与定损"之保险理赔规则的一种变通方法,旨在"将双方从某一特定情形下关于价值的确定这一昂贵而烦琐的问题中解放出来"。③

在定值保险情形下,容易导致高估财产价值,从而偏离保险损失补偿原则,诱发道德风险。我国早期保险法学者王孝通先生曾指出:"定值保险似与保险原理不符。盖保险所以赔偿损失,其数额于损害事由发生后始能知之。况物价变动靡常,预定之额,难期适当。若不定值保险,不评定于定约之际,而评定于损害发生之时,似较允当。"④一个不争的事实是,通过约定方式所评定的财产价值,只能是主观性的而不是客观性的价值,容易导致价值高估从而形成"超额

① 刘宗荣:《新保险法——保险契约法的理论与实务》,中国人民大学出版社 2009 年版,第 186 页。

② [美]约翰·F. 道宾:《美国保险法》,梁鹏译,法律出版社 2008 年版,第 230 页。

③ Robert Merkin, *Colinvaux's Law of Insurance*, Sweet & Maxwell, 2010, p. 452.

④ 王孝通:《保险法论》,上海法学编译社 1933 年版,第 63 页。

定值”,使得被保险人不当得利。正是从这一角度来看,有论者对定值保险的合法性提出质疑。稍显平和的观点认为,“综合起来看,定值保单的功过并没有定论”。[①] 略为偏激的观点则认为,“定值保单更容易引发道德危险;被保险人有足够的动力去恶意高估财产价值,这也使得财产被故意损毁的机会大增。考虑到公共政策对纵火行为的严重关切,取消定值保单法也许对社会大众更好一些”。[②]

发端于20世纪之初的现代保险立法,还是适度地承认了定值保险之合法性。从比较法的角度来看,各国或地区保险立法规制的重点均在如何认定财产价值之约定的效力;不过,在具体规范设计上并不一致,归结起来主要有三种立法例。

(1)被保险人欺诈使合同全部无效。主要为英国1906年《海上保险法》第27条等立法例所采纳。[③] 该立法例只注重考量被保险人在主观上是否具有欺诈之意图,而不顾过高约定价值所可能导致的道德风险之后果,诚如学者所言:“在被保险人无欺诈意图的情形之下,定值保单的核心观念可能在于一种‘粗略’的救济性平衡……即为了达到这种救济性平衡,他所潜在的‘任何道德危险’都值得容忍。”[④]这种规定虽然简明,但如何认定欺诈则较困难。

(2)“显著超额定值”使约定价值无效,但合同整体仍然有效。

---

① [美]小罗伯特·H. 杰瑞、道格拉斯·R. 里士满:《美国保险法精解》,李之彦译,北京大学出版社2009年版,第327页。

② [美]小罗伯特·H. 杰瑞、道格拉斯·R. 里士满:《美国保险法精解》,李之彦译,北京大学出版社2009年版,第327页。

③ 英国1906年《海上保险法》第27条规定:“(1)保险单可以是定值保单,也可以是不定值保单。(2)定值保险单指列明保险标的物的约定价值的保险单。(3)根据本法规定,在没有欺骗行为的前提下,不论损失是全损,还是部分损失,保单约定的价值,就是保险人与被保险人之间确定对标的物要保险的最后的可保价值。”

④ [美]肯尼斯·S. 亚伯拉罕:《美国保险法原理与实务》,韩长印等译,中国政法大学出版社2012年版,第239页。

德国2008年《保险合同法》第76条[①]、日本2008年《保险法》第18条第2款[②],以及韩国《商法典》第670条[③]等规定采此立法例。该立法例通过比较“事前约定价值”与“事后实际价值”之大小,以谋求定值保险所带来的理赔效率与可能导致的不当得利之间的衡平。如约定价值仅“略高于”保险事故发生时的实际价值,则法律容忍“以少许不当得利之小害,换取迅速理赔之大利”,[④]不必重新鉴价,以实现定值保险所追求的“法律经济”之目的;但是,若约定价值“显著超过”保险事故发生的实际价值,则不得“只为遵循定值保险之小义,牺牲保险以填补实际损失为目的之大经”,[⑤]应当否定“财产价值的约定”的效力,但合同整体仍然有效,即将定值保险恢复到不定值保险,按事故发生时的实际价值重新计算损失。该立法例可能在理论上比较公平,但实务上如何确定“显著超额”之判断标准恐难以公认;加之要求事后重新鉴价,有使定值保险目的落空之虞。

(3)保险人事前应尽调查义务,否则事后不得否认定值保险之效力。该立法例为美国威斯康星等州《定值保单法》所采纳。按美国学者之解释,这种成文法之目的在于“为了避免损失发生时产生

---

① 德国2008年《保险合同法》第76条规定:“当事人可以约定一定的金额(估价)为保险价值。该估价除明显地逾越保险事故发生时真实的保险价值外,其也视为保险事故发生时被保险利益的价值。该估价虽过高,保险金额低于该估价者,保险人对于损害仅按保险金额对该价值的比例负责。”

② 日本2008年《保险法》第18条第2款规定:“存在约定保险价值的情形下,填补损害额应依照该约定保险价值计算。但是,约定保险价值明显超过保险价值的,填补损害额的算定以该保险价值为基础。”

③ 韩国《商法典》第670条规定:“当事人之间已定好保险价值时,推定该价值为保险事故发生时的价值。但是,该价值明显超过事故发生当时的价值时,应将事故发生当时的价值为保险价值。”

④ 江朝国:《保险法论文集(一)》,台北,瑞兴图书公司1996年版,第192页。

⑤ 刘宗荣:《新保险法——保险契约法的理论与实务》,中国人民大学出版社2009年版,第194页。

定价争议而鼓励保险人在投保阶段就对被保财产的价值进行调查”。[①] 该立法例可视为一种“倒逼”机制，即督促保险人通过事前调查而不是事后鉴价，以防止诱发道德风险，并减少事后鉴价之困扰与争议。其立法依据主要有二：从实务来看，“保险人似乎更愿意运用定值保单中超额投保的道德危险，而不愿意进行调查从而导致增加调查费用”。[②] “这种做法鼓励保险人不经调查就签发保单，使得定值保险的立法目的落空。”[③]从理论来看，“为什么‘定值保险单’（支付的金额事先确定）被认为是补偿合同呢？答案就是在定值合同的情况下，事先评估损失的价值比事后评估容易。事先，保险人会要求声明的价值合理并且会进行事先评估。像人寿保险这类非补偿合同中，不论事先事后，损失都难以衡量”。[④]

总之，定值保险只是为了避免事后鉴价的困扰和争议，从而使得补偿原则对效率原则作适度的退让。从保险实务来看，这种做法在早期海上保险中被发展并一直沿用至今，但陆上财产保险仅限于艺术品和古董等特有情形。因此，正如学者所言：“除了海上保险和一些特殊情况，定值保单在财产保险中的应用价值还是一个值得商榷的问题。”[⑤]从保险立法来看，各国所采立法例并不一致，可以说各有利弊、难分优劣，正如有的学者所指出的那样，“尽管定值保险制

---

① [美]肯尼斯·S·亚伯拉罕：《美国保险法原理与实务》，韩长印等译，中国政法大学出版社 2012 年版，第 238 页。

② Robert E. Keeton, *Insurance Law-Basic Text*, West Publishing Co., 1971, p. 142.

③ [美]小罗伯特·H. 杰瑞、道格拉斯·R. 里士满：《美国保险法精解》，李之彦译，北京大学出版社 2009 年版，第 327 页。

④ [美]皮特·纽曼主编：《新帕尔格雷夫法经济学大辞典》（第 2 卷），许明月、夏登峻主编，法律出版社 2003 年版，第 379～380 页。

⑤ [美]所罗门·许布纳等：《财产和责任保险》，陈欣等译，中国人民大学出版社 2002 年版，第 72 页。

定法的预期目的在于执行损失补偿原则,但其净效用似乎达不到如此目的”。[①]

四、从扣除折旧向补偿折旧之递嬗:重置成本保险之盛行

前已述及,在不定值保险情形之下,损失须以保险事故发生时之财产的市场价值为依据来估算。在保险法理上,保险事故发生时之财产的市场价值是以“实际现金价值”(actual cash value)之术语来指代,因此“实际现金价值的概念隐含于损失补偿原则中”。[②] 在保险实务上,财产保险合同在许多形式下都规定:如果损失发生,给付的上限不超过损失发生时财产的“实际现金价值”。[③] 可以说,在保险损失补偿程度上,“实际现金价值”非常重要,该术语的含义一直以来是“保险司法解释的主题”,[④]经历从传统到现代的重述。

由于实际现金价值作为保险学中的一个专业术语,并不是一般社会通用的概念,因此经常为被保险人有时甚至是保险从业人员所误解。[⑤] 在保险学的语境下,实际现金价值的定义,涉及“重置成本”与“折旧”两个要件。重置成本通常指的是在损失发生当时重新置办相同类型、相同质量的标的所要花费的成本,会随着市场条件而发生上下波动的;而折旧是指损失发生时因标的的实际使用时间、

---

① [美]约翰·F. 道宾:《美国保险法》,梁鹏译,法律出版社2008年版,第230页。

② [美]乔治·E. 瑞达:《风险管理与保险原理》,刘春江、王欢译,中国人民大学出版社2010年版,第226页。

③ [美]约翰·F. 道宾:《美国保险法》,梁鹏译,法律出版社2008年版,第221页。

④ [美]肯尼斯·S. 亚伯拉罕:《美国保险法原理与实务》,韩长印等译,中国政法大学出版社2012年版,第234页。

⑤ [美]所罗门·许布纳等:《财产和责任保险》,陈欣等译,中国人民大学出版社2002年版,第71页。

使用的程度、老化的程度等因素所引起的贬值。① 须进一步指出的是,在保险学上,折旧作为一个限制损失的概念,与会计学上的概念不相同。在会计学上,折旧通常以财产的"原始成本"即"购置价格"为基础,根据该财产的"预计使用年限"定期按比例摊销原始成本,其财产的折旧期限是出于商业目的和税收考虑所制定的,与该财产的实际使用寿命几乎没有关系;而在保险学上,实际现金价值所采的折旧是以重置成本和财产使用寿命的估计作为基础的,而财产使用寿命的估计则必须考虑发生损失时受损财产已使用的年限、逐渐过时的情况、维护质量以及其他一些影响价值的因素。总之,在折旧率的计算上,保险采与会计不同的规则,其"主要是为了最大限度地实现补偿原则"。②

传统保险立法例、学说与判例所共同遵循的观念是,实际现金价值是指损失发生时的重置成本减除折旧的净值,折旧不予以补偿。之所以主张保险损失补偿应当扣除"折旧额",是因为传统保险法理认为折旧与保险事故之"偶发性"原则不符,不具可保性。"商业保险的本质特征是对偶然损失的偿付。偶然损失是作为一种可能性发生的不可预见或预期的损失。换句话说,损失必须是意外发生的。大数法则基于损失是意外的偶然发生的假设之上。"③而被保险财产的贬值或者折旧在本质上属于"非意外的""可预期的经济价值的减少",④其所引起的损失乃"事所必然",而非偶然发生,因此

---

① 参见[美]小罗伯特·H. 杰瑞、道格拉斯·R. 里士满:《美国保险法精解》,李之彦译,北京大学出版社2009年版,第330页。

② [美]所罗门·许布纳等:《财产和责任保险》,陈欣等译,中国人民大学出版社2002年版,第70页。

③ [美]乔治·E. 瑞达:《风险管理与保险原理》,刘春江、王欢译,中国人民大学出版社2010年版,第27~28页。

④ [美]马克·S. 道弗曼:《风险管理与保险原理》,齐瑞宗等译,清华大学出版社2009年版,第20页。

不具备可保性,必须予以扣除。否则,要是强迫保险人对折旧或者贬值予以补偿的话,无异于将财产保险"等同于财产的质量和持久性的保证"。①

20 世纪初,由于人们对财产保险之保障需求的多元化,保险法学说与判例对"扣除折旧额"之传统补偿法则的合理性提出了质疑。首先,扣除折旧后的补偿金额,往往不能使被保险人恢复到未受损之前的经济或者生活状况。诚如国外学者分析指出:"财产价值是会随着时间的推移而减少的。如果被保险人投保时,财产已经出现折旧减值,那么发生全损以后,如果只有新置办同类的财产才能使保单持有人恢复到损失发生前的经济地位的话,即便保险人履行了合同义务,被保险人也仍然有可能蒙受财务损失。他所损失的部分是重置成本与减值后价值之间的差额,这部分差额只能以他的个人财产来填补。"②因此,"如果仅仅使用这种单一的'重置成本减去折旧'之保险金给付方法,对被保险人来说,这种方法通常难以奏效"。③ 其次,为了恢复到未受损之前的经济或者生活状况,被保险人不得不额外花费一笔费用。正如国外判例所言:"对于一个(私家)车库的主人而言,由于其使用了近 20 年的车库被火灾毁损进而需要一个新的车库。如果他仅能按照旧车库的市场价值获得赔付,那虽然他获得的赔付使他在损失后的净价值与损失发生前相同,但是他的生活处境却变得不如从前,因为他要么自掏腰包支付额外费

---

① [美]肯尼斯·S. 亚伯拉罕:《美国保险法原理与实务》,韩长印等译,中国政法大学出版社 2012 年版,第 212 页。

② Johnny Parker, *Replacement Cost Coverage: A Legal Primer*, 34 Wake Forest Law. Review 295 (1999).

③ [美]约翰·F. 道宾:《美国保险法》,梁鹏译,法律出版社 2008 年版,第 222 页。

用来建一个新车库，要么则不再拥有车库。"[①]因此，"扣除折旧额等于强迫被保险人为'改善'（betterment）标的物而投资，可是这种改善的价格有可能是被保险人在损失后无力承担的，这对他们来说可能是很不方便的"。[②] 总之，重置成本扣除折旧的保险补偿方法，使得保险本身成为一种低效率乃至无效率的存在，备受保险消费大众的诟病。

针对上述质疑，现代保险法学说提出"重置成本保险"理论，以修正实际现金价值之传统定义，即实际现金价值就是重置成本，不应扣除折旧。"在保险价值评估过程中，应以'重置成本'代替'实际现金价值'，保险人必须支付用相似类型和质量的财产替换毁损财产所需要的费用，而不扣减任何由于贬值或者荒废而导致的折旧。"[③]重置成本保险理论是以"折旧仍具可保性"为观念支撑的；而对标的物折旧的可保性之验证，关键的问题在于重置成本保险所采之"以新换旧"的补偿方式，是否必然使标的物本身的质量或者性能得到"改善"，从而使被保险人获有不当利益？常识表明，结论并非完全如此。以汽车的部分损失为例，车身修理过后，锈蚀的速度有可能比正常情况要快，重新刷上的车漆经过一段时间以后也会呈现色差，修理过的部位也不会跟原来一样光亮，这种种因素都会降低车子日后（如果不是现在）的转售价格，因此也是被保险人的损失。[④]上述现象，我国台湾地区著名保险法学者刘宗荣教授将其称之为

---

① ［美］肯尼斯·S. 亚伯拉罕：《美国保险法原理与实务》，韩长印等译，中国政法大学出版社 2012 年版，第 237 页。

② ［英］M. A. 克拉克：《保险合同法》，何美欢等译，北京大学出版社 2002 年版，第 752 页。

③ ［美］贝纳德·L. 威布、亚瑟·L. 福里特纳、杰罗姆·特鲁品：《商业保险》，于小东、英勇译，北京大学出版社 2003 年版，第 37 页。

④ 参见［美］小罗伯特·H. 杰瑞、道格拉斯·R. 里士满：《美国保险法精解》，李之彦译，北京大学出版社 2009 年版，第 317 页。

"'新、旧轮胎单独估价时,价值悬殊'与'新、旧轮胎装上车辆时,价值近似'的吊诡"[①]:汽车轮胎发生事故,保险人以新轮胎替换旧轮胎,一般认为新轮胎的价值必然高于旧轮胎,但是若将"新轮胎装上旧车体"与"旧轮胎装上旧车体"予以比较,在市场上,一般人不认为轮胎新旧对价格有何影响,其结果:若将轮胎与车体分开,因轮胎得单独为交易客体,新轮胎的价值远逾旧轮胎,势必发生保险人以新轮胎为保险给付时是否必须扣除旧轮胎的折旧,以免发生被保险人不当得利的问题。若将轮胎与车辆结合为一体,由于轮胎新旧并不影响"轮胎装上车体"结合后的价值,因此将不发生是否必须扣除旧轮胎折旧的问题。[②] 正是就这一角度而言,可以说"保险人支付更新被损物的费用的现代'以新换旧'保险单,仍然还是一个补偿保险单"。[③] 也就是说,重置成本保险并非对"物"本身的保险,而是承保应该称为"重置利益"的特殊保险利益的一种保险,依此解释,当不与禁止不当得利的原则相抵触。[④]

从现代保险立法趋势来看,重置成本保险逐渐获得法律的承认。重置成本保险之施行始于德国,于1928年首次获得德国主管官署的核准;[⑤]其后,法国、瑞士、日本等国也相继开办重置成本保险。瑞典于1980年颁行的《消费者保险契约法》中,直接规定在房屋火灾保险等险种中,当被保险人的建筑物因火灾毁损时,由保险人直

---

① 刘宗荣:《新保险法——保险契约法的理论与实务》,中国人民大学出版社2009年版,第234页。

② 参见刘宗荣:《新保险法——保险契约法的理论与实务》,中国人民大学出版社2009年版,第234页。

③ [英]约翰·伯茨:《现代保险法》,陈丽洁译,河南人民出版社1987年版,第183页。

④ 参见吴荣清:《财产保险概要》,台北,三民书局1992年版,第86页。

⑤ 参见吴荣清:《财产保险概要》,台北,三民书局1992年版,第85页。

接补偿被保险人新建筑物。[①] 2008 年德国修改《保险合同法》时，于该法第 88 条再次确认重置成本保险之合法性，该条文规定："除非双方当事人另有约定，保险价值应当被认定为保险事故发生时替换或者修理费用减去保险标的物折旧之费用。"毋庸讳言，重置成本保险极易诱发道德风险，需要通过完备的保险立法或合同约款予以防止。有国外学者分析指出："重置成本计算法则有可能对被保险人非常有利，正是这一点使得重置成本法则饱受争议：计算损失时如果不考虑折旧，就会使得被保险人在损失发生之后反而处在更好的经济地位，这是违反补偿原则的。重置成本只要高出'真实'价值就会制造出道德风险，因为保险人的赔付款会超过财产的价值；被保险人有可能因此积极地设法毁坏老旧的财产，迫使保险人对其进行修复，从而延长财产的使用年限。"[②]综观保险业先进国家或地区之实务，为了有效地规避这一新型的道德风险，保险人在合同中大多约定有以下条款：(1)除非发生实际的重置，否则只给付实际现金价值。其规制目的在督促被保险人应及时履行重置义务。(2)应当按照同类、同质量的物品进行重置或修复。其规制目的在避免被保险人以重置为名、行过度改善或改进之实。(3)折旧性显著之物件、不予使用的物品、呆料、废弃品等，均予以除外不保。其规制目的在防止被保险人之欺诈。上述诸端，德国于 2008 年修改《保险合同法》时予以明文，该法第 93 条规定："根据保险合同的约定在重置或修理保险标的物的情形下，如果保险人仅有义务支付部分赔偿金，则除非重置或修理要求得到保险人的同意，否则投保人不能要求保险

---

① 汪信君：《欧洲保险契约法之统合与原则之发展——以损失填补原则为中心》，载林勋发教授六秩华诞祝寿论文集编辑委员会：《保险法学之前瞻》，台北，元照出版有限公司 2011 年版，第 20 页。

② [美]小罗伯特·H. 杰瑞、道格拉斯·R. 里士满：《美国保险法精解》，李之彦译，北京大学出版社 2009 年版，第 332～333 页。

人承担超过保险价值的赔偿责任。如果由于投保人的过错导致保险标的物无法在合理期间内得到重置或修理,则投保人应在扣减保险价值后将保险金返还保险人。”

总之,正如学者总结所言:“重置成本型保单是很有价值的一类保险产品。”[①]对于非独一无二的商品而言,“日益流行的重置成本型保险单使得定值保单所引起的争议越来越没有意义了”。[②]

本章小结　损失补偿原则在当代的“第二次勃兴”

损失补偿原则从传统到现代之修正的动因,根源于社会经济的变迁。古语云:“法与时转,则治。法与世宜,则有功。”[③]保险法上损失补偿观念之确立,肇始于12世纪末13世纪初的海上保险,大约于16世纪普及到陆上的财产保险;保险损失补偿原则所衍生的制度与规则体系的“第一次勃兴”,大约在17世纪中后期;其中,英国在这一时期保险判例所确立的规则,影响了两大法系主要国家的保险立法。正如20世纪英国学者所指出的那样:“人们有理由怀疑,适合于17世纪商业要求的损失补偿规则,是否能公平地被期望有足够的灵活性,使之本身适合于19世纪或20世纪的损失补偿需求。”[④]因此,损失补偿原则的制度体系,想要经过漫长的时间推移仍能保持

---

① [美]小罗伯特·H.杰瑞、道格拉斯·R.里士满:《美国保险法精解》,李之彦译,北京大学出版社2009年版,第329页。

② [美]小罗伯特·H.杰瑞、道格拉斯·R.里士满:《美国保险法精解》,李之彦译,北京大学出版社2009年版,第327页。

③ 《韩非子·心度》。

④ [英]奥梅、希尔:《OMAY海上保险——法律与保险单》,郭国汀等译,法律出版社2002年版,第6页。

活力，就必须有接纳变化的灵活性；想要在当前仍持续变化的环境下寻找解决一系列不同问题的对策，这种制度体系得富有创造性。

损失补偿原则从传统到现代之修正的动力，最初源于保险业者的自主创新。综观前述保险委付、追溯保险、定值保险及重置成本保险四大制度之形成，均为当事人双方通过合同条款对严格意义的损失补偿原则予以变通的结果。保险业者的实践推动保险法学说的发展与立法的改革，通过修正损失之定义及其量度规则来满足不同的险别之要求，通过调适补偿之观念来适应多元化的补偿需求。观念的更新与法律的改革缓解了传统严格意义的补偿原则在承保与理赔中的技术性困境，方便了损失补偿原则的实施，促进了保险理赔的迅捷与经济，保险的损失补偿功能也得到更加充分的发挥。

损失补偿原则从传统到现代之修正的动向，并非意味着“补偿原则是一项可以由保险合同的多数当事人选择适用的可有可无的原则”，[①]而是以合同的“效率原则”对“补偿原则”予以合理地补充。传统保险法学说及判例所确立的损失补偿以损失发生为先决条件、以损失金额为补偿依据、补偿金额不得大于保险利益以及保险金额为保险人合同义务的最大值等规则，以今天的眼光看，仍然是保险损失补偿原则的基本精髓，不得以合同予以变更。因此，诚如有学者所言：“迄今为止，保险法离了损失补偿原则则不能施行；不过，在保险立法及其学理说上，损失补偿原则应被赋予更广泛的意义，以顺应潮流并为保险实践所接受。损失补偿原则不只有唯一的含义，它不但意味着严格的和法定的补偿，而且意味着习惯性和契约式的补偿。在法律许可的前提下，损失补偿原则可被双方当事人赋予他

① ［美］皮特·纽曼主编：《新帕尔格雷夫法经济学大辞典》（第2卷），许明月、夏登峻主编，法律出版社2003年版，第380页。

们想赋予的意思。”①

总之,损失补偿原则从传统到现代之修正,是对其理论基础、制度体系与规则体系的重构,可以说是保险损失补偿原则的“第二次勃兴”。

① J. P. Van Niekerk, *Maintaining the Principle of Indemnity*: *Theory and Practice*, 1996 Journal of South African Law 572 (1996).

第三章　损失补偿原则之规范功能

迈克尔·D. 贝勒斯在其《法律的原则：一个规范的分析》一书中曾指出："在决定什么原则是正当或可以接受的时候，必须使用某种规范基础。这个规范基础不必是道德或法律的，它可能只是对财富和安全的愿望。许多法律的分析和论证……是根据人们的利益进行。"①作为保险法的基本原则之一，损失补偿原则以填补实际损失的形式，并通过诸多的制度设计，最终满足被保险人对"财富和安全的愿望"。然而，在现今保险法理论和实务界，对于损失补偿原则规范功能之认识，仍然停留于防止被保险人不当得利的阶段，损失补偿原则的制度设计，也多围绕这一目的展开；而对于如何充分补偿被保险人的损

① ［美］迈克尔·D. 贝勒斯：《法律的原则：一个规范的分析》，张文显等译，中国大百科全书出版社1996年版，第5页。

失,如何通过损失补偿原则使被保险人利益得到充分保障,理论上却鲜有涉及。这种忽略损失补偿原则的原初和本质目的之现象,有违保险制度之本旨。因此在理论和实务上必须予以纠正,本章即围绕这一主题展开。

第一节 从"经济补偿观"向"功能补偿观"之递嬗

一、折旧价值抑或使用价值之判断

保险人给付保险金的目的为何？损失补偿原则已经很明确的回答了这个问题,即恢复被保险人至其损失发生前的状况,既不更好,也不更坏。故如何确定"损失发生时的状态",成为问题的关键,但"其意义却因人而异,对被保险人而言,很明显是其对标的物的使用价值——大多以重置成本来计算;对保险人而言,其意义为折旧价值——以重置成本扣除折旧来计算"。① 比较使用价值与折旧价值的不同计算方法,二者在保险人给付方面的差别主要体现在是否对保险标的物的折旧部分予以补偿。保险人从保险金中扣除折旧的理论依据是任何保险标的物都有其使用年限,如若不扣除折旧将造成被保险人不当得利;但通常情况下,保险人支付扣除折旧后的保险金,不能使被保险人重新置换保险标的物,更妄谈恢复至其受损前的状态,从而使被保险人感到没有获得充分的保险保障。

需要明确的是,使用价值是财产损失保险所保护的对象。主要理由有以下三点:

第一,虽然价值是一种"主观认识"的产物,但价值的判断仍具

---

① Adley M. Shulman, *Insurance Valuation and Adjustment of Fire Loss on Dewellings: California Law v. South California Practice*, 5 UCLA Law Review 248 (1958).

有一定的客观标准。就作为保险标的物的财产而言,“财产所有者是其财产价值最有力的证明者”,[①]不仅是因为财产所有者占有该财产,更重要的是其使用该财产。财产所有者对财产的“‘使用利益’是被保险人所要保护的对象”。[②] 但其中“要排除夸张的感情因素”。

第二,损失补偿原则中“损失发生前的状态”就隐含了标的物的“使用价值”(use value),例如建筑物用于居住。[③] 当被保险人的房屋毁损灭失后,其身无居所,此时,被保险人所想得到的并不是一笔保险金(虽然这笔保险金可能可以买一所新房子),而是一栋可以居住的房子,使其恢复原来的生活状态。此亦正是保险社会安全保障功能之体现。

第三,需要进一步认清的是确立以“使用价值”为财产损失保险所保护的对象,并非要求在损失发生时保险人必然以重置成本为保险金的给付数额,而仅仅是恢复被保险人财产的使用状况;保险人所支付的保险金的数额可能高于保险标的物的折旧价值,也可能低于这一数额。在此前提之下,保险标的物的折旧不再是衡量被保险人损失的必备要素,而仅仅是参考要素之一。

故为了公平合理地定义实际现金价值,被保险财产的目的和功能必须考虑在内,否则财产的内在价值(intrinsic value)将被忽略。[④]

---

① Robert McWilliams, *Valuation of Buildings for Insurance Purposes*, 1952 Insurance Law Journal 525 (1952).

② Adley M. Shulman, *Insurance Valuation and Adjustment of Fire Loss on Dewellings: California Law v. South California Practice*, 5 UCLA Law Review 248 (1958).

③ Adley M. Shulman, *Insurance Valuation and Adjustment of Fire Loss on Dewellings: California Law v. South California Practice*, 5 UCLA Law Review 248 (1958).

④ See Travelers Indemnity Co. v. Armstrong, 384 NE2d 607 (Ind. Ct. App 1979), at 615.

二、经济观念与功能观念之权衡

经济观念与功能观念，也有学者称之为"理论的损失补偿与实践的损失补偿"。[①] 所谓经济观念，是指保险人所给付的保险金的"目的在于确保被保险人在损失发生前后所拥有的净价值保持相同"，其理论依据为："被保险人既不好于也不坏于损失发生时的经济状况"；而功能观念则认为保险人给付保险金的目的"在于使遭受损失的被保险人的生活方式和生活状态能恢复到与损失发生前大体相同"，其理论依据为："如果被保险人得到的保险金不足以修复受损财产，则在实践中，他的状况比损失发生前更坏。"[②]

从保险之本旨角度而论，保险事故发生时，保险人之责任绝非简单支付被保险人一笔保险金，而不管被保险人之利益是否切实得到保障，否则保险将失去其存在的意义。保险制度发挥其功用有赖于损失补偿原则之施行。补偿原则所要求之"恢复被保险人损失发生前的状态"，显然不能简单地理解为"恢复被保险人损失发生前的经济状态"，否则将大大地缩小损失补偿原则之内涵，从而影响双方当事人之利益。

在经济观念之下，保险公司理赔时只须简单地套用数学公式（如重置成本－折旧）计算被保险人的损失或以其他价值（如市场价值）来替代，虽然简单易行，但恐有违损失补偿之初衷及保险之本旨。诚如有学者所言："一个简单、确定、精确的损失计算方法为保险双方当事人所希望，但如果一味简单套用数学公式来计算损失，

---

① Harold H. Reader, *Modern Day Actual Cash Value: Is It What the Insurers Intend?*, 22 Tort & Insurance Law Journal 282 (1987).

② Harold H. Reader, *Modern Day Actual Cash Value: Is It What the Insurers Intend?*, 22 Tort & Insurance Law Journal 282 (1987).

那么将导致在某些情况下补偿不足或补偿过量。”①“保险合同,不是在被保险人的财产受损后,简单支付给被保险人财产的市场价值;而是救被保险人于水火,并在现实允许的范围内,尽可能使被保险人恢复至损失发生前的状态。”②

毋庸置疑,在保险业产生之初,经济观念的补偿标准是符合当时的保险业发展要求的。因为当时经济尚未充分发展,物价变动不大,故以市场价格或重置成本减折旧计算出的保险金的数额,基本能使被保险人恢复至其损失发生前的状态。但如今,商品经济快速发展,物价变动靡常,倘若仍固守传统损失之计算方法及补偿观念,恐难以调和保险合同当事人之利益冲突,而有违当事人之缔约目的。树立功能观念的补偿标准,因其着眼于被保险人损失发生前对保险标的物的使用情况,故能切实保障被保险人之利益,而不至于使其生产、生活状况因遭遇保险事故而变得更糟。

现代保险法从经济观念向功能观念之转变,体现了损失补偿原则的功能从禁止被保险人不当得利向充分补偿被保险人损失的转变。

第二节 消极功能:禁止被保险人不当得利

上述表明,损失补偿原则在保险法上所扮演的角色在一定意义上是将保险人的给付义务限制在实际损失的范围之内。而实际损

① Robert McWilliams, *Valuation of Buildings for Insurance Purposes*, 1952 Insurance Law Journal 525 (1952).

② Thomas Raeburn Jr. White, *The Actual Cash Value of Obsolete Buildings*, 30 Insurance Counsel Journal 112 (1963).

失的确定离不开保险法上保险利益、保险金额、保险价值等原则或概念的运用。然而,损失补偿原则也并不意味着一切保险责任范围内的损失都会得到全额给付。由于除外责任条款、免赔额条款、共保条款以及其他合同条款的限制,保险人之给付金额一般会低于实际损失。[①] 同一保险合同中,可能包括以上一项或数项条款来限制保险人的给付责任。限制保险人给付责任的条款都有其各自的目的,但一般而论,"或则用以减低提供保险劳务之成本,或为防止过多小额损失之理赔案件,或使在保险费率结构中达成较大程度之公平负担,或使能确定保险人对任何保单之最高责任额。此等目的,无非使保险契约对损失补偿之承诺,有一确定与可测定之责任范围,以适应保险事故发生时,被保险人之实际所需"[②]。以下介绍保险合同中常见的几种限制保险人责任的条款,并分析其存在的合理性。

一、限制补偿之手段:合同中约定限制保险人责任之条款

(一)除外责任条款

在保险合同中,对保险人之给付责任,有若干除外之规定,如因战争所致的损失,易破碎财物的损失以及投保人或被保险人故意所致之损失等,都是保险合同中的除外责任。

保险合同中通常包括了除外责任(exclusion)条款,即排除了对一些特殊类型损失的保障,并将其列明于保险合同中,使保险人的给付责任更加明确。例如,房屋保险要排除洪水、战争、自然磨损和一些其他原因造成的损失。人寿保险通常对保险期间开始两年内

---

① 参见[美]乔治·E.瑞达:《风险管理与保险原理》,刘春江、王欢译,中国人民大学出版社2010年版,第226页。

② 袁宗蔚:《保险学——危险与保险》,首都经济贸易大学出版社2000年版,第265页。

被保险人的自杀行为免责。

除外责任主要包括三类:①

1. 除外风险(excluded perils),合同中可能会把某些风险或某些引起损失的原因排除在外。在保险合同中,通常不包括战争、战争类似行为、叛乱、暴动等危险事故在内,由于这些事故所导致的损失,属于巨大的灾难性损失,无法加以测量。同样,危险事故中自然损耗、变质等也不予承保,因为此种损失并非因意外发生,当然,在双方当事人约定一个合适费率(一般费率极高)的情况下,也可例外承保。同样地,损失由于投保人或被保险人故意行为所致,或对保险标的未尽合理保护的责任所导致的损失,都属于保险人除外责任的范围。

2. 除外损失(excluded losses),在大多数的保险合同中,对于许多的损失类型,订有不承担责任的规定,即使造成此种损失的危险事故在保险合同的承保范围之内。如在财产保险中,被保险人在损失发生后没有对财产进行保护所造成的损失是除外的。如火灾保险中承保火灾直接所致之损失,对于火灾所造成的间接损失则在除外责任之列。因此,火灾保险中一般不包括火灾所导致营业中断而造成的固定费用或利润的损失。同样情形,在健康保险方面,如保险合同包括由疾病事故发生所需的住院费用,但通常不包括医生的诊断费用在内。在汽车保险合同中,承保碰撞所导致的损失,但保险人一般对碰撞导致他人财产的损失不负给付责任。

英美保险法上,将对于保险事故造成的间接损失也称为随后损失列为除外损失之一类。随后损失是指它虽然是由对被保财产的损失或损害引起的,但其本身不属于被保财产价值减损。除非合同

① [美]乔治·E. 瑞达:《风险管理与保险原理》,刘春江、王欢译,中国人民大学出版社2010年版,第254页。

另有规定,被保险人可获偿的实际损失是指与被保事件"紧接相关"的损失,在财产险中被保事件是指被保财产所遭受的事故。换句话说,财产承保人不对随后损失负责。例如,酒店遭受火灾必然带来业务损失,虽然业务损失是可投保的,但它不是火损,不能依对酒店所投的火险受偿,所以被保险人的房屋受损,不能就其利润和其他随后损失获偿,如未来的房租。虽然有人指出,"如果对财产甲的损坏是财产乙价值下跌的唯一原因,而乙也是被保财产甲的所有人所有,那么价值下跌可依对财产甲的保险获偿",①这虽然在逻辑上看似合理,但并未看到保险合同的承保范围的独立性,并不能因为二者之间的关联性而将保险合同承保范围之外的财产纳入其中。与此相关的是随后利益的问题,保险人不能要求在其所承担的保险金给付责任范围内扣除被保险人获得的随后利益,如有判决中指出,"如果对两个绝世的瓷器花瓶投保,其中之一被毁掉,保险人不能因此提出一个被毁使另一个更值钱,而要求扣除由此所生之利益"②。

3.除外财产(excluded property),保险合同中虽承保某种危险事故所致之损失,但往往限于某种财产的形式,因此保险合同可能会将一些财产排除在保险范围之外,或者附加某些限制条件后才能提供保障。例如,在火灾保险中,对于货币、证件、有价证券等财物的损失均不予承保。在建筑物的火灾保险中,除非载明承保建筑物内所有的财物,否则保险人的责任范围仅限于建筑物的本身,并不包括建筑物内的财物。

虽然在理论上对于除外责任条款有上述分类,但并不是在所有的保险合同中均包含上述除外责任,而是根据保险合同的具体类

---

① Westminster Fire Office v. Glasgow Provident Investment Sy (1888) 13 App Cas 699, 712.

② City Tailors Ltd v. Evans (1921) 126 LT 439, 443.

型、承保财产的具体内容来确定不同的除外责任。另外，由于保险合同由保险人事先拟定，投保人与被保险人对于除外责任的确定在实质上并无任何参与权，[①]只能根据保险人提供的合同进行选择。与除外责任条款相对应，保险公司拟定的附加条款中一般具有相应条款使主合同中的免责条款不发生效力。换言之，除外责任条款并非具有绝对性，投保人可根据自身状况"在实际中可以通过多付一定价格而撤销很多除外责任条款，特别是在企业保险保单中"。[②] 如在保险公司的财产基本险条款中，[③]均将地震、台风等造成的损失及相关费用作为除外责任，而在其提供附加条款中有包含一类"扩展责任类条款"，可将地震、台风等原因引起的损失扩展到保险人的责任范围之内。财产附加险条款中此类扩展责任条款，将本来不可保的风险变得可保、保险人不用承担的损失纳入保险人的责任范围之内。这种方式不但可增加保险人的收入，亦可使被保险人的财产获得更全面的保障，但同时也使风险的可保性理论走向相对化的趋势，损失补偿原则之适用亦随之相对化。

---

① 事实上，单就参与保险合同中的除外责任条款的拟定而言，对于一般保险消费者并无实际意义，即便赋予其拟定除外责任条款的权利，对于行使该项权利有多大的可行性，也是有疑问的。因为一般的保险消费者并无专业的知识与能力参与其中，更无任何讨价还价的能力。即便如此，并不能因此而剥夺了投保人或被保险人的该项权利，因此有必要对除外责任条款进行法律上的规制。

② ［美］哈林顿、尼豪斯：《风险管理与保险》，陈秉正等译，清华大学出版社2001年版，第142页。

③ 如中国人民财产保险股份有限公司《财产基本险条款》(2009年版)第8条规定："下列原因造成的损失、费用，保险人不负责赔偿：……(四)地震、海啸及其次生灾害；……(八)暴雨、洪水、暴风、龙卷风、冰雹、台风、飓风、暴雪、冰凌、沙尘暴、突发性滑坡、崩塌、泥石流、地面突然下陷下沉……"在其《财产附加险条款》中，第一类"扩展类"中的"一般扩展责任类"主要包括：暴风雨扩展条款；台风、飓风扩展条款；泥石流、崩塌、突发性滑坡扩展条款；地面突然下陷下沉扩展条款；地震扩展条款；龙卷风扩展条款；洪水扩展条款；冰雹扩展条款；雷击扩展条款；暴雪、冰凌扩展条款；沙尘暴扩展条款。这些附加条款基本可将上述除外责任恢复为保险人的承保责任。

(二)免赔额条款

免赔额条款是财产保险合同中的常见的限制保险人给付责任的条款。免赔额,又称"自负额",其英文表述为"deductible",从上述三种表述的字面理解,可知其基本意思为:保险人不负保险金给付责任的数额、被保险人自己应承担的损失额度、可从总的损失数额中扣除的数额。概言之,免赔额条款要求对于保险合同承保范围内的任何损失,被保险人自担其中的一部分,即保险人从保险范围内的总损失额中扣特定比例的数额。由上可知,在某种意义上免赔额相当于一种"自保计划"。①

免赔额条款通常存在于财产和健康保险中,对于人寿保险则不适用。因为被保险人的死亡是完全损失,免赔额仅能减少保险单的面值。保险人设置免赔条款的目的在于从损失开始时就进入相关程序,从而将其保险金的给付责任降到最低。

目前,保险合同中的免赔额主要存在以下几种类型:

1. 绝对免赔额。绝对免赔额(straight deductible),是指在保险合同中规定的某一特定数额,在保险事故发生时,被保险人需要自己承担该数额的损失,保险人仅对超出该数额的损失承担保险金的给付责任。例如,在汽车保单中,免赔额为500元,如果汽车被轻微的刮伤,损失额在500元以下,那么这500元将由被保险人自己承担;如果汽车发生了更严重的碰撞事故,损失达到5000元,那么保险公司将对他赔偿4500元,他自己仍要承担500元的损失。除了在合同中规定具体的免赔额,有的保险公司也采用百分比免赔条款,也就是免赔率。如在车险合同中规定对于车身划痕损失的每次赔偿实行15%的绝对免赔率,汽车自燃损失的每次赔偿实行20%的绝对免

① [美]所罗门·许布纳等:《财产和责任保险》,陈欣等译,中国人民大学出版社2002年版,第109页。

赔率等。

2. 相对免赔额。相对免赔额(franchise deductible),是指如果损失低于保险合同规定的数额或者比率,保险人不承担责任,但是当损失高于合同规定的免赔额或免赔率时,保险人将在保险合同规定的保险金额范围内承担被保险人的全部损失。理论上来讲,该种免赔额的使用存在较大的道德风险,如果免赔额较低,那么被保险人就很可能夸大损失或者故意制造更大的损失以求获得全额赔偿,所以一般的财产保险很少使用相对免赔额,只有保险标的不具有被夸大的机会时才会使用。如在海上运输保险中,托运人很容易因恶劣天气、船舶持续航行和货物不断搬动而造成货物一定的损失,但是该货物是在承运人的控制之下,因此被保险人就不具有故意扩大损失的条件,道德风险也会得到较好的预防。

3. 总计免赔额。总计免赔额(total deductible),这种免赔额约定在保险期间内将所有属于保险责任的损失进行加总,如果损失额低于总计免赔额,那么保险人不承担任何责任,如果损失额高于总计免赔额,那么保险人将对超出总计免赔额的部分承担保险金的给付责任。由于保险年度尤其是健康保险年度多以年为单位,因此总计免赔额也被称为年度免赔额。它在健康保险中使用较多,将日历年度内符合规定的医疗费用累计在一起,只有该额度超过总计免赔额,保险人才会支付免赔额以上的相关医疗费用。

4. 消失的免赔额。消失的免赔额(disappearing deductible),又称递减的免赔额,是指随着损失的增加免赔额逐渐减少。它与相对免赔额不同,相对免赔额对那些免赔额以下的损失不予赔付,对损失超过免赔额的事故进行全额赔偿。而消失的免赔额则是对超过免赔额的损失按照比例进行赔偿,损失越大,免赔额越小,直至免赔额消失。如保单约定以 500 元为免赔额,保险人对超过免赔额的损失按照110%的加成比例来赔偿,如果损失为500元,则赔付金额为0,免赔额为500元;若损失金额为1500元,则保险人的给付金额为(1500-500)×110%,即1100元,免赔额为400元;若损失金额为5000元,则保险人的给付金额为(5000-500)×110%,即4950元,免赔额为50元;若损失为5500元,则保险人的给付金额为(5500-500)×110%,即5500元,此时免赔额消失,变为0。

5.递增的免赔额。递增的免赔额(increasing deductible),是指免赔额随着损失的次数的增加而逐渐增加免赔额的一种形式。例如,在保险合同中规定在保险期间内因同一原因造成同一类型的保险标的损失,第一次事故发生后保险人给付免赔额以上的损失,第二次事故保险人仅给付免赔额以上损失的90%,第三次事故给付免赔额以上损失的70%,第四次事故为60%,第五次事故为50%,第六次之后的事故就不再赔偿。

6.等待期。等待期(waiting period)是一种变相的免赔额,即在保险事故发生后开始算起的一段规定时间内,保险人不进行保险给付。该条款在丧失工作能力保险和健康保险中较常使用,例如,补偿残疾工人收入的残疾收入保险合同中一般有30天、60天或者90天的等候期。在健康保险中,等候期开始的时间即保险合同开始生效的时间,保险人只对等待期后产生的医疗费用承担给付责任,在等待期内产生的医疗费用,保险人则不予承担。在这些合同中,等待期存在的意义即在于防止被保险人带病投保或者是虚假投保。

(三)共保条款

1.共保条款之内涵。共同保险指的是保险人与被保险人分摊损失的一种方法。财产保险合同中的共保条款鼓励被保险人按照财产价值的一定比例进行投保。如果被保险人投保的保险金额没有达到被保险财产的全部价值的特定比例,则被保险人就成为保险合同中的共同保险人,不管发生了多么小的损失,被保险人自己必须承担该损失的一定比率。如果被保险人想要获得部分损失的全额给付,则共同保险的要求必须得到满足。“共同”二字体现的就是双方当事人之间的关系:被保险人此时也是一位保险人,和保险人一起承担损失。[①] 共同保险是鼓励投保人投保一份与被保险财产价值相似的保险,而创造的一种合同动力因素。当保险限额不能达到所规定的最低要求时,它通过降低保险给付来创造这种动力。

在许多财产保险中,由于被保险人知道发生全部损失的概率很小,因此,被保险人只对全部财产的较小的比例进行投保,就可以有效地获得全部保障。这对保险人意味着要面临更多的小额索赔请求,而处理这些索赔请求的费用是巨大的,并且“保险人从低比率的保障水平获得的利润小于其从高比率的保障水平获得的利润”。[②] 因此,保险人为了其经营的稳定性,在财产保险中借用了海上保险中的共同保险的概念,以引导被保险人购买接近财产全部价值的保险。

在共保条款的规则下,财产所有人能够获得的保险金仅限于损失中的一定比例,这个比例就是指被保险人实际购买的保险金额与保险合同中要求被保险人应该购买的最低保险金额之间的比例。被保险人可以自由选择购买其所需要的保险金额。不管被保险人选择的保险金额是多少,保险合同均规定被保险人能够获得的损失赔偿只能按照其意愿购买并为之支付保费的保险金额的相同比例进行。诚如乔治·黑德博士所言:“共同保险是保险公司与保险人

① 参见[美]小罗伯特·H. 杰瑞、道格拉斯·R. 里士满:《美国保险法精解》,李之彦译,北京大学出版社2009年版,第320页。

② [美]约翰·F. 道宾:《美国保险法》,梁鹏译,法律出版社2008年版,第225页。

之间比例分配损失的一种方法，在保单规定的或者由财产保险的性质决定的其他责任限制范围之内，保险人按共同保险分摊比例赔付应当承担的损失部分；共同保险分摊比例是指保单载明的保险金额与规定的投保数额或承保财产的全部价值或规定的投保百分比之间的小于1的比率。”①

2. 共保条款之适用。从共同保险条款的表述中我们可以看出，保险人在有共同保险的条件下会规定保险的最低数额，这个数额是以财产价值的百分比的形式规定的。它是希望被保险人或财产的所有权人应为财产投保的最低数额。在大多数情况下，保险公司要求或被保险人自己选择按照财产价值的一个较低比例为财产投保，通常是80%（共保比例）。剩余比例的危险责任由被保险人自保，亦不得再以未经保险的部分另向其他保险人投保，以防重复保险之形成。在火灾保险中，如果保险金额低于财产价值的80%，一般的共同保险条款都会减少给付金额。在应用共保条款的保险合同中，保险人须支付的保险金的计算公式为

［保险金额÷（共保比例×财产价值）］×损失额

在这一条款下，假如发生损失时被保险财产的价值是100万元，被保险人投保的保险金额是40万元，所发生的损失是10万元，那么，确定保险人给付责任的计算公式为：保险金的总额等于实际投保的保险金额40万元除以发生损失时财产的实际价值100万元的80%，再乘以损失的数额10万元。即

保险人的给付责任＝40万元÷（100万元×80%）×10万元＝5万元

亦即在此种情形下，被保险人须自己承担损失的一半（5万元）。

---

① George L. Head, *Insurance to value*, Published for the S. S. Huebner Foundation for Insurance Education, University of Pennsylvania, Irwin, 1971, p. 95.

如果被保险人的投保金额为60万元,损失同样为10万元,保险人给付保险金的计算公式为

保险人的给付责任=60万元÷(100万元×80%)×10万元=7.5万元

此时被保险只须承担2.5万元的损失。

如果被保险人将投保金额扩大到80万元,损失仍为10万元,则保险人应支付保险金的计算公式为

保险人的给付责任=80万元÷(100万元×80%)×10万元=10万元

换言之,如果被保险人选择的保险金额符合共保系数,在保险期间的任何损失,保险人都应全部负担。此时,共同保险规则在效果上没有任何作用。在运用共保公式时,应注意两种特殊情况:第一,保险人的给付责任不应超过被保险人的实际损失,之所以这样说,是因为通过共保公式可能会得出这样的结果。在保险金额大于共保比例所要求投保的金额时,就会发生上述情况。此时,仍应以实际损失为保险金的计算标准。第二,任何损失的最大给付金额不得超过保险金额,此为保险人给付义务在合同中的最高上限。换言之,即便有共保条款的存在,损失补偿原则的最基本规则也是不能违反的。

但是,共保条款也不是完美无缺的。其一,在使用共保条款时所遇到的一个重要问题是,被保险人通常不理解共保条款的含义,一旦保险事故发生自己要承担部分损失时,就有一种上当受骗和被晦涩的保险条款剥夺了其合法权益的感觉。就整个保险合同而言,如果被保险人在订立合同之初就不理解合同条款的真实意思和使用该条款的真实目的,那么在损失发生之后也不会接受保险公司的解释。基于此,保险代理人在与投保人签订保险合同时,尤其是在

确定保险金额时，一定要向投保人明确说明共保条款的真正含义和其运用的具体规则。其二，在共保条款下，投保人在订立合同之时，其投保金额可能等于或超过了共保条款所要求的共保系数；在合同存续期间，出现了通货膨胀的情形，或财产的价值一直在上升；在损失发生时，投保时的保险金额可能已经降低到共保条款所要求的共保系数之下，造成了不足额保险的情形，被保险人因此要自己承担相应的损失，使得被保险人认为共同保险条款已经失去了效用。被保险人为防止此种不利益，可采取的方法主要有：[①](1)提高保险金额。投保人提高保险金额，可以提高其受保险理赔的比例，并因此获得较高数额的保险给付。(2)定期评估保险标的物价值并相应调整保险金额，使保险金额与保险标的物价值保持一定比例，以获得全面保障。(3)当事人可以约定以保险合同订立时保险标的物的价值为固定的保险价值，使被保险人的保险金额与保险价值的比例维持固定不变，不因标的物的价值涨跌而后影响。(4)当事人可约定自动调整保险金额，或附加通货膨胀条款，可反映因通货膨胀而发生的保险标的的价值上涨，使保险金额与保险价值的比例保持稳定。

二、约款限制之目的：通过禁止不当得利防止道德风险

除外责任条款、免赔额条款、共保条款是保险合同中重要的限制被保险人责任的条款。综观上述条款设立之目的，有一共同因素，即将部分损失排除在保险人责任范围之外，以降低道德风险。

(一)除外责任条款之目的

除外责任条款虽旨在减少保险人的责任，但在保险合同中订立

① 刘宗荣：《新保险法——保险契约法的理论与实务》，中国人民大学出版社2009年版，第314页。

除外责任条款确有其必要性：[①]

1. 一些风险是不可保的或承保须花费巨大的成本。某些特定风险可能会与可保风险的要求相差甚远，或即便是可保的，但由于损失的相关性使得对某些类型的损失承保成本过高，因而有必要确定某些除外责任。例如，大多数财产与责任保险合同都将诸如战争或核辐射等灾难性事件所引起的损失排除在外。健康保险合同则将保险人能直接控制的损失排除在外，如故意的、自我造成的伤害。可预见的财产价值的下降一般也属于除外责任的范围，如磨损、内在缺陷等。

2. 排除其他保险合同专门提供的保险，避免重复投保。如果某种风险已经由其他保险合同提供了更好的保障，则一般的保险合同可能将其视为除外责任。在这种情况下，除外责任用于避免保险范围的重复，而由该领域设计得最好的保险合同来提供保障。如房屋保险合同将汽车排除在保险范围之外，因为个人汽车保险合同以及其他汽车保险合同已经为其提供了保障。如果两种保单都将其列入保险范围，则会造成不必要的重复。

3. 排除特殊的危险，以达到费率公平。所谓特殊危险是针对不同的投保人，在特定情形下，损失发生的概率或损失的严重性都会有所增加的危险。由于危险的显著增大，一些损失可能就会被排除在保障范围之外。如出租车发生危险的程度比家用汽车要高得多，故而采用不同的费率，否则既会造成保险人保费收入的不足，也会对那些不将汽车作为出租车使用的被保险人造成不公平的费率差别待遇。在家庭财产保险中，如果在房屋或其附属建筑物内从事生产或经营活动，而发生保险事故造成的损失，也属于除外责任的

① Chester Arthur Williams, *Principles of Risk Management and Insurance*, American Institute for Property and Liability Underwriters, 1981, pp. 52 – 56.

一种。

4. 排除大部分被保险人不需要的保障。由于某些保障是大多数被保险人不需要的，所以使用除外责任。例如，大部分屋主都没有私人飞机，如果一般的财产保险合同中将飞机视为私人财产进行保险，保险费会相当高，这对绝大多数没有飞机的被保险人来说是非常不公平的。

5. 由于道德风险的存在或者难以确定和衡量损失的大小，某些财产也被作为除外责任，排除被保险人从损失中获利的可能。如果不对财产损失补偿的金额进行限制，欺诈性索赔将会增加。并且，由于损失发生的原因与范围超出了保险人事先对风险的预估，所以确定损失实际数额的定损问题也会增加。诸如此类的道德风险，须使用除外责任予以排除。

综上所述，只有当众多的被保险人支付相对较少的保费来建立损失基金，用以补偿少数被保险人遭受的大额损失时，保险机制才能有效地运转。[①] 某些在同一时间危害很多人的风险事故会引起非常普遍的损失，以至于整个保险业的基金也不足以偿付所有的索赔，这种损失通常被认为是不适合保险公司承保的，故用除外责任条款予以排除，以符合保险中的大损失原则；一些风险由特殊的保单予以承保或只有少数被保险人所具有，此种风险由于不具有普遍性，大数法则难以发挥作用，保险人更难以预估损失，于其经营不利，故予以排除；对于那些投保人或被保险人故意制造的风险，由于与保险经营政策和公共政策不符，出于防止道德风险的目的，亦须予以排除。虽然除外责任条款旨在免除保险人的给付责任、有助于保险人控制风险，看似是只对保险人有利之情事，实则事关整个保

① 参见[美]康斯坦斯·M. 卢瑟亚特、巴里·D. 史密斯、埃里克·A. 威宁：《财产与责任保险原理》，英勇、于小东译，北京大学出版社2003年版，第201页。

险制度的运作。

（二）免赔额条款之目的

直观上看，免赔额条款的运用和保险金额并无直接关系，但却直接影响保险合同双方当事人的切身利益。详言之，免赔额的大小事关保险人支出的保险金的多少，进而影响其经营的稳定；同时，免赔额直接关系被保险人可获得的保险金的数额，因为免赔额是从其本应获得的保险金中扣减的。因此，对于免赔额的多少或免赔率的大小，一般由投保人与保险人在订立保险合同时根据自身利益情况协商确定，并应在保险合同中予以明文。①

但在保险实务操作中，因投保人一方处于相对弱势的地位，对于专业的保险合同知之甚少，对于理解保险合同条款已是困难重重，要求其根据自身利益情况与保险人协商免赔额的多少岂非痴人说梦。因此，上述形同虚设的条款并不能切实保护投保人及被保险人之利益，在签订保险合同时，保险人仅仅考察被保险人是否符合投保标准，被保险人却不能对此表达任何意见，在符合投保条件的情况下只能对该条款作出是否接受的意思表示，无权与保险人协商其是否能够免除该条款。

投保人既无与保险人平等协商的条件与资格，又缺少理解保险条款的专业知识，更在保险事故发生时对计算损失的公式知之甚少，整个保险过程犹如刘姥姥进了大观园般的眼花缭乱，只能被“周瑞家的”牵着鼻子走。关键是在最后计算损失时，还要被免赔额扣除一笔钱，大量的保险纠纷多起于此。乍然视之，免赔额条款对被保险人有百害而无一利；实则不然，免赔额条款的运用对被保险人

---

① 如中国人民财产保险股份有限公司《财产基本险条款》（2009 年版）第 12 条规定：“免赔额（率）由投保人与保险人在订立保险合同时协商确定，并在保险合同中予以明文。”

有如下好处：

其一，“免赔额是避免与保险公司进行昂贵交易的手段”。[①] 想要从保险人的口袋中拿钱并不是一件容易的事，即便是很小的一笔钱。对于一个小额的损失，如若也要经过复杂的程序才能获得，对于双方当事人来讲都是得不偿失的。诚如学者所言：“微额索赔对管理者来讲是不成比例的昂贵，原因很显然，任何保险公司必须要确认保险单条款的索赔，不管索赔金额是10英镑，还是100英镑抑或是500英镑。如果在索赔人和公司之间有任何后续问题，那么不管是一个非常小量数目的索赔或是一笔大数目，花费的时间和金钱都是一样的。”[②]因此，排除小额损失的索赔与理赔对双方当事人来讲，都是有益而无害的。而且，对于数额不大的损失，一般不会给被保险人造成重大的影响，被保险人通常有能力自己承担而不必诉诸于繁杂的索赔程序。

其二，免赔额也有助于降低投保人缴纳的保险费。由于免赔额排除了小额索赔，保险费能够显著降低。免赔额的存在，使得损失频率低于制定费率时所依据的损失频率，或者由于被保险人自我管理的成本较低，从而使保险公司可能降低费率。现实中往往是小额索赔占多数，但是保险公司仍要付出相近的成本。这样，越多的索赔，将导致保险公司经营的社会成本越高。要保证正常的营业利润，这些成本自然的就由投保人通过多缴纳保险费来承担。免赔额的设置通过减少小额索赔的发生大大节约了保险人的社会成本，体现在被保险人身上就是保费的降低。如某车损险合同规定，10万元

① ［美］所罗门·许布纳等：《财产和责任保险》，陈欣等译，中国人民大学出版社2002年版，第109页。

② ［英］P. S. 阿蒂亚：《“中彩”的损害赔偿》，李利敏、李昊译，北京大学出版社2012年版，第97页。

的机动车,300 元免赔额投保车损险可以获保费 9.5 折优惠,500 元可以获保费 9.1 折优惠,1000 元为 8.4 折,2000 元为 7.1 折。

从表面上看,免赔额的运用可以减少保险人保险金的给付责任,自不待言;就实质而言,其目的是保险制度的良好运作、协助保险人更好的防控风险,以达到保险制度的实质公平。

其一,贯彻大损失原则(large-loss principle)。对于小额损失,保险不是一种合适的处理方法,小额损失能够从个人收入或业务收入中更好地得到弥补。保险应当用于为较大规模的灾难性事件提供保障,譬如因大范围的致命疾病引起的巨额的医疗开支。这种用保险费对大损失而不是小损失进行保险保障的思想通常被称为大损失原则。这样做的目的是为从经济上摧毁个人的巨大损失提供保障,而将那些可以由个人收入来弥补的小损失排除在外。

其二,免赔额条款的存在会提高被保险人加强防损工作的积极性。这一功能的发挥是通过降低被保险人的心理风险来实现的。心理风险是指被保险人因为买了保险而疏忽了损失控制工作或对损失控制漠不关心,从而使损失发生的机会实际上提高了。免赔额鼓励人们更加注重保护其财产并预防损失,因为被保险人必须承担部分的损失。对商业企业来说,免赔额限度内的损失要由企业自行承担,这对企业产生的经济影响是明显可见的,因而,免赔额的存在会促使企业加强防损工作。

其三,保险人通过使用免赔额来减少道德风险。道德风险指的是由于保险保障的存在,一些不诚实的被保险人会故意制造保险事故造成损失,以便从保险中获利。一般认为,当存在道德风险时,保险合同一般只能提供不完全的保障,个中的道理很简单:既然保险保障会导致道德风险,那么减少它就可以降低道德风险。免赔额能够减少道德风险的原理也是如此,因为如果存在免赔额,一旦发生损失,被保险人就有可能无利可图。“免赔条款以减少损失的严重性和发生概率的方法改变了人们的行为,进而降低了保费。”①

其四,减少逆选择(adverse selection),区分不同的投保人,进而达到费率公平。逆选择是当保险人对不同保险险种、不同被保险人、不同被保险财产进行精确分类的成本过高,而被保险人又对其期望损失比保险人有更多了解时产生的。假定保险人对所有的被保险人简单地收取相同的费率,这使得具有低期望损失的被保险人比具有高期望损失的被保险人②更少地购买保险。但是保险人可以运用免赔条款促使:高期望损失的被保险人选择较小免赔额的保单,以其高定价反映他们的高期望索赔成本;低期望损失的被保险人选择有较大免赔额的保单,以反映他们较低的期望索赔成本。这样,理论上在设计合同条款时,可以通过不同被保险人对免赔额的选择来反映他们的期望索赔成本。这样低期望损失的被保险人和高期望损失的被保险人就可以被分为两个层级,从而分别收取不同价格的保费。与具有较低损失概率的人相比,具有较高损失概率的被保险人一般会愿意对给定的保障程度支付更多的保费。随着区分的产生,不同的风险主体拥有了适合自己的保险保障程度和相对应费率的保单,避免了逆选择,达到了保险费的实质公平。

综上所述,免赔额条款虽然直接免除了保险人的给付责任,降低了被保险人的保险保障水平,但其设计之目的在于维护保险制度的良好运作,降低保险合同的运行成本,并在一定程度上降低保险

---

① [美]哈林顿、尼豪斯:《风险管理与保险》,陈秉正等译,清华大学出版社2001年版,第142页。

② 如有学者用“书迷”和“滑板爱好者”来区分不同被保险人对期望损失的差异。参见[美]哈林顿、尼豪斯:《风险管理与保险》,陈秉正等译,清华大学出版社2001年版,第140~141页。

费率。

(三)共保条款之目的

1. 共同保险的基本目的是实现费率公平(equity in rating)。[①] 大部分财产保险的损失是部分损失而不是全部损失。据一般火灾损失的统计,遭受全部损失的尚不足2%,且80%以上的损失仅占财产总价值10%以下。因此,被保险人就财产价值的10%购买不足额保险,就足以使大部分损失获得充分保障。[②] 在没有共保条款的情况下,财产所有权人在充分考量了这个事实以后,宁愿冒承担一部分小额损失的风险,少支付一些保费,寄希望以其投保的部分金额来补偿其部分损失。但是如果每个投保人都只为部分损失而不是全部损失进行投保,保险费率就会提高。[③] 这一费率对于那些希望为财产进行全额保险的投保人来说是不公平的。因此,满足了共同保险要求的投保人获得费率折扣,而不足额投保的被保险人在运用共同保险公式时将会受到经济上的损失,进而达到了费率的公平。

2. 共保条款要求被保险人支付损失的特定比例,使保障范围降

---

① Michael L. Smith, *A Reexamination of Coinsurance Clauses*, 47 The Journal of Risk and Insurance 506 (1980).

② Mehr R. I. & Cammack E., *Principles of Insurance*, Homewood, Illinois: Irwin, 1980, p. 205.

③ 例如,假设对估价为每栋20万元的2000栋建筑进行全额投保,投保总额为4亿元的火灾保险。2栋发生全部损失,30栋发生部分损失,每栋损失2万元,如果每个人都投保全额保险,在忽略保险人费用、利润和扣除额的情况下,保险公司须支付的保险金为$(2 \times 20 + 30 \times 2) = 100$万元,则纯费率为100万÷4亿$=1/400$,即每400元的财产须缴纳1元的保险费,换言之,每100元的财产须缴纳0.25元的保费。如果每个财产所有者只对财产进行半额投保,投保总额为2亿元,则发生上述损失时,保险公司须支出的保险金总额为$(2 \times 20 \div 2 + 30 \times 2) = 80$万元(注:前已述及,英美法系火灾保单在不足额投保时,发生部分损失在保险金额内实损实赔,发生全损则比例赔付)。则此时的保险费率为80万÷2亿$=1/250$,即每250元的财产须缴纳1元的保费,换言之,每100元的财产须缴纳0.4元的保费。由此可见,在部分投保时的保费比在全额投保时的保费要高。

到完全保障范围之下,降低了道德风险。在未使用共保条款的保险合同中,保险标的物在保险合同订立时的价值可能高于保险事故发生时的价值,在此保险标的物贬值之情形下,如无共保条款之适用,极有可能发生道德风险,造成被保险人不当得利。另外,在欠缺共保条款下,投保人或被保险人仍可能向其他保险人投保,使各保险人所承保的保险金额总额相当于保险标的物的价值,此时若发生保险事故,被保险人可以从各个保险人处获得十足的保险金。发生保险事故被保险人没有任何经济损失,其将导致保险人疏于预防保险事故的发生,客观上增加保险事故发生的频率,增加全体投保人之负担及社会成本。如果被保险人需要承担一部分损失,他就更有可能采取措施预防损失的发生,故意毁损财产图谋保险金的行为也会大大减少。因此,共保条款与免赔额条款在减少道德风险与逆选择的作用方面有相似之处。然而,两者的区别在于,共保条款还会促使被保险人尽量足额投保。在纯共同保险机制中,无论什么样的损失,被保险人都必须承担其中的一部分,除非承保财产是100%全额投保,这就意味着被保险人想要避免任何损失就必须增加投保额,从而也就增加了保费的开支。

综上,共保条款是将损失由被保险人分担的一种方式,也是鼓励被保险人按财产价值的一定比例进行投保的手段,更赋予了被保险人自由选择保险金额的权利。但是,共保条款并不意味着保险人对任何损失都只承担共保系数内的责任,也不意味着被保险人不能购买超过共保系数以上的保险金额。如果财产所有人愿意,其仍可以按照财产的全部价值投保,此后财产所遭受的任何损失都可以获得保障。

(四)评析

事实上,降低道德风险的方法主要有两种:一种是上述限制保险范围,另一种是所谓的经验费率。[①] 经验费率是使保费与以往的索赔情况挂钩。对一个投保人来说,如果知道未来的保费取决于现在的行为,他会更愿意采取一些预防措施。而通过免赔额条款和其他要求投保人负担部分损失的规定来限制保障范围,也会降低道德风险。一般的看法是,当存在道德风险问题(通常总会在一定程度上出现)时,保险合同一般只能提供不完全的保障范围。道理很简单:既然保险导致道德风险,那么减少它就可以降低道德风险。上述两种方法通过使被保险人承担一定的损失的方式,为投保人投保后采取预防措施提供了激励。

但是比较而言,通过约款限制保险范围是较为简单的一种方式,而经验费率则要考量并记录被保险人损失发生的情况,较为复杂。保险实践中,虽然经验费率也在一定程度上使用,但更多的是通过限制保险范围来控制道德风险。任何商人都是以营利为目的的,而降低工作成本也是增加盈利的方式之一。在保险合同中,通过实现约定来限制保险范围的条款,可免除保险人的部分责任,又能降低道德风险,同时还能减少保险的运行成本。这对保险人而言,可谓一举三得。但对被保险人而言,这种方式大大降低了其获得充分补偿的可能性,甚至有时拿到的保险金只是杯水车薪。我国《保险法》虽然明确规定,保险人对该类免除保险人责任的条款在订立合同时应明确说明,但是,被保险人毕竟只有被动接受而没有选择是否适用的余地。在此,不是否认约款限制的合理性,而是在有能替代其作用的经验费率面前,约款限制显得那么的"自私",因为这更多的是对保险人有利之方式。因此,在保险合同中,应尽量减少限制保险范围的约款,而在条件允许的情况下使用能替代其作用

---

① [美]哈林顿、尼豪斯:《风险管理与保险》,陈秉正等译,清华大学出版社2001年版,第139~140页。

的其他方式。以求最大限度地保护被保险人之利益。

第三节 积极功能:充分补偿被保险人之损失

在保险实务中,"十赔九不足"之现象屡遭诟病。被保险人获得的保险金经过保险利益、保险金额、保险价值等内容的限制,以及除外责任、免赔额、共保条款等诸多限额条款的"盘剥",已很难完全填补被保险人的实际损失;与此同时,保险法理论上仍在论证限制补偿条款的合理性,仍在以降低道德风险为由设计各种各样的条款来限制被保险人的权益。殊不知,经过"三提五统"之后的保险金,想要使被保险人恢复到损失发生之前的状况已非易事,何谈超额补偿?更何谈超额补偿引起的道德风险?保险法之"分散风险、消化损失"之原初目的已然遭到扭曲,从某种意义上看,保险制度正逐步从最基本的"填补损失"走向"限制填补损失"的极端。

诚然,防控道德风险为保险理论研究的应有之义,亦是保险制度存续的前提,而且在保险制度发展的早期,强调防控道德风险对于保险制度的发展有极其重大的意义。但是,道德风险不能"因噎废食"地成为保险人限制赔偿的借口,在保险精算技术与保险观念进步的今天,虽然控制道德风险仍是保险合同的重要任务,但满足被保险人充分补偿的需求亦同等重要。在控制道德风险与满足被保险人的充分补偿需求之间,如何找到一个恰当的平衡,应是当今保险法研究的重要课题之一。因此,在损失补偿原则中应优先考量满足被保险人充分补偿之理念,同时又防止道德风险的发生,并将之落实到具体制度设计之中。

一、规范功能之传统定位及其缺失

在损失补偿原则中,填补损失本是题中应有之义和其最原初的功能,但这一功能在当今保险法理论的研究中,并未受到应有的重视,甚至被忽视。具体表现在概念上将损失补偿原则混同于禁止得利原则、制度设计上完全以禁止被保险人获得不当利益为中心。这种与保险目的背道而驰的做法,应及时得到纠正。充分考量并满足保险消费者的需求,使保险产品得到保险消费者的充分认可,才是拉动保险业快速发展的重要渠道。

(一)损失补偿与禁止得利之思辨

损失补偿原则,也有学者称为"禁止不当得利原则"或"利得禁止原则",二者之形式、文义相去甚远,却用来指代同一内容,这不能不引发疑虑:二者在保险法上有无特殊含义?抑或二者在保险法上是相同概念?难道损失补偿原则的主要功能仅限于禁止不当得利?诸多疑问均需一一揭开。因此,有必要对此展开论述。

1. 在概念上,损失补偿原则与禁止不当得利原则交替使用

在我国的保险法研究中,尤其是我国台湾地区的保险法理论上,多将损失补偿原则与禁止不当得利原则交替使用或互相解释。如江朝国教授认为,任何被保险人不得因保险事故的发生而获得超过其实际损失的利益,此即损害填补原则。[①] 而在其对禁止不当得利原则的阐述中,亦采用了相同的解释:"被保险人经由保险所获得之补偿不得超过其所受之损害,否则即属违反保险法上禁止补偿得利之原则。"[②]可见江朝国教授认为二者名称虽然不同,但内容无异。又如梁宇贤教授在其著述中认为:"惟人身保险中之健康保险与伤害保险,均属损害保险,不涉及死亡之部分,如被保险人之医疗费,住院费,均属损害保险,有'损害填补原则'与'禁止取得不当利益原

① 参见江朝国:《保险法基础理论》,中国政法大学出版社 2002 年版,第 82 页。

② 江朝国:《保险法基础理论》,中国政法大学出版社 2002 年版,第 316 页。

则’之适用。”①论述中虽然并未对二者进行定义,但将二者并列,可见作者认为二者具有相同意义。另在汪信君与廖世昌合著的《保险法理论与实务》中,作者认为,“利得禁止原则(或称损失填补原则),又称不当得利禁止原则。乃在防止被保险人于保险事故发生时,所受领之保险给付超过被保险人之实际损失。”②

将损失补偿原则与禁止不当得利原则混用的局面,导致了在保险法中损失补偿原则之内涵受到局限,发展空间仅限于如何禁止被保险人不当得利之层面。

2. 在制度设计上,损失补偿原则完全以禁止得利为中心

综上所述,在保险法上,由于损失补偿原则一度与禁止不当得利原则混同,导致在损失补偿原则的制度设计上亦以如何防止被保险人获得不当利益为其全部内容。

关于损失补偿原则的制度体系,一般认为包括超额保险、重复保险、保险代位等制度,而观诸这一制度体系,无一不是围绕着如何防止被保险人获得不当利益来设计的。

(1)超额保险。超额保险制度是规制在单一保险中保险金额大于保险价值的保险的制度。由于保险价值是被保险人对保险标的所拥有的保险利益的价值,亦是保险人在法律上的最高给付限制,如若保险金额超过保险价值,有使被保险人获得超额补偿的可能,故为了防止被保险人获得超额补偿,保险法一般对保险金额作出限制性的规定,即保险金额不得超过保险价值,否则无效,以贯彻损失补偿原则之目的。我国《保险法》第55条第3款规定:“保险金额不得超过保险价值。超过保险价值的,超过部分无效。”

---

① 梁宇贤:《保险法新论》,台北,瑞兴图书股份有限公司2012年版,第235页。

② 汪信君、廖世昌:《保险法理论与实务》,台北,元照出版有限公司2006年版,第9页。

(2)重复保险。重复保险制度是规制多数保险中的重复投保行为的制度。在重复保险中,被保险人对每个保险人均享有保险金的请求权,如若允许被保险人"一重损失、多重填补",则有使被保险人获得的补偿超过其损失的可能,导致被保险人反因保险获得不当得利,严重违反损失补偿原则。故法律明确规定被保险人从不同的保险人处获得给付的总额不得超过保险价值。我国《保险法》第56条第4款规定:"重复保险是指投保人对同一保险标的、同一保险利益、同一保险事故分别与两个以上保险人订立保险合同,且保险金额总和超过保险价值的保险。"我国《保险法》第56条第2款规定:"重复保险的各保险人赔偿保险金的总和不得超过保险价值。除合同另有约定外,各保险人按照其保险金额与保险金额总和的比例承担赔偿保险金的责任。"

(3)保险代位。保险代位是指被保险人因保险人应负保险责任的损失发生,而对第三人有损失赔偿请求权时,保险人在向被保险人支付保险金之日起,可在其给付金额范围内代位行使被保险人对于第三人的请求赔偿的权利。我国《保险法》第60条第1款规定:"因第三者对保险标的的损害而造成保险事故的,保险人自向被保险人赔偿保险金之日起,在赔偿金额范围内代位行使被保险人对第三者请求赔偿的权利。"保险代位权的主要作用在于避免被保险人获得双重补偿。被保险人于受领保险给付后,在受领保险金的范围内,将其对第三人的损害赔偿请求权转移给保险人,以避免被保险人一方面基于保险合同向保险人请求保险给付,另一方面又基于损害赔偿请求权向第三人行使请求权,构成双重求偿,从而获得不当得利。

综观上述损失补偿原则中防止被保险人不当得利的制度,超额保险是防止在单一保险中补偿金额超过保险价值的制度,重复保险是在多数保险中防止被保险人从不同的保险人处获得的补偿金额超过保险价值的制度,而保险代位是防止被保险人从不同的债务人(保险人和加害人)处获得重复补偿的制度。诚然,这些制度的设计遵循了损失补偿原则中禁止被保险人获得超额补偿的宗旨,并维护了保险制度的运作,但国内绝大多数论著均认为上述制度是损失补偿原则的全部内容,在对损失补偿原则的论述中大写特写,而忽视了损失补偿原则的最原初意义上的功能,即充分补偿被保险人的损失;而唯有充分补偿了被保险人的损失,才有出现被保险人获得不当利益的可能。将损失补偿原则限定在现有的只强调禁止不当得利的制度框架内,而忽视充分补偿被保险人损失的做法,不仅在制度安排上有厚此薄彼之嫌,而且亦有本末倒置的逻辑错误,应及时予以纠正。

(二)损失补偿原则与禁止得利交替使用的原因

如前所述,国内学界对于损失补偿原则与禁止不当得利原则大多不加区分,且在具体应用上亦完全以禁止被保险人获得不当利益为宗旨,这无论是在定义上还是在制度设计上,都有失偏颇,使本来看似不相关的两个概念混杂在了一起,造成了理解与适用上的困难。然而,要厘清损失补偿原则与禁止不当得利原则之间的逻辑关系,须从对这些术语之渊源及其所依存之理论的考察入手。正如有论者所言:"对于任一法学上的概念,若只知道其目前之存在,而不知其源由,则亦无法对其在随时空改变之实证法上规定妥当与否,提出当为之批判。"①

① 江朝国:《保险法论文集(一)》,台北,瑞兴图书股份有限公司 1996 年版,第 46 页。

1. 以禁止得利解释损失补偿原则之内涵

损失补偿原则在英美法系的表述为“The Principle of Indemnity”[①],国内多翻译成“损失补偿原则”或“补偿原则”。虽然如此,但在阐释该原则的内容时,并未充分阐明应如何充分补偿被保险人的损失,反而以限制被保险人获得利益为中心。如美国著名保险法教授Alan I. Widiss在其著述中对损失补偿原则的解释为:“保险人同意于保险事件发生后提供被保险人所遭受损失的补偿,这是在保险适当观点下所作的合同安排。几乎所有形式的保险都为被保险人提供资金,以抵销被保险人的全部或部分损失……这是保险法的一般原则,被保险人经由保险过程中收获任何利益,应该被视为不利于公众利益。保险合同所给予的利益价值不得超过索赔人损失的概念通常被称为‘损失补偿原则’。”[②]又如英国的保险法学者亦认为,保险损失补偿原则的着眼点应在于防止被保险人获得超过其实际损失的补偿。“保险人对于被保险人的责任仅以实际损失为限,任何多余的损失由被保险人自己承担。如果被保险人得到一笔比他实际损失更多的利润,即是违反了损失补偿原则。”[③]

对此,大陆法系亦认为损失补偿原则的主要内容在于防止被保险人从保险中获得不当利益。在德国,更直接将这一原则称为

---

① 如美国著名保险法学者Robert E. Keeton在其所著的“*Basic Text on Insurance Law*”一书中,第3章的标题即为“The Principle of Indemnity”。See Robert E. Keeton, *Basic Text on Insurance Law*, West Publishing Co., 1971, pp. 88 - 173. 在英国的保险法学著作中亦有相同的论述,See John Lowery, Philip Rawlings, *Insurance Law: Doctrines and Principles*, Oxford Portlano, 2005, p. 263。

② Alan I. Widiss, Insurance, *Materials on Fundamental Principles*, *Legal Doctrines and Regulatory Acts*, West Publishing Co., 1989, p. 123.

③ John Lowery, Philip Rawlings, *Insurance Law: Doctrines and Principles*, Oxford Portlano, 2005, p. 263.

"Bereicherungsverbot"①,其字面意思为禁止得利原则。在我国的保险法研究中,承袭了两大法系对于损失补偿原则的不同称谓和内涵,更是在理论上完全接纳了以禁止不当得利为中心的传统补偿观念。

传统保险法学说大多是从避免保险沦为赌博与防止道德风险之角度出发,来阐释保险损失补偿原则之规范目的。美国著名保险学者所罗门·许布纳曾经总结指出:"补偿原则有两个基本目的:首先,通过限制对损失的赔付,被保险人无法从造成损失的风险事故中获得额外收益。如果被保险人能够额外获益,那么保险合同无异于一种赌博性的合同,从而损害保险合同的法律约束力。其次,从实务而非从法律的角度,也必须强调补偿原则,如果被保险人能够通过损失额外受益,无疑是鼓励更多的被保险人故意造成损失或疏于照管保险标的。两种后果都会造成发生损失的概率增加,使保险公司无法以一个经济上可行的价格提供保险保障。"②一言以蔽之,传统观点认为,保险损失补偿原则的规范目的在于:通过不当得利之禁止,以遏制道德风险之滋生,杜绝将保险变为赌博之流弊。

2."禁止得利":损失补偿原则在特定历史时期的特定使命

不可否认,防止保险沦为赌博的工具,确实是保险损失补偿原则最初所追求的目的。这与当初保险业的环境密不可分。有迹象表明,保险曾经被广泛用来进行赌博。损失补偿原则是防止赌博这一公共政策的结果,对损失补偿的要求被认为"并不是在任何意义上都是一个独立的政策,而只是针对赌博这种难以根除的弊端的政策。对于超过被保险人权益的可能补偿的范围而言,这是一个'赌

① 江朝国:《保险法基础理论》,中国政法大学出版社2002年版,第316页。

② [美]所罗门·许布纳等:《财产和责任保险》,陈欣等译,中国人民大学出版社2002年版,第47页。

注’。在利益范围内的有限损失补偿是将保险合同从赌博中分离出去的简单方式”①。

随着赌博在英国不再被视为罪恶,禁止将保险作为赌博工具的理由便在于防止保险合同成为图财毁财的诱因。于是,19 世纪以来,防止道德风险增大便成了坚持损失补偿原则的最常见理由。道德风险虽名为“道德”,其实必为“不道德”。“道德风险涉及五个基本的因素,每一个因素都应予反对:作出摧毁性恶劣的行为是不对的;无辜的人可能遭受损失;摧毁有用的财产是浪费资源;同时,保险只承保意外损失的原则遭到破坏;最后有违自然的损失使保险费率计算失准。”②虽然道德风险确有被保险人的“良心”问题,但是“良心”问题之诱因则为保单上利益之刺激。因此,要通过立法来有效地防范与遏制道德风险之滋生,还须从“良心”问题之诱因——保险补偿金额的限制入手。阿罗曾清楚地阐述了这一点:“保险单本身就能改变激励方向,因此亦能够改变保险公司所依据的风险概率,例如,超过房产价值的火灾保险单可能诱导纵火或至少是疏忽。”③也就是说,“如果保险额超出损失的价值,就会刺激人们诱发损失”④。因此,限制损失补偿数额为其关键。保险法上损失补偿原则正是为此目的而设:被保险人不能通过保险获得超过实际损失的收益;如果被保险人可能因保险事故的发生而获得额外之利益,其易于引起道德风险,自不待言。换言之,任何被保险人不得因保险

① Bertram Harnett, John Y. Thornton, *Insurable Interest in Property: A Socio-Economic Reevaluation of a Legal Concept*, 48 Columbia Law Review 1162 (1948).

② [英]M. A. 克拉克:《保险合同法》,何美欢等译,北京大学出版社 2002 年版,第 123 页。

③ Arrow, *Essays in the theory of Risk-bearing*, North Publishing Company, 1970, p. 42.

④ [美]皮特·纽曼主编:《新帕尔格雷夫法经济学大辞典》(第 2 卷),许明月、夏登峻主编,法律出版社 2003 年版,第 379 页。

事故的发生而获得超过其实际损失的利益,此即保险法上所谓的损失补偿原则,而损失补偿原则所隐含的意义,正是禁止被保险人获得不当利益。因此,不当得利之禁止,为保险补偿原则的当然要求。

综上所述,传统保险法学说认为,“根据补偿原则,被保险人不应从承保损失中获利。也就是说,被保险人在发生损失后的财务状况不应该比未发生时更好”①。因此,不当得利之禁止,是保险补偿原则的当然要求。可以说,“一个人不能凭借保险获得额外利益”,已成为传统保险法上公共政策的当然要求,以至于其已成为考量保险合同之效力的重要核心观念。进言之,不当得利之禁止原则的规范目的及功能与早期保险业的发展并无二致:(1)可以防止保险变成赌博和博彩的工具;(2)可以消除投保人毁坏保险标的(人的生命或者财产)的诱因。这两者之中,当以第二个目的最为重要。诚如国外学者所言:“保险公司会避免让投保人在保险事故发生之后的境况比没有发生损失时更好。如果保险赔偿不是被大于保险收益的损失所引起的,那么,保险会刺激人们主动去触发投保事故。所以,只有当损失大于等于保险收益时,保险公司才按照合同进行清算,否则,道德危险就会成为严重问题。”②也就是说,“补偿原则说明被保险人在发生损失后的财务状况不应比未发生时更好。换句话说,被保险人不应从保险损失中获利”③。

二、充分补偿:损失补偿原则规范功能之现代解释

“损失补偿是财产保险唯一的合法目的,任何财产保险合同对

---

① [美]康斯坦斯·M.卢瑟亚特、巴里·D.史密斯、埃里克·A.威宁:《财产与责任保险原理》,英勇、于小东译,北京大学出版社2003年版,第158页。

② [美]C.小阿瑟·威廉斯、迈克尔·L.史密斯、彼得·C.扬:《风险管理与保险》,马从辉、刘国翰译,经济科学出版社2000年版,第370~371页。

③ [美]康斯坦斯·M.卢瑟亚特、巴里·D.史密斯、埃里克·A.威宁:《财产与责任保险原理》,英勇、于小东译,北京大学出版社2003年版,第158页。

于因指定的危险事故发生而给予被保险人超过实际损失的补偿，就成为赌博保单，违反了公序良俗并且是无效的”①。因此，损失补偿原则的核心内容在于“禁止得利”②。这是对损失补偿原则的传统规范功能的认识与总结。在保险业发展的初期，强调损失补偿原则的禁止被保险人获得不当利益的功能，是有其合理性与存在依据的。

但是，在保险业已经得到空前发展的今天，保险精算技术日渐精湛、保险公司的承保能力逐步增强、核保手段日益丰富、危险的防控能力渐次提高，这些发展使保险人在保险交易活动中处于绝对的优势地位，纵然保险合同设置了诸多条款保护被保险人的利益，但保险合同双方当事人对于保险合同信息的知晓程度依然是判若云泥，保险人经常利用其优势地位侵害被保险人的利益。而损失补偿原则中的诸多设计也经常被作为保险人的“帮凶”，为保险人不承担保险给付责任提供“合法的借口”，如若仍一味地将“禁止得利”不恰当的强调和放大，必会使被保险人处于更加不利的境地；与此相对应，风险社会之下被保险人的保险保障需求日益全面，被保险人对保险保障的要求亦日益提高，被保险人所需要的不仅是通过保险获得少许的保险金来聊以慰藉，而且是切实地想恢复到受损之前的状况进而尽快地恢复生产、生活。因此，现今损失补偿原则之重心应完成从“禁止得利”向“充分补偿”的转变，以更全面保障被保险人的利益。

（一）以禁止不当得利为中心的限制补偿观念的弊端

1. 被保险人充分保障的需求难以得到满足

任何财产所有人都有保护其财产免受侵害的愿望，其中包括对积极财产的保护、对消极责任的免除、对财产可能的盈利收入的保

---

① William R. Vance, *Law of Insurance*, St. Paul, Minn: West., 1976, pp. 101 - 102.

② 杨仁寿:《从财产保险契约论为他人利益保险》，载《法令月刊》1995 年第 9 期。

障以及减少对积蓄的支出等,这一理论被称为财产构成理论(theory of estate formation)。[①] 根据这一理论,财产所有人不但有保护其财产免受侵害、保障其基本生活的物质方面的需求,如吃饭、穿衣等,而且亦存有非物质层面的愿望,如健康的身体及健全的头脑等。[②] 这种综合的需求最初由财产所有人通过自身方式来满足,随着保险制度的出现,上述需求常常转而诉诸保险。这不仅仅是财产所有人为了转移其自身的风险,亦与保险人对保险产品的过度宣传有关。保险人或其代理人在宣传保险产品时,往往将保险的功能夸大,甚至将之吹嘘为“万能的保护伞”,导致保险消费者认为保险能满足其保护财产的所有需求,甚至包括心理需求。然而,当保险事故切实发生时,保险人所提供的保险金不能满足被保险人作为普通财产所有人对其财产的保护需求,从而使保险背上了“十赔九不全”的骂名。

建筑物、机器设备等保险标的物于保险事故发生后,被保险人为了恢复生产、生活,均有继续使用该标的物之需求。当被保险人

① See M. F. B. Reinecke, *The Basis of Insurance: the Indemnity Theory Revisited*, 2001 Journal of South African Law 222 (2001). The theory of estate formation as the general basis of insurance originated in Germany and has been recommended for South Africa. According to this theory, every person has plans and projections for his estate or patrimony. These plans and projections include the protection of assets and the avoidance of liabilities, as well as the development of the estate by means of the earning of income and the putting away of savings.

② 有学者将财产所有人对其财产的保护物质与非物质方面的愿望称为需求理论(The theory of need),这一理论体系是综合性的,包含物质层面和精神层面的需求。According to this theory, a person depends for his existence on material as well as immaterial means or resources. Examples of material means are clothing, food and generally all material assets, and the opposite is the loss of assets and the incurring of liabilities. Examples of immaterial resources are good health and a sound mind, with the opposite being sickness and mental disorder. See M. F. B. Reinecke, *The Basis of Insurance: the Indemnity Theory Revisited*, 2001 Journal of South African Law 222 (2001).

将受损标的物修复或置换时，不得不承受经济负担。但根据保险人制定的损失计量规则，保险人扣除折旧额后所给付的保险金，不足以购置新物品，被保险人尚须自己负担新旧差额部分的费用，如某公司以其机器设备投保，保险金额 100 万元，使用 2 年后发生保险事故，由于机器的折旧，保险公司根据市价主义之补偿原则，只给付被保险人 80 万元保险金。而此时重新置换机器需 100 万元，因此，被保险人不得不承担 20 万元的额外费用。即使购买旧货，此时市场上也未必刚好有与折旧后保险标的物相同之物品买卖，倘若有，恐会花费巨大额外成本，如搜寻成本、运输成本等。故保险人补偿之保险金非但难以使被保险人购买到相同或类似之“二手”产品，更不能充分弥补保险事故所致之全部损失，何谈恢复到保险事故发生前的状态？以此观之，此种做法非但不能满足被保险人重新开始生产生活之需求，亦与保险法之根本目的相悖。

2. 保险保障程度低可能使保险购买数量降低，并造成保险合同效率低下

保障不全面可能导致保险消费者降低保险的购买数量。保险产品或其他商品在自由竞争的市场中就像一个自动筛选装置，能以最低的成本供应最好保障的保险的公司将从中胜出。然而，现如今的保险市场上，由于免责条款的大量使用以及在评估损失时使用不恰当的损失计量规则，导致被保险人拿到的保险金难以使被保险人恢复到损失发生之前的状况，保险保障面临严重的“缩水”。由于保险保障水平的降低，保险人的保障需求难以得到满足，进一步降低了保险消费者对保险的认知程度，甚至认为保险都是“忽悠”人的。对保险产品的较低的认知程度，会逐渐缩减保险消费者对于保险产品的购买力，严重阻碍保险制度的发展。诚如有论者所言：“较高的免赔率或承保责任的变小，对于追求效用最大化的消费者来说，都可

能降低保险的购买数量。”①

另外，保险保障不全面可能导致保险合同的效率低下。保险合同和所有的合同一样，是产生双方权利和义务的一种约定。保险合同赋予被保险人在遭受承保范围内的损失后向保险人索赔的权利。但如果行使这一权利须付出不菲的成本，那将使保险合同处于一种低效率的状态。“契约法的目的在于保护并促进合理创设的期待。”②投保人在签订保险合同时缴纳了保费，以期保险事故发生时得到保险人的给付，但如果保险人迟延履行给付义务或给付义务的履行遭到被保险人的不满，而这一问题又不能得到妥善的解决，双方当事人只能诉诸法院。在这一过程中，双方当事人要付出不小的人力、财力。保险合同本是一个以“确定的小额损失替代发生不确定的巨额损失的可能性”③的合同，然而由于理赔引发的纠纷导致这一“确定的小额损失”也因诉讼成本或其他纠纷解决成本的加入而变得不确定。“通过法律原则可以减少合同的成本”④，但法律制度的供给不足，导致了保险纠纷久悬不决，被保险人之损失难以得到填补，保险合同处于一种低效率的运作之中，保险之目的亦难以实现。

（二）充分补偿观念对限制补偿观念的矫正

鉴于上述以禁止得利为中心的限制补偿学说存在保护被保险人不足的弊端，现代保险法回归到损失补偿原则的最原初意义，即

① ［美］马克·S.道弗曼：《风险管理与保险原理》，齐瑞宗等译，清华大学出版社2009年版，第109～110页。

② ［美］迈克尔·D.贝勒斯：《法律的原则：一个规范的分析》，张文显等译，中国大百科全书出版社1996年版，第176页。

③ ［美］所罗门·许布纳等：《财产和责任保险》，陈欣等译，中国人民大学出版社2002年版，第4页。

④ ［美］哈林顿、尼豪斯：《风险管理与保险》，陈秉正等译，清华大学出版社2001年版，第139～140页。

更强调充分补偿被保险人的损失。全面补偿被保险人损失的充分补偿学说认为,保险损失补偿原则之规范功能,旨在保障被保险人及时地获得"完全补偿"(fully indemnified)。[①] 英国著名保险学者约翰·T.斯蒂尔教授曾精辟的指出:"我们可以把'补偿'视为一种机制,通过这种机制,在被保险人遭受到损失后,保险人对其进行补偿,以使其恢复到损失前所处的经济状况。"[②]因此,"就保险合同的目的而言,补偿可以被视为足以使被保险人在遭到损失后恢复到发生损失前所处的经济状况的精确的经济补偿。"[③]具体来讲,损失补偿原则的充分补偿观念体现在下列应然与实然两个层面。

1.应然层面:损失补偿范式的转变及其联动因素

(1)跳出"经济补偿"的窠臼,转向"功能补偿"。传统理论囿于金钱给付之基本观念,认为一旦被保险人得到的保险金超过了保险标的物的实际价值,则构成不当得利,进而有产生道德风险之可能。在19世纪,损失补偿原则严格地限于经济层面的补偿,被保险人只能得到扣除折旧的实际现金价值。这种补偿方法是在对保险的道德性、保险与赌博的关系以及道德风险关注的背景下发展起来的。当时保险业尚不成熟、保险行业不稳定、数据也相对缺乏,需要运用严格的损失补偿原则来控制道德风险。至20世纪,经济层面的补偿方式往往使被保险人没有足够的资源进行重建,被保险人的补偿需求得不到有效满足,而注重恢复功能补偿的重置成本保险的出现弥补了这一缺陷。保险市场上重置成本保险的出现代表着这种损失

---

① [美]小罗伯特·H.杰瑞、道格拉斯·R.里士满:《美国保险法精解》,李之彦译,北京大学出版社2009年版,第346页。

② [英]约翰·T.斯蒂尔:《保险的原则与实务》,孟兴国、徐韦等译,中国金融出版社1992年版,第57页。

③ [英]约翰·T.斯蒂尔:《保险的原则与实务》,孟兴国、徐韦等译,中国金融出版社1992年版,第58页。

补偿范式的转变，即“从财务方法向实用的、功能性的补偿方法的转变”①。此种转变在技术层面，是以“重置成本”代替“实际现金价值”；在本质观念层面，意味着充分补偿观念对限制补偿观念的矫正。

（2）损失补偿范式转变的联动因素。损失补偿原则从经济补偿向功能补偿的转变，是由保险市场中被保险人的充分补偿需求推动的，亦受技术、文化环境转变的协同影响。因此，这一转变是由需求带动的观念和技术变革，会影响到诸如道德风险、合同条款的设计以及保险产品的开发等系列因素。

毋庸置疑，充分补偿观念之下将会产生更大的道德风险。但保险人不能完全仰赖损失补偿原则作为解决道德风险的机制。道德风险可以通过保险产品的设计自行解决，如在重置成本保险中，大多数保险合同要求，保险公司支付的重置保险金必须用于实际重建财产。由于传统的财产保险多是在原有经济补偿方式之下制定的，其损失评估条款必然受到该方式的影响；而在功能主义的补偿方式之下，必然需重新制定损失评估条款，以期满足被保险人获得充分补偿之需求。

损失补偿范式转变使创新型保险产品的开发更具有灵活性。“功能主义的补偿方法允许保险产品在解决特定财务问题之外设定新的目标。这可能会使被保险人从保险中获得一笔具有合法目的的‘意外之财’。如在营业中断险中，被保险人可以获得相当于营业收入的保险金，而不用付出通常所需支出的成本；但获得营业收入

① Jeffrey E. Thomas, Brad M. Wilson, *The Indemnity Principle: Evolution from a Financial to a Functional Paradigm*, 10 Journal of Risk Management & Insurance 1 (2005).

却是满足被保险人维持其经营的合法的功能性需求。"[①]通过损失补偿原则从经济性到功能性的转变,保险公司可以开发解决多种风险需求的保险产品,而不仅仅局限于纯粹的财产损失性风险。

2. 实然层面:保险人与被保险人对待充分补偿的不同视角

(1)从保险人的角度观之,在保险合同的约定范围内,只要保险人完全履行保险合同中的给付义务,就应视为充分补偿。这就要求在保险理赔的过程中,保险人应基于诚实信用之原则完全履行保险给付义务;同时在损失补偿原则的制度设计上,应尽可能方便被保险人向保险人求偿,如在重复保险中,被保险人保险金请求权的行使应着重考虑便捷和充分的准则。只要保险人完全履行了保险合同的义务,纵然被保险人仍有损失未被填补,那么这部分损失也不是"保险合同中之损失",也应视为充分补偿。前已述及,与民法中的总括损害不同,在保险法中,被保险人的损失是约定的"个别损失",受保险合同的限制,故只要保险合同中的损失得到了完全填补,被保险人在保险法上就得到了充分的补偿,至于剩余的损失,被保险人或自己承担(不足额保险或无致害第三人之情形),或向致害第三人请求损害赔偿。

在此,须指出的是,"充分补偿"不等于"实损实赔"。强调的这一点在"不足额保险中的实际全损"之情形下,具有特别突出的意义。例如,保险标的价值100万元,约定保险金额50万元,保险标的物全部毁损,究竟是以实际全损额100万元还是以合同约定的保险金额50万元为补偿标准?"充分补偿"所主张的所谓"恢复到损失前所处的经济状况",极易使人误解为以实际全损额为补偿标准,因

---

① Jeffrey E. Thomas, Brad M. Wilson, *The Indemnity Principle: Evolution from a Financial to a Functional Paradigm*, 10 Journal of Risk Management & Insurance 1 (2005).

此,有异议者指出:"虽然补偿原则的目的是使被保险人在遭受损失时得到补偿,但是保险合同对被保险人并不给予完全的补偿,因为完全补偿意味着被保险人在发生损失后所处的经济状况,将与发生损失前一样。"①这种将"充分补偿"等同于"实损实赔"的观点,并不妥当。在"充分补偿"观念之下,保险人按照保险合同的约定履行了全额的给付义务,就应当达到了这一观念的要求。"补偿原则表明被保险人不能获得比遭受的损失更多的赔偿。补偿原则允许保险人在必要时减少赔偿金额,但是与保险利益原则不同,这并不意味着合同无效。"②

(2)从被保险人的角度观之,只有其全部损失得到了填补,才能达到充分补偿。这就意味着:①如果被保险人得到保险金之后,仍有损失未被填补,在保险法的制度设计上应有限保障被保险人的剩余损失得到有效补偿,如当被保险人向第三人的剩余损失的赔偿权与保险人的代位权之间发生冲突时,应优先保护被保险人的利益;②保险合同的覆盖范围应尽量广泛,以尽可能填补其所有损失。从严格意义上来讲,补偿原则是使投保人完全恢复到损失前的状况。换句话说,保险金的支付应当使投保人确切地回到被保险事故发生前的状况,既不更好,也不更坏。但是,"实际上几乎没有一份保单能达到这种结果"③。因为保险人的给付责任总要受到这样那样的限制。在充分补偿的观念下,应在不损害保险制度的前提下尽可能地减少这些条件的限制,如降低免赔率、减少除外责任等,以使被保

① [英]哈罗德·A.特纳:《海上保险原理》,李学锋等译,中国金融出版社1987年版,第22页。

② [美]皮特·纽曼主编:《新帕尔格雷夫法经济学大辞典》(第2卷),许明月、夏登峻主编,法律出版社2003年版,第379页。

③ [美]C.小阿瑟·威廉斯、迈克尔·L.史密斯、彼得·C.扬:《风险管理与保险》,马从辉、刘国翰译,经济科学出版社2000年版,第491~492页。

险人的损失得以充分的补偿。

现代“充分补偿”观念无疑是对传统以“禁止得利”为中心的“限制补偿”观念的矫正,但并未将“禁止得利”观念弃之不顾。从充分补偿与不当得利之间的逻辑关系来看,前者是前提,后者为结果;只有被保险人在获得了“充分补偿”之后,方有获得“不当得利”之可能。损失补偿原则之目的,旨在确保被保险人获得完全补偿,而非剥夺其获得完全补偿之机会或权利;只有被保险人确实获得“完全补偿”之后,才有启动损失补偿原则中禁止不当得利功能之必要,以避免被保险人通过超额或者重复受偿获得不当得利。

(三)充分补偿观念的制度化

法律观念不应只停留在理论层面,应落实到具体的制度中去,否则将失去其存在的意义。在充分补偿观念之下,以禁止得利为中心的限制补偿观念所衍生出的诸多制度须重新予以检视,以充分保障被保险人的权益。

1.充分补偿观念制度化之前提。充分补偿观念并不意味着被保险人所遭受的任何损失都可以无条件得到补偿,而是有其适用的前提条件的。前已述及,保险人的给付责任受到保险利益、保险金额、保险价值等的限制,这些限制条件为保障保险制度运行的基础性条件,是保险法中的绝对强制性规定,任何规范都不得违反。充分补偿观念在具体适用的过程中,对于不具备保险利益的被保险人亦不能给付保险金,给付金额更不能超过保险金额和保险价值的限制。

2.充分补偿观念下,应恰当缩减合同条款对补偿金额的限制。保险合同中的免赔额、除外责任等条款由于免除了保险人的保险给付责任,经常遭到广大保险消费者的诟病。为了缓解这一局面,现今的保险实务中,已出现一种相对化的趋势,即责任免除条款,通过附加条款的方式可以将原来不可保的危险转化为可保危险。诸如飓风、地震等巨灾风险在传统的保险理论上都属于不可保的风险，但投保人只要选择附加条款并多缴纳一定的保费或选择特殊的保单，即可获得保障该风险的保单。此种做法虽在一定程度上加重了投保人的负担，但使保险保障的覆盖范围更加全面，更有利于被保险人的权益保障。另外，在某些保单中，对于免赔率的高低，投保人也可根据自身的情况进行选择。保险理论的相对化的趋势，为充分补偿被保险人的损失提供了足够的理论空间，当然，这种所谓的相对化趋势，应以不损害保险的基本原则和目的为前提，并不能为了一味的满足被保险人的需求，而有损保险存续之根基。

3. 充分补偿观念下，重置成本保险之兴盛。为了满足被保险人对受损标的物进行重置或重建之需要，投保人以保险标的物重置成本为保险金额，于保险事故发生时，由保险人不扣除折旧，按保险金额为给付或恢复标的物原状态的保险为重置成本保险。据我国台湾地区学者考察①，1920 年，德国面临急剧的通货膨胀情势，对于向来所采市价主义的填补原则之适当性，提出重大疑问。当时德国的企业，其机器设备在战争期间及战争结束后，由于使用过度，已发生显著的耗损，而被保险人又由于货币的急剧贬值，无法准备应对新旧差额所需要的流动资金。因此，领取扣除折旧额后的保险金用来重置，恢复原先状态，几乎不可能。以至于向来办理的火灾保险，在保障被保险人的效能上，形成了极为无力的存在。于是，德国工业联合会等团体，提出办理重置成本保险的强烈要求，但是，德国保险业对于重置成本保险的态度，当初显得相当消极，认为新旧差额所需资金，企业本身应自行准备；若保险公司来承担，会增加道德风险。当时的主管机关以违反不当得利原则为由，未予核准。然而，

① 参见吴荣清：《财产保险概要》，台北，三民书局 1992 年版，第 85 ~ 86 页。

由于需求者一方强烈要求的压力，于 1928 年 12 月核准了重置成本保险。核准的理由为重置保险并非物本身的保险，而是承保应该称为“重置利益”的特殊保险利益的一种保险，依此解释，当不与不当得利原则相抵触。

重置成本保险的产生无疑是对传统保险的巨大冲击。在保险市场竞争激烈的环境中，由于其充足的保障及人性化的制度设计，成为保险人吸引客户的途径之一，并迅速成为热卖点。随着其制度的不断完善及承保范围的不断扩大，至今大有取代传统财产保险的趋势。

在我国的保险实务中，虽然有“重置价值条款”或“重置条款”等条款适用的先例，但并未出现以重置成本保险命名的保险险种，这一做法已严重落后于保险发达国家或地区的保险实践，故本书建议在我国的财产保险实务中，尤其是企业财产保险和家庭财产保险中积极开办重置成本保险，以充分满足被保险人全面保障之需求。

4. 重复保险中的分摊主义和连带债务主义。重复保险是损失补偿原则所衍生出的重要制度之一，其并非禁止投保人重复缔结保险合同行为本身，而是规制因缔结多个保险合同所导致的超额保险的结果，即虽然每单个保险合同不构成超额保险，但多个保险合同的保险金额的总和超过保险价值或实际损失。重复保险的规范目的在于禁止被保险人从不同被保险人处获得的补偿总额超过保险价值或实际损失，以防止不当得利，从而遵循损失补偿原则。

(1) 顺序主义向分摊主义之转变。关于重复保险制度如何对被保险人的重复获偿行为进行规制，在保险法的发展过程中有所谓顺序主义与分摊主义的不同方法。顺序主义，又称优先主义，是指当被保险人发生损失后，“若保险契约订立于前者，优先补偿被保险人，而若有余额时，由后所订立之保险契约补其不足，后者保险契约可为前者保险契约之溢额保险"①。如若先订立的保险合同的金额已达保险利益之价值,则后订立的保险合同无效。与顺序主义不同,分摊主义不考虑保险合同签订的先后顺序,而是由所有的保险人共同承担责任的制度。现代保险法之所以弃顺序主义而不用,主要是因为顺序主义有可能造成被保险人保障不充分之情形。依顺序主义之方法,由先订立合同的保险人承担责任,但当前顺位的保险人无力承担责任时,被保险人又因后顺位的保险合同无效而无法获得充分补偿。而分摊主义则是由所有的保险人共同承担责任,故不存在上述问题。从顺序主义到分摊主义的转变,体现了保险法保障被保险人充分获偿的宗旨,诚如学者总结所言:"从近代顺序主义与分摊主义之分野,到现代以分摊主义为基础之统合,不仅体现了保险损失补偿原则在理论上的升华,而且还蕴含着保障被保险人充分受偿的现代保险法理念。"②

(2)损失分摊中按份责任向连带责任之转变。重复保险中的损失分摊现已基本为各国保险法所确认,但是在具体损失分摊过程中,各保险人之间的责任如何具体分摊?对于此问题,有按份责任与连带责任的不同做法。重复保险中的按份责任,又称比例分摊主义,是指各保险人按照其所承保的保险金额与总的保险金额之间的比例承担保险给付义务,被保险人须向不同保险人主张其保险金请求权,各个保险人之间无连带关系。而重复保险中的连带责任,是指各保险人对于被保险人的损失具有连带责任,保险人可向任一保险人请求全额给付;给付保险金的保险人可按照各保险人承担的份

---

① 汪信君、廖世昌:《保险法理论与实务》,台北,元照出版有限公司2006年版,第109页。

② 樊启荣:《复保险中损失分摊原则之现代整合——兼论〈中华人民共和国保险法〉第56条第2、4款之完善》,载《法商研究》2012年第6期。

额向其他保险人行使求偿权。简言之，就是保险人“对被保险人承担连带责任，对内承担比例责任”。现代保险法多采连带责任，是因为在按份责任中，被保险人须向各个保险人一一行使保险金请求权，过程既不经济也不便利；在这一过程中，如若任一保险人无保险金给付能力或给付不足，则被保险人之损失不能得到充分的补偿，对被保险人极其不利。在连带责任中，被保险人只需向任一保险人请求全额给付，即可充分填补其损失，过程简单且效果良好。在重复保险的制度安排中，由按份责任向连带责任的这一转变，足以彰显保险法中对被保险人充分补偿之理念。

我国《保险法》关于重复保险损失分摊的规定，仍墨守按份责任之成规，不利于被保险人充分、便利地行使保险金的请求权。鉴于此，我国《保险法》未来修订时，应将第 56 条第 2 款现行之按份责任修改为连带责任，以保障被保险人充分受偿。具体建议修改条文为：重复保险的各保险人赔偿保险金的总和不得超过保险价值，除合同另有约定外，各保险人在其所保金额的范围内，承担连带给付赔偿义务。保险人给付保险金后，依照各个保险合同的保险金额与保险金额总和的比例，享有向其他保险人追偿的权利。

5. 保险代位行使之限制：优先实现被保险人的剩余损害赔偿请求权。当保险人履行了保险金给付义务之后，被保险人的损失可能并未得到充分的填补，这可能由以下原因造成：(1) 保险人会因不足额保单而只负责部分损失；(2) 即便保险人完全履行了保险合同义务，但仍可能有保险合同之外的损失未被填补。在有致害第三人的情形下，这就涉及保险人保险代位权与被保险人向第三人请求剩余损害赔偿权之间的冲突问题。在这一情形下，保险人行使代位权便会妨碍被保险人获得充分补偿的权利。“虽然代位求偿制度的目的之一是要防止被保险人获得横财，但被保险人毕竟是有权得到全额赔偿的，所以他有权得到‘完全补偿’”①。

在保险人根据保险合同完全履行了合同义务后，即便被保险人仍有损失未被填补，也应认定被保险人在保险合同的范围内得到了充分补偿，达到了损失补偿原则的要求，保险人即可获得代位权，这一理论目前已基本得到了英美法系与大陆法系的认同。② 然而，保险代位权的行使并非没有任何限制。当被保险人的损失未能得到全部的填补，保险人是无法全面拥有被保险人的请求权的，被保险人仍然保留一部分的请求权。换言之，只有当被保险人的损失得到全额填补，才会将其请求权让渡给保险人；否则，保险人不能得到代位权的位置，不能拥有全部的请求权。只要被保险人未能从保险合同中得到足额的补偿，其就可优先于保险人向第三人请求损害赔偿。在上述情形下，基于权利代位之本质，在被保险人的实际损失获得充分补偿之前，保险人的保险代位权须让位于被保险人向第三人的剩余损害赔偿请求权。只有被保险人的实际损失得到充分补偿之后，保险人方可向第三人行使代位权。总之，保险代位权虽基于损失补偿原则规范被保险人获得双重补偿之不当得利行为，但该规范目的之实现并不能妨碍被保险人获得充分补偿，否则将有违损失补偿原则的最原初目的。

我国《保险法》第 60 条第 3 款规定：“保险人依照本条第一款规定行使代位请求赔偿的权利，不影响被保险人就未取得赔偿的部分向第三者请求赔偿的权利。”这一规定似乎有意表明保险人的代位权应让位于被保险人的剩余损害赔偿请求权，但其中“不影响”一词

---

① ［美］小罗伯特·H. 杰瑞、道格拉斯·R. 里士满：《美国保险法精解》，李之彦译，北京大学出版社 2009 年版，第 347 页。

② 参见黄丽娟：《论保险代位权制度的构建——以权利法定代位的制度选择为中心》，法律出版社 2013 年版，第 155 页。

之语义略显模糊，且刚性不足，应将其改为强制性规定，以彰显保险法充分保障被保险人权益的坚定性。因此，本书建议将“不影响”一词改为“不得影响”。

本章小结 损失补偿原则规范功能之“两面性”

从目的功能主义的角度来观察，损失补偿原则之规范目的及功能是多元的，而非单一的。正如国外学者总结所言：“补偿意味着当出现投保损失的情形时，被保险人应该获得充分的补偿，但绝不能获得超额的补偿。这是保险之基本原则，如果有人提出与此不符的观点，即或者阻止被保险人获得充分补偿，或者允许被保险人获得超额补偿，那么此类观点肯定是错误的。”①也就是说，损失补偿原则之规范目的，包含积极意义与消极意义两个方面。积极性目的旨在确保使被保险人的投保损失得到充分的补偿，使被保险人尽可能恢复到损失发生前的状态；而消极性目的则在于防止被保险人的不当得利，以维护保险制度的运行。其中，确保被保险人获得充分补偿乃是实现损失补偿的前提性、原初性的内容，是保险损失补偿原则所追求的“主导目标”；而防止被保险人不当得利只不过是确保“完全补偿”目的实现之后的一种“反射结果”，是保险损失补偿原则所追求的“附属目标”。

长期以来，我国保险法学说及立法例着重从防止被保险人不当得利的层面来贯彻保险法上的损失补偿原则，将防止被保险人的不当得利之原则作为保险法损失补偿原则的一个“内嵌”的含义而加

---

① John Lowry, Philip Rawlings, *Insurance Law Doctrines & Principles*, Hart Publishing Oxford and Portland, 1999, p. 302.

以显著强调。从逻辑上来讲,这种思维方式无异于舍本逐末,有剥夺被保险人获得完全补偿的权利之嫌,损失补偿观念在当代的新发展中表明:“虽然‘禁止得利’依然是很重要的内容,但不再是唯一的核心,如何实现对被保险人损失的充分补偿成为补偿原则的重要内容。无论是在解释法律时还是在制度重构时,‘禁止得利’与‘充分补偿’二者都应并重,而不可偏于一端,不过,由于过去大多强调前者,所以目前更重要的是强调后者。”①

① 朱作贤:《海上保险法补偿原则研究》,法律出版社2009年版,第261页。

第四章　损失补偿原则之适用范围

我国《保险法》将损失补偿原则所延伸出的超额保险、重复保险、保险代位等具体制度规定于“第二章　第三节　财产保险合同”，但对于损失补偿原则本身一直未有明文规定，从而形成了“上位概念隐而不现，具体制度明文列举”的现象。这就逻辑的一贯性与理论的完整性的角度而言，实属有所缺憾。

这种上位概念与具体制度规定脱钩的现象，造成了保险法理论与实务上的困境：(1)损失补偿原则之适用范围究竟是仅限于财产保险，还是亦包括人身保险。人身保险与财产保险之间有无统一的上位概念。(2)人身保险中具有经济性质的医疗费用保险、丧葬费用保险、信用寿险等险种究竟应“归财”还是“入寿”。这些新兴险种是否应受损失补偿原则之约束。(3)现行“人身/财产”二分法能否满足规范保险合同双方当事人权利、义务的需要。我国的保险立法是否应借鉴国外将保险合同分为“损失补偿保险/定额给付保险”之立法例。本章针对这些问题展开论述，以廓清损失补偿原则之适用范围。

第一节　我国关于损失补偿原则适用范围之争的成因

损失补偿原则的适用范围不明确，是因其在保险法理上长期存在争议，同时又因现行法规定不明而产生的问题。在保险法的理论发展上，损失补偿原则并不适用于定额给付性人身保险已成为学界之通说，即人寿保险并不存在补偿之性质，与此对应的关于保险本质的学说为“二元说”。但亦有学者根据生命价值之理论认为定额给付性的人寿保险亦存在补偿性，故有损失补偿原则之适用；据此，保险本质所对应的学说为“损失填补说”。同时，我国现行《保险法》根据保险标的的不同将保险合同区分为人身保险与财产保险，并将损失补偿原则之适用范围限缩于财产保险之中，从而产生了人身保险中具有补偿性质的险种是否适用损失补偿原则的问题。

一、人身保险是否具有补偿性之争论

（一）肯定说

持肯定说的学者认为，损失补偿原则在人身保险和财产保险中均有适用。观诸其所持理由，无外乎对人身所造成的伤害，可用经济利益予以衡量，故可适用损失补偿原则，归纳如下：

1. 人身保险所补偿者并非人之身体或寿命，而是其遭受损害所生之经济利益。在人身保险中，保险人依据人身保险合同约定向被保险人或受益人支付的保险金同样是补偿性的，因为它并非补偿被保险人的寿命或身体，而是用于补偿被保险人因生老病死等保险事

故所损失的经济利益，这种利益虽然难以计算，但无疑是可以补偿的。实务中，往往在投保人与保险人在订立保险合同时，通过约定保险金额的方式来确定补偿标准。诚如学者所言，“我们以为人寿保险仍适用损害补偿原则，其所持理由列述如次：人寿保险亦为危险发生后有经济损失才有赔偿，并没有违反损害补偿；只是其赔偿的方式不同而已。财产保险亦有无市价的，而采定值保险，即使用损害补偿原则；所以，人寿保险自应适用损害赔偿原则”①。

2. 人类生命价值的概念。人类生命价值（human live value，HLV）属于人力资本理论的一个方面，是对个人未来的实际收益和服务价值的一种衡量。也就是说，它是一种在扣除人类自我生存的成本（如食品、衣物和居住等）以后，个人未来净收益的资本化价值。从家属的角度来看，家计负担者的个人生命价值相当于其家人期望从他那里所获得的收益的价值。同样，从公司的角度来看，一个雇员的生命价值是他向公司提供的服务的价值。1920 年左右，人类生命价值的概念被真正作为人寿与健康保险的经济基础。② 美国著名保险学家许布纳以人类生命价值为基础分析了个人所面临的基本经济风险，他认为，一个人的财产包括现实财产和潜在财产两部分，前者是指一个人实际拥有的物质财产和金融资产，属于财产保险合同承保的对象；后者表现为一个人因生命的存续可以获得超过维持其本人生存所需的收益的能力，该能力本身具有一定的经济价值，属于人身保险合同所保障的对象。当一个人在生命结束或因患病、伤残、年老而丧失劳动能力时，必然损失相应的潜在财产……人类生命价值能够作为个人期望净收益的现值而被定义和数量化，这意

---

① 潘文章：《保险学：原理与个案》，台北，三民书局 1982 年版，第 219 ~ 220 页。

② See Alfred E. Hofflander, *The Human Life Value: An Historical Perspective*, 33 The Journal of Risk and Insurance 89 (1966).

味着被保险人对于可能损失的潜在财产具有保险利益。[①] 人寿保险与健康保险则可使人们更好地应对人生的不确定风险，因为保险人按照人身保险合同的约定给付保险金，正是补偿被保险人所损失的保险利益——潜在的财产。因此，损失补偿原则也应当适用于人身保险领域。[②]

3.道德风险角度之考量。主张该观点的学者认为，人身虽然无价，但是保险合同是最大诚信合同，在重复保险情形下，若数个保险金额合计总额太大，很容易诱发道德风险。如因身体健康被侵害而丧失劳动能力的，可就被害人侵害前之身体健康状态、教育程度、专门技能、社会经验等酌定其所受损害额。而人身保险合同，其保险金额之约定，通常须斟酌被保险人之身份、地位及经济状况等客观情形，以定其数额之上限。故在订立保险合同之场合，难谓人身绝对系属无价。复保险之立法目的在于限制超额保险，避免投保人不当得利及防杜道德风险，于人身保险亦有其适用。

4.保险目的之考量。损失补偿原则同样适用于人身保险合同。因为人身保险合同也是建立在经济补偿基础之上。只不过其补偿机制有别于财产保险合同。[③] 简要地讲，损失补偿原则，无论财产保险或人身保险在应用本质上并无不同，仅以实际所认为必要者为限。其补偿之程度，以是否适合于确保经济生活安定之要求为准。就定额保险而言，保险金额之多寡，并非全然由保险加入者任意为之，仍须视其原有之经济生活情形而定。若定额保险之目的，仅着

---

① 参见[美]肯尼思·布莱克、哈罗德·斯基博：《人寿与健康保险》，孙祁祥、郑伟等译，经济科学出版社2003年版，第18～19页。

② 参见任自力、周学峰：《保险法总论》，清华大学出版社2010年版，第84～85页。

③ 参见贾林青：《保险法》，中国人民大学出版社2009年版，第74页。

眼于危险事故之发生,而授受任意之金额,则将与赌博无异。[1]

（二）否定说

持该说的论者认为,人身保险中之生命保险(包括生存保险、死亡保险及生存死亡两合保险)及伤害保险都具有人身专属性,均无损失补偿原则之适用。主要理由如下:

1. 人身无价,不发生不当得利问题。人身保险中之生命保险及伤害保险的损失无法客观估计,基于人身无价,不发生不当得利问题。保险法上的损失补偿原则存在的理由之一,是杜绝被保险人通过向保险人请求保险给付,又向加害第三人行使损害赔偿请求权,而获得超乎填补因保险事故发生所致损害之利益。在财产保险中,由于被保险人因保险事故发生所致之损失可以客观估计,因此若允许被保险人于受领保险给付之后,重复向加害之第三人请求赔偿,则被保险人势必因保险事故发生而获得更大之利益,此非保险之宗旨。但是在人身保险中之生命保险及意外保险,基于生命无价、精神损害数额无客观标准的原因,不会发生超额赔偿问题,故无损失补偿原则之适用。

2. 人身保险中之某些生命保险兼具有投资性。人身保险中之生命保险有生存保险、死亡保险及生存死亡两合保险三种。其中,"终身死亡保险"与"生存死亡两合险"兼具投资性及赔偿性,因此保险给付之功能不仅在于填补损害,亦在于兼顾投资,因此受益人向保险人请求保险给付之后,重复行使损害赔偿请求权,亦是保险投资之报酬,不构成超额给付问题。

3. 生命法益及身体健康法益具有人身专属性。生命权及健康权只有被保险人才有享受资格,不能移转给保险人。既然不会转移给

---

① 参见袁宗蔚:《保险学——危险与保险》,首都经济贸易大学出版社2000年版,第57页。

保险人,保险人自不得行使代位权。[①] 另外,此种专属于人身的权利在投保时视被保险人之自身情况而定,因此在严格意义上并没有保险价值的限制,因此在实务上都采用定额保险,即使投保数个保险,也不会超过保险价值,不会发生不当得利的问题。因此,并无损失补偿原则适用之余地。

（三）评析

上述两种学说之争点在于人身保险是否存在补偿性,即在人身保险中保险人所给付之保险金的性质为何。肯定说认为人身保险金具有补偿性质,其所补偿者为人之身体或寿命的经济价值;而否定说则认为人的身体和寿命是具有专属性的,不能用金钱来衡量,故不存在保险代位与重复保险适用的问题。笔者认为,人身保险中的保险金额的订定,只是当事人对其身体或寿命的一种主观认识,并非所谓的“定价”的问题。因为人的生命不同于财产,对每个人来讲都是具有独特意义的,是金钱难以替代的。在讨论损失补偿原则是否适用于人身时,应跳出所谓“人身无价”之迷思,也不应该囿于财产保险或人身保险的简单的形式分类,而是应该看保险的实质是否在于填补损失。诚如学者总结所言:“显然地,损失补偿原则无法适用每一险种。事实上,所有人寿和人身意外伤害保险契约不可能因索赔而提供一个确切的财务补偿,因为一个人的生命、肢体和健康无法以金钱来衡量。因此,人寿和人身意外伤害保险契约乃属受益保险单,也就是无法补偿损失,而只能于承保事故发生时,给付一定的利益。”[②]

---

① 参见刘宗荣:《新保险法——保险契约法的理论与实务》,中国人民大学出版社2009年版,第259~261页。

② D. S. Hansell:《损害补偿原则简释》,孙惠瑛译,载《保险专刊》1990年第20辑。

虽然财产保险是以填补损失为目的,人身保险不以填补损失为目的,但是假若深入探讨人身保险的实质内容,其实某些种类的人身保险还是具有填补损失的性质。在决定是否适用损失补偿原则及其相关规定时,应当从保险的实质功能决定,不可以从保险的形式分类作为标准。保险法关于复保险、保险代位等规定的目的在于贯彻填补损失的宗旨,只要是具有损失填补性质的保险,不论是财产保险,还是人身保险,都有损失补偿原则的适用。①

即使有些保单无法适用损失补偿原则,但此项原则仍不可完全忽略。给付至少应大约与保单持有人期望的财务需求一致。损失补偿原则可借以下方式或多或少的发挥着作用:②(1)支付保费的能力:理论上人寿和人身意外伤害保单可有无限的保险金额,而事实上保单持有人支付所需保费的能力或意愿,限制了保险金额。(2)保险人的作为:保险金额高于一般认定金额亦无不妥,但保险人应详加调查被保险人的年龄及职业。特别是在人身意外伤害保险方面,保险人须知道被保险人的任何有关既存保险,才会使各保单金额的总和不会提供一个与被保险人的可能需求不成比例的利益。例如,当理赔发生时,若被保险人所获给付超过其正常所得,则将诱使被保险人借装病以获取不当利益。保单条件须要求被保险人告知投保此类的其他保险。

损失补偿原则作为保险法的一个基本原则,它是抽象的,虽然并未在我国保险法中明文规定,也不能适用于所有的保险险种,然而损失补偿作为保险法的一个基本原则,在保险的发展历程中,是

① 参见刘宗荣:《新保险法——保险契约法的理论与实务》,中国人民大学出版社2009年版,第203~205页。

② 参见D. S. Hansell:《损害补偿原则简释》,孙惠瑛译,载《保险专刊》1990年第20辑。

从未被怀疑过的。保险学者许布纳先生曾指出："许多保险学者通常并不认为保险中的一些基本概念可以被视为'原则'，但大多数人会同意，'补偿'这个概念在财产保险中是如此重要，所以它被视为一个真正的原则。"①

二、现行保险合同分类模式导致适用范围不明

（一）"人身/财产"保险之"二分法"

1."人身/财产""二分法"于我国《保险法》上之表现

以保险合同的保险标的为标准，我国《保险法》将保险合同分为人身保险与财产保险。我国《保险法》第2条中虽未明确指明保险分为人身保险和财产保险两类，但从其内容表述即可看出其有意将人身与财产保险做一区分。该条规定："本法所称保险，是指投保人根据合同约定，向保险人支付保险费，保险人对于合同约定的可能发生的事故因其发生所造成的财产损失承担赔偿保险金责任，或者当被保险人死亡、伤残、疾病或者达到合同约定的年龄、期限等条件时承担给付保险金责任的商业保险行为。"

我国《保险法》第12条第3、4款进一步以保险标的不同为标准，定义了人身保险和财产保险，该条款规定："人身保险是以人的寿命和身体为保险标的的保险。财产保险是以财产及其有关利益为保险标的的保险。"

在关于保险公司的业务范围的规定中，我国《保险法》分别对人身保险和财产保险的业务内容作出了细致的划分，该法第95条规定：人身保险业务，包括人寿保险、健康保险、意外伤害保险等保险业务；财产保险业务，包括财产损失保险、责任保险、信用保险、保证保险等保险业务。

---

① ［美］所罗门·许布纳等：《财产和责任保险》，陈欣等译，中国人民大学出版社2002年版，第46页。

在对不同保险合同进行权利义务设计上，我国《保险法》在“第二章　保险合同”中除了“第一节　一般规定”外，在“第二节　人身保险合同”和“第三节　财产保险合同”分别对人身保险合同和财产保险合同作出了不同的权利义务设计。

2. “财产/人身”“二分法”之分类依据

我国对于保险合同的“人身与财产”的“二分法”“由来已久”[①]。该种分类方式的立法理由在于，保险标的无外乎财物与人身，[②]保险事故之发生亦可“对人或物而分”[③]。所谓对人，即保险事故发生在被保险人身上，如死亡、疾病或意外伤害；而所谓对物，即保险事故发生在特定的保险标的物上或非实体的债权上，如火灾保险或保证保险，又或者是保险事故发生导致被保险人财产的减少，典型者如责任保险。

由此可见，人身保险所保护者为被保险人生命、身体的完整性，因为“人身无价”，不能用一般损失的概念来衡量被保险人人身所遭

① 1911年《大清商律草案》仿日本商法，将保险合同区分为损害保险合同与生命保险合同；1929年《保险契约法草案》将保险合同区分为损害保险合同与人身保险合同；1937年中华民国《保险法》颁行时将保险合同分为“损失保险合同”与“人身保险合同”，其理由为：保险损失补偿有别于民法上之损害赔偿，故称“损失”而不称“损害”。国民党政权迁台后，1957年台湾地区“行政院”在草拟“保险法修正案”时，建议废弃保险合同之“损失保险合同”与“人身保险合同”之“二分法”，改采“火灾保险、运送保险、人寿保险、健康保险及意外保险”之“五分法”。台湾地区“立法院”在审议过程中，围绕“保险分类采五分法、三分法或二分法”问题，展开了长期的研讨和争论，至1963年决定采“财产保险合同”与“人身保险合同”之“二分法”，并一直延续至今。《中华人民共和国保险法》制定时，全盘接受了上述学说，将保险合同区分为“财产保险合同”与“人身保险合同”。参见樊启荣：《中国保险立法之反思与前瞻——为纪念中国保险法制百年而作》，载《法商研究》2011年第6期；温世扬：《“中间性保险”及其私法规制》，载《北方法学》2013年第3期；袁宗蔚：《保险学——危险与保险》，首都经济贸易大学出版社2000年版，第126页。

② 参见秦道夫：《保险法论》，机械工业出版社2000年版，第165页。

③ 江朝国：《“保险法”逐条释义》（第1卷总则），台北，元照出版有限公司2012年版，第451页。

受的损害,故人身保险在本质上无法确定损失的具体数额。在一般的人身保险合同中,事先约定一定的数额作为保险金额,待保险事故发生时,直接以此金额作为保险金的给付标准,保险人履行给付。而财产保险所保护者为被保险人因财产的毁损灭失所造成的经济上的损失或因保险事故的发生而导致的被保险人财产的减少,而这些财产的减损,大多于保险事故发生后可以金钱予以衡量(定值保险除外),故财产保险之着眼点在于填补被保险人所实际发生的损失。

3.“财产/人身”二分法于保险监管之实益

以保险标的为标准区分人身保险与财产保险,是我国保险法常年以来的区分方式,此种区分方式分类清楚,以保险标的是否与人身有关的区分,界限清晰。

这种较为清晰的分类方式之实益在于对保险业的监管方面。[①] 我国保险业实行分业经营,《保险法》第 95 条第 2 款规定:“保险人不得兼营人身保险业务和财产保险业务。”以此“人身/财产”之二分法归类各种保险,并作为保险营业范围的划分是非常明确的,对于各种保险商品的描述和介绍相当有利,不亦产生混淆。从保险经营之角度考量,保险业因实务运作种类不同,在经营上对不同的险种有不同的需求。[②] 如人寿保险中之风险多有一定之常态,不易有大幅度的波动,保险合同期间也较长;而财产保险之风险是否实现具有较高之射幸性,可能会因地震、台风等巨灾,大幅度影响风险出现的概率,保险合同期间也较短。另外,在风险的类型、保险金额的大小、资金运用的方针、再保险的需求强度、责任准备金、产业的经营

① 参见温世扬:《“中间性保险”及其私法规制》,载《北方法学》2013 年第 3 期。

② 参见江朝国:《“保险法”逐条释义》(第 1 卷总则),台北,元照出版有限公司 2012 年版,第 458～463 页。

模式等方面,人身保险和财产保险均有不同的特质和需求。所以这种分类方式,可使保险业的监管机构对不同种类的保险公司进行监管,这是有很大的益处的。

(二)"二分法"之弊端及"三分法"中"中间性保险"之归属

1."二分法"的弊端

以保险合同中保险标的的性质作为分类标准,将保险合同区分为人身保险合同与财产保险合同,这种"二分法"是囿于传统保险业"人寿"与"财产"之业务形态而作出的区分。在当时的历史条件下,是完全能满足保险业的发展需要的;但是在保险业迅猛发展的当今社会,由于保险产品的极大丰富,这种分类方式并不能清晰明确地界定各类保险业务及其适用规则,因此是一种"带有深刻历史烙印"①的传统分类方法。详言之,在保险业的发展上,财产保险最先发端,而后逐渐发展到人身保险,当时虽然已有财产与人身保险之划分,但所谓的人身保险仅仅停留在生命保险或人寿保险的层面,而健康保险、意外伤害保险等保险业务尚未展开。在此情形之下,人身保险(人寿保险)与财产保险之间的界限是清晰的:"寿险保险人从未在保单中定入明示的代位权条款"②等财产保险所专有的法律规范,所以对于损失补偿原则适用于财产保险也是没有争议的。随着保险业日新月异的发展,新的保险产品不断出现,尤其是健康保险与意外伤害保险的兴起,使这种传统的保险分类方式遭到了挑战。因为,传统的人身与财产之分类方式忽略了在人身保险中,如健康保险与意外伤害保险中关于医疗费用给付之部分,其目的在于

---

① 樊启荣:《中国保险立法之反思与前瞻——为纪念中国保险法制百年而作》,载《法商研究》2011 年第 6 期。

② [美]肯尼斯·S. 亚伯拉罕:《美国保险法原理与实务》,韩长印等译,中国政法大学出版社 2012 年版,第 390 页。

补偿被保险人因治疗所产生之费用，在性质上与损失补偿性的财产保险并无二致。

该种补偿因人之身体损害而产生之费用的医疗费用保险，究竟是应按照保险标的为人身而归入人身保险，还是按其本质属性为财产性质而归入财产保险，成为困扰世界各国保险业的难题。当然，这并不仅仅是类型划分的问题，更重要的是医疗费用保险究竟是适用人身保险还是财产保险的法律规范的问题。因此，有学者一针见血的批评道："现行法仅粗略地以保险对象系对人属性、对物属性而区分，并不具有契约法上意义"①。诚如美国学者总结所言："健康保险领域遭遇的最普遍的法律问题之一是承保范围的协调。由于美国健康保险制度比较零散，故不仅仅在承保范围方面存在差异，而且在有些情况下一项损失还可能得到多种保险。此外，被保险人有时不仅可以获得健康保险的保险金，而且还可能从对损失负有责任的第三人出获得侵权损害赔偿金。对这些重复救济情形予以协调，既是合同问题，也是州成文法的问题，同时还是司法判决的问题。鉴于此，可能难以提出一套用于协调的理论。相反，不同种类保险之间的包容与协调可能不得不保持临时性（缺乏一贯性）。尽管只是缺乏一种完整的协调理论，我们的制度仍然面临着一些反复出现的问题，比如，在承保重复时，如何决定何者具有优先性？又该在何种程度上使用协调性来防止被保险人多重受偿？如何协调侵权诉讼中的代位求偿规则与健康保险中的协调机制之间的关系？"②

---

① 江朝国：《"保险法"逐条释义》（第1卷总则），台北，元照出版有限公司2012年版，第457页。

② ［美］肯尼斯·S. 亚伯拉罕：《美国保险法原理与实务》，韩长印等译，中国政法大学出版社2012年版，第377～378页。

2."三分法"的出现与"中间性保险"之归属

为了规避健康保险与意外伤害保险究竟是"归入财产保险"还是"纳入人身保险"难题，许多国家采取了健康保险与意外伤害保险独立出来的"三分法"，即健康保险与意外伤害保险既不属于人身保险也不属于财产保险，而是一种独立的"中间性的保险"或"第三领域保险"。1910 年德国颁行的《保险合同法》对于损害保险、生命保险、伤害保险分章予以规定；该法于 2008 年修订时，虽然在体系安排上作出了调整，但仍将补偿保险、人寿保险和意外伤害保险列于不同的章节中分别予以规制。日本 2008 年颁行的《保险法》进一步确认了"三分法"的地位，这从其保险合同的章节安排上便可明了：其第二章为"损害保险"（其中第五节为"伤害疾病保险特则"），第三章为"生命保险"，第四章为"伤害疾病定额保险"。

"三分法"将健康保险与意外伤害保险从人身保险和财产保险中独立出来，并将其单独列为"中间性保险"，这在一定程度上虽然避免了其到底"归财"还是"人寿"的争论，但是这种分类方法并未从根本上解决法律规范的适用问题，因为这种"中间性保险"并没有别于财产保险与人寿保险的特有的法律规范，在损失补偿原则的适用上，还应按其实质分门别类的对应财产保险和人寿保险的规则予以准用。由此可见，这种三分法的分类方法，仅仅是具有形式上的意义而已，在其本质上，仍为财产保险与人身保险的混合。这种分类方式并未从根本上解决医疗费用保险是否适用损失补偿原则等法律规则的根本性的问题。

第二节　我国廓清损失补偿原则适用范围的应然之道

承前所述,我国保险法按人身与财产之不同将保险合同一分为二,在保险法的权利义务构造以及保险法规则的具体运用中,产生了诸多争议。有学者认为,此种分类方式"并不具契约法分类意义","充其量仅为划分保险营业范围而设"。[①] 因此,在保险法中究竟应如何对保险合同进行划分,才能满足法律对当事人双方进行权利义务设定的需要,是关系保险合同法以及保险损失补偿机制有效运作的重大课题。

一、保险合同分类之重构:损失补偿保险与定额给付保险

对不同的合同进行划分之意义,乃为方便不同合同中权利义务之安排。诚如学者所言,"按契约权利义务之规范,应就权利义务之性质着眼,始能有效落实规范目的"。[②] 具体到保险合同法中,保险合同的分类"应着眼于'损害填补性质'之不同而加以分类,如此方能扣紧保险契约主要目的——损害填补"。[③] 唯有如此,才能探讨何种保险合同下损失在本质上无法足额填补,而何种保险合同下损失在本质上可以获得足额填补;进而划定损失补偿之界限,亦即损失补偿原则在哪些险种中得以适用,而哪些险种不必受其规制、不存在不当得利的问题。而解决上述问

---

① 参见江朝国:《"保险法"逐条释义》(第1卷总则),台北,元照出版有限公司2012年版,第453页。

② 邱锦添等编著:《最新两岸保险法之比较——兼述2009年大陆保险法合同规定之评析》,台北,文史哲出版社2010年版,第250页。

③ 江朝国:《"保险法"逐条释义》(第1卷总则),台北,元照出版有限公司2012年版,第452页。

题后，方能决定重复保险、保险代位以及超额保险等规定的适用。

将保险合同划分为损失补偿保险与定额给付保险，已为我国多数保险法学者所倡导，[①]虽称谓不同，[②]但其本旨却没有差异。在国外，欧洲保险合同法整合团队制定的《欧洲保险合同法原则》中，其亦将保险合同分为损失补偿保险与定额给付保险，并将二者分别定义。在该原则中，损失补偿保险是指保险人填补因保险事故发生所造成的损失的保险合同。定额给付保险是指保险人于事故发生时，依约定给付一定金额的保险合同。[③] 以下详述之。

（一）损失补偿保险

损失补偿保险，又称评价保险性保险，[④]是指在危险事故发生时，由保险人评定实际损失数额而支付保险金的保险。损失补偿保险旨在填补被保险人的具体损失。而所谓的具体损失，指可以金钱加以估计、评价的损失。该种损失的估量，并不限于缔结合同之初，

---

① 参见温世扬：《"中间性保险"及其私法规制》，载《北方法学》2013 年第 3 期；樊启荣：《中国保险立法之反思与前瞻——为纪念中国保险法制百年而作》，载《法商研究》2011 年第 6 期；刘建勋：《保险法经典案例审判思路及审判要点解析》，法律出版社 2012 年版，第 102 页；汪信君、廖世昌：《保险法理论与实务》，台北，元照出版有限公司 2006 年版，第 11 页；叶启洲：《保险法实例研习》，台北，元照出版有限公司 2011 年版，第 16 页；林勋发等：《商事法精论》，台北，今日书局有限公司 2005 年版，第 539 页；江朝国：《"保险法"逐条释义》（第 1 卷总则），台北，元照出版有限公司 2012 年版，第 457 页。

② 如江朝国教授等将其分别称为"损害保险"与"定额保险"，林勋发教授则以"损失填补保险"与"定额给付保险"称之。我国大陆学者一般将其称为"损失补偿保险"与"定额给付保险"。

③ Article 1：201 Insurance Contract (3) "Indemnity insurance" means insurance under which the insurer is obliged to indemnify against loss suffered on the occurrence of an insured event; (4) "Insurance of fixed sums" means insurance under which the insurer is bound to pay a fixed sum of money on the occurrence of an insured event.

④ 参见袁宗蔚：《保险学——危险与保险》，首都经济贸易大学出版社 2000 年版，第 215 页。

待事故发生后才能评估损失者亦可，如责任保险、消极费用保险，此类保险在缔结合同之初，并无法得知究竟有多少损失可能产生，但至少于保险给付义务发生时，可具体知悉应填补多少损失。① 传统分类下的财产保险，均属损失补偿保险。此外，人身保险中也有部分内容属之，即健康保险与意外伤害保险中的“实支实付型”医疗费用保险，因该种保险的给付旨在填补被保险人具体的医疗费用损失，性质上也属于损失补偿保险。

损失补偿保险所填补之损失既然可以衡量，且基于保险以填补损失为目的，故不应允许被保险人借此获得不当利益，若保险人的给付超过该保险事故所导致之实际损失或超过保险利益的价值，则属不当得利，应当予以禁止。保险法所规定的超额保险、重复保险、保险代位等规则于此时亦有适用余地。

（二）定额给付保险

定额给付保险，是指事先由保险合同当事人双方协议一定数目的保险金额，至危险事故发生时，由保险人依照保险金额负给付责任的保险。定额给付保险旨在填补被保险人的抽象损失。所谓抽象，即在保险法的评价上，被保险人所受到的损失，并不以具有财产价值的实质损失为限，也包括不具财产价值的感情、道德及伦理上的利益，例如人的死亡及残废均属之。常见的定额给付保险有人寿保险、年金保险、分红保险，健康保险与意外伤害保险中的定额型医疗费用给付，一般亦认为是填补被保险人的抽象损失。

定额给付保险所承保的保险利益，既然无法以金钱数额予以衡量，那么当被保险人就同一损失从其他保险合同处获得给付时，或

① 江朝国：《“保险法”逐条释义》（第1卷总则），台北，元照出版有限公司2012年版，第455页。

从民事程序获得赔偿时，也不会被认定发生不当得利，因为即使再多的保险金或赔偿金也无法与“无价”的损失等同视之。所以，在定额给付保险中，并不会发生不当得利的问题，损失补偿原则中关于超额保险、重复保险、保险代位的相关规则亦无适用之余地。

另外，值得一提的是在损失补偿保险中，有“定值保险”之特例，与“定额给付保险”有某种程度上的相似，因此有必要将二者做一区分。在定值保险中，保险合同双方当事人于合同订立之初即约定保险的价值，保险事故发生后，保险人以该价值为标准履行保险金的给付义务。一般在价值不易估计或难以估计的财产中采用定值保险，如艺术品和海上保险。此时虽然可能在保险事故发生时，双方当事人约定的价值高于保险标的的实际价值，但应认为双方当事人有允许不当得利的默示，且有利于保险合同的快速理赔。但当双方当事人的约定价值明显高于保险标的的实际价值时，应认为双方当事人约定的价值无效，回归到不定值保险，否则不但有违定值保险快速理赔之目的，更是违反保险法上禁止不当得利之规定。定额给付保险与定值保险虽均事前约定一定的数额，并于事故发生后直接给付，但定额给付保险所填补的损失是无法用金钱数额予以衡量的，而定值保险所填补的损失是可以金钱予以衡量的，这样做的目的仅为提高理赔的效率。当定值保险中约定的价值明显高于实际价值时，保险标的物之价值以及被保险人之损失会予以重新评估，进而决定保险金的数额。由此可见，虽然定值保险一般按约定的价值履行给付，但与定额给付保险有着本质的不同，其并未脱离填补被保险人实际损失之目的以及根据损失计算保险金的给付方式，故仍属于损失补偿保险。

二、分类标准：保险合同有无补偿性之判断

据此，保险合同法上的分类，关键在于确定何种保险合同具有

补偿性,何种保险合同不具有补偿性。如若该种保险合同属于补偿性的合同,保险法上的损失补偿原则及其派生之超额保险、重复保险、保险代位等规则均有适用之余地;反之,如保险合同根本不是损失补偿性质之保险合同,则无补偿之上限,也就不存在不当得利之问题,损失补偿原则及其派生规则亦无适用之余地。同时,这一问题的确定,更是事关保险是否会被作为赌博牟利工具,因此有进一步研究的必要。

区辨保险合同是否有补偿性,是否符合保险合同法的分类目的,有助于贯彻保险法上的损失补偿原则,从而防止被保险人获得不当利益,亦可避免保险沦为赌博之工具。然而,如何区分保险合同是否具有补偿性,这一问题看似简单,但将其与保险实践中纷繁复杂的保险产品相结合,这一问题似乎又变得捉摸不定。

以下评介几种不同的分类标准并结合我国的保险实践对这一问题展开讨论,为保险合同的分类找到一明确的标准。

(一)不同的分类标准与评介

1. 以保费的计算形式将保险区分为补偿性保险与投资性保险。区分保单是否属于补偿性合同的关键是要看保费的计算形式。[1] 如果纯粹是按风险程度来收取保费,那就是纯正的补偿合同;如果被保险人所缴纳的保费里除了用来支付风险成本以外,还有一部分是供保险公司用于投资,获利以后会通过保单红利的形式返还给被保险人,这就说明这张保单已经具有投资性质,不再是单纯的补偿性

---

① Cunningham v. Metropolitan Life Ins. Co., 121 Wis. [1985] 2d437, 360 N. W. 2d 33. 参见黄勇、李之彦:《英美保险法经典案例评析》,中信出版社 2007 年版,第 46 页。

质合同。任何实行均衡保费[①]的险种(分红保险的保费也是均衡保费的一种),需要精算师在计算保费时考虑投资收益的话,就是投资型保险。

以保费的计算形式将保险区分为补偿性保险与投资性保险,这从保险精算的角度来看是精确的,许多寿险的目的在于投资,保险人在一定保险期间内使用了被保险人的钱,被保险人合理地期待得到收益。但是这种方式也有其固有的缺陷。(1)虽然是否具有投资性可以把寿险与传统的补偿险区别开来,但却不能将人身医疗险区分开。因为在保险经营中,多数医疗保险是和人寿保险搭配销售的,虽然从保险公司的角度来看,附加的保险是另外收费的,但这对于投保人来讲所有的保费是没有任何差别的。(2)现今保险已成为投资的一种形式,二者的结合已成为保险营销的宣传口号,如以保费的计算作为区分合同是否具有投资性,容易误导保险消费者,徒增争议。(3)曾有早期判决根据保险的"投资性"作出过明显错误的

---

① 均衡保费:在长期寿险里,如果严格按照风险大小与保费高低完全匹配的原则的话,我们就会看到年轻人的保费会特别低,而老年人的保费会非常高,各中的道理显而易见。而这样分布的保费曲线恰好和大部分人的收入曲线相反,因为人多半总是年轻有工作的时候收入较高,而年老则只能靠养老金生活,收入有限。由此造成的后果就是人们在年轻的时候有钱却没必要买太高额的寿险,而到年老真正需要寿险保障的时候却买不起保险。为了解决这个矛盾,保险公司就人为地把前期的寿险保费提高,由此形成一部分额外的保费。在提取了足额的风险准备金来防备可能出现的赔付以后,保险公司拿着这部分额外的保费进行投资,通过投资收益来继续积累盈余,这部分多收的保费就可以滚动增加,在保单后期可以起到抵减保费的作用,使得本应该非常昂贵的后期保费大大降低,保费水平在保单整个有效期内就得以呈现出一条水平的线性图。在经过了初始阶段以后,被保险人缴纳的保费已经开始积累了收益,在任何时候有一部分高出实际风险水平所要求的金额,这就是保险术语所称的现金价值,即使被保险人退保,这部分积累也是要退还给他的。由此可见,长期寿险的确是一种投资工具,其均衡费率的制定完全依赖于精算师对人均预期寿命、保险公司长期投资回报、整个社会经济运行的状况等因素的预测和精算,即使特定的被保险人由于侵权事故而提早死亡也不影响公司的经营。

判决。在“布莱德伯恩”案①中,法院认为“人们投保支付保费的条件是在被保事故发生时获偿的权利与所付保费是对等物。被保险人已买下了一种东西,一种附条件的利益,不应该将其剥夺”。因此,这种分类标准虽然精确,但过于专业,不利于适用。

2. 按照保险合同的意图将保险区分为补偿保险与非补偿保险。“如果保险(合理、实际地)意在补偿被保险人,那它就是补偿保险,如意不在此,则是非补偿性保险。这是对意图的强调,而不是毫无意义的重复。”②在非补偿保险中,保险金额不是由实际损失决定的,而是由购买保险的金额决定的。例如,对于伤害判予的损失赔偿的金额要参照价目表,这不是要保证补偿受害人而是要保证判决的一致性,因为很难给生命或一条腿定价。就像美国学者所讲的,“区别不在于是补偿还是投资,而在于当被保险事件发生时,保单是补偿保单还是支付其确定的数额”③;或者像英国的马格利副院长所说,非补偿合同“在意外事件发生时作支付”④。传统的分类还会继续其作用:生命险和事故险一般不视为补偿险。医疗费用保险和失能保险却被认为是补偿险。新种类和新保单将在每个个案里视其内容而定。

按照保险合同的意图将保险区分为补偿保险与非补偿保险,这看似清晰的划分标准却在保险实践中难以把握。而根据不同的保

---

① Bradburn v. GWR [1874] LR 10 Exch 1. 案情大致为被保险人在一起铁路事故中受伤,法院判处铁路公司赔偿损失。铁路公司称损失赔偿额应扣除保险覆盖的部分,法院对此表示拒绝。

② [英]M. A. 克拉克:《保险合同法》,何美欢等译,北京大学出版社2002年版,第826页。

③ Jhon G. Fleming, *The Collateral Source Rule and Loss Allocation in Tort Law*, 54 California Law Review1478 (1966).

④ [英]M. A. 克拉克:《保险合同法》,何美欢等译,北京大学出版社2002年版,第826页。

险合同判断保险合同的真实目的，虽然看似是可行的，但是如何判定合同的真实目的，其标准又是什么，在保险产品日益丰富的今天，要找到这一答案似乎又会出现“公说公有理，婆说婆有理”的难解境况。典型者如医疗险及其附加险，其兼具投资与补偿性质，整个合同的性质如何，似乎很难断定。

3. 根据保险利益之性质将保险区分为定额给付保险与损失补偿保险。持该观点的论者认为，根据保险利益之存在基础是否为经济上之利益或基于爱情、关怀所生之利益，可将保险合同区分为损失填补保险与定额给付保险。[①] 保险合同若系基于经济上利益所生之保险利益而投保，保险事故发生，当事人所遭受者即为得以金钱估计之损失，此时保险人依保险合同所为之理赔乃在填补当事人所遭受之实际损失，是为损失补偿保险；反之，若系基于身份上利益所生之保险利益而投保，保险事故发生，当事人所遭受者则为无法以金钱估算之损失，此时保险人依保险合同所为之理赔乃纯系依约定之金额为给付，无关实际损失之填补，视为定额保险之性质。

该种分类方式将保险合同分为损失补偿保险与定额给付保险，这种两分法较之前之分类有一定的进步；但其分类的标准为保险利益之存在基础，区分经济上的利益与身份上的利益，似乎并未跳出“财产与人身”的分类模式的阴影。因此该种分类仍未解决基于人身利益的补偿性保险的归属问题。

4. 根据损失是否可以金钱予以衡量将保险区分为损害保险与定额保险。保险合同法上的分类，关键在于确定损失能否以一定的

---

① 参见邱锦添等编著：《最新两岸保险法之比较——兼述2009年大陆保险法合同规定之评析》，台北，文史哲出版社2010年版，第250页。

金钱数额予以度量。[①] 详言之,如果保险法上的损失可以一定的金钱数额来衡量,则保险损失补偿的范围可有一定的明确的上限,超过该上限则有违保险填补损失之目的,则应以禁止不当得利为由进行规制;如果损失无法以一定的金钱数额来衡量,则损失究竟在多大程度上可以获得圆满填补,就没有客观的标准,法律也不应该、也无法强制介入合同当中规制该种损失填补的界限。保险合同为双方当事人意思自治的产物,虽然当事人双方约定一定的保险金额,但如果由保险事故造成的该种损失是抽象性的损失,则并非保险合同一己之力所能填补;此时若被保险人就同一损失从另外的民事程序获得赔偿,或从其他保险合同处获得保险给付,则均不构成不当得利,保险法亦无干涉之必要。据此,保险可分为损害保险与定额保险。保险所承保的保险利益,或称承保的损害,得以一定金钱价值估量的,称为损害保险,且所生的损害或需要可以具体经济上不利益计算,又称为填补具体损害需要保险。定额保险是指承保的损害无法以一定金钱价值估量,而由保险人与被保险人约定一定金额,且所生的损害或需要无法以具体的经济上不利益计算,属于填补被保险人抽象的损失,又称为填补抽象需要的保险。

根据损失是否得以具体的金钱数额予以衡量的分类标准,突破了人身与财产保险利益的窠臼,并直接判断该种利益是否可以金钱予以衡量,进而判断该种保险的属性。然而何种利益是可以衡量的,似乎又是一个值得考究的问题。人身价值是不可衡量的,那么健康呢?医疗费用保险究竟属于损害保险还是定额保险?根据此分类标准,似乎并不容易得出答案。

---

① 参见江朝国:《"保险法"逐条释义》(第1卷总则),台北,元照出版有限公司2012年版,第452页。

（二）以保险金的给付方式作为合同的分类标准

上述分类标准，较之传统以保险标的为标准的形式上分类模式，更加注重保险合同的实质，为了回答何种保险合同具有补偿性这一问题，学者们做了有益的探索。但是上述分类标准中，以保费的计算形式为标准显得过于专业而导致操作成本过高，以保险合同的意图为标准比较模糊且难以把握，以保险利益的性质为标准则并未完全摆脱传统分类模式的影响，而损失是否可以金钱予以衡量的标准本身就是一个不容易得出答案的问题。虽然如此，但从上述分类模式得出的结论中来看，将保险合同区分为损失补偿保险与定额给付保险基本已经得到学者的普遍认可，只是区分二者的标准并不一致。

保险合同区分的标准不但要明确，而且要容易掌握，更应考虑保险实践。在保险实践中，保险产品正朝着多样化的方向发展，如何对这些保险产品予以类型化，从而适用不同的规则予以规制，为当今保险合同分类之主要目的。观诸当今之保险产品，复合型保障居于多数，不同的保障方式采用不同的费率与保险金给付方式；而保险金之给付基础则依保险标的与保险性质而定。如保险事故发生后能够测定被保险人的实际损失，则事后按照被保险人的损失多少而予以填补；如果被保险人的损失于保险事故发生后无法测定，则采用事前约定保险金额的方式，于事故发生后直接按照该金额履行给付，亦即“保险合同不是损失补偿的合同，就是以给付一定金额为目的的合同。”由此可见，从保险金的给付方式可以直观的看出该保险合同的性质：如事后根据损失多少计算保险金的，则为损失补偿保险；如事前约定而事后直接履行给付的，则为定额给付保险。

保险金的给付方式这一标准并非完全脱离了前述几种分类标准，而是将这些标准予以汇总，最终落实到保险金的给付这一直接的行为上来的。详言之,从保费的计算方式上来看,如果保费的计算是完全按照风险程度来决定的,则该险种的保险金给付方式为事后根据损失的大小而给付保险金,即损失补偿型;如果是实行均衡保费的险种,则其保险金的给付方式则为定额给付型。从保险合同的性质上来看,补偿性的保险合同无疑采用损失补偿的方式给付保险金,而非补偿性的保险合同则采用定额给付的方式。从保险利益或损失是否能够以金钱衡量的角度观之,能够以金钱衡量的保险利益或损失采用的保险金给付方式为损失补偿型,而不能用金钱衡量的保险利益或损失则采用定额给付的保险金给付方式。

因此,按照保险金的给付方式对保险合同予以分类,清晰明了,容易把握,且不易产生争议。[①] 对于事后按照损失大小计算保险金的损失补偿保险,受损失补偿原则的约束,被保险人获得的保险金不能超过实际遭受的损失;而直接按照合同约定的数额直接给付的定额给付保险,则不受损失补偿原则的约束,亦不会产生不当得利之问题。任何保险合同中都要约定保险金的给付方式,我国《保险法》第 18 条关于"保险合同的必备事项"中就包括了"保险金赔偿或者给付办法"这一项,而观诸保险金的给付方式,无外乎损失补偿型与定额给付型两种,因此,这种非此即彼的分类模式实为可采。

---

① 对于按照保险金给付方式对保险合同予以分类的标准,可能有人会提出这样的疑问:保险金的给付方式由保险公司确定并在保险合同中载明,如按照该标准划分,岂不是将保险合同分类这一权利完全交给了保险公司?本书认为,保险法上对保险合同予以分类,正是要对现实中存在的不同种类的保单予以类型化,并使用不同的规则予以规制。并且,保险金的给付方式的确定并不是保险公司随意确定的,这需要保险精算与保险技术的支撑,如在人寿保险中,是几乎不可能采用损失补偿的方式来给付保险金的。对于争议较多的医疗费用保险,根据不同的险种可以约定不同的保险金给付方式,基于此,可以判定其保险合同的属性,从而不必去探讨诸如"健康是否有价"等涉及伦理道德层面的问题。

第三节 医疗费用保险是否适用损失补偿原则之审思

医疗费用保险是人身保险中的一类特殊险种。医疗费用保险是否适用损失补偿原则,亦即被保险人就医疗费用能否重复获偿、保险人对于医疗费用保险是否享有代位权的问题,是我国保险法理论与实务界长期存在,但至今仍未解决的重大问题。

一、医疗费用保险概念之厘清

医疗费用保险,从其字面上即可知其大意,即被保险人因患病或意外伤害而支出的医疗费用,由保险人予以填补的保险险种。医疗费用保险属于健康保险和意外伤害保险之一种,在保险法的理论上通常通过"中间性保险"来界定医疗费用保险。区分健康保险与意外伤害保险中何者为医疗费用保险,判断标准为该险种之目的是否在于补偿被保险人之实际财物损失。在我国保险实务界,主要通过保险金的支付方式的不同来区分健康保险与意外伤害保险中何者为医疗费用保险,以定额给付方式为保险金给付标准的,则为传统之人身保险,如以实支实付为保险金给付标准的,则为费用补偿型之保险。两种分类方法孰优孰劣,尤值考究。

(一)保障范围分类标准下之医疗费用保险

在人身保险中,根据保障范围之不同,可分为人寿保险、健康保险和意外伤害保险,其中人寿保险以人之生命为保险对象,保险事故为人之死亡,故不可能包含医疗费用保险;而在健康保险与意外伤害保险中,均存在被保险人因患病或意外事故而治疗之情形,故在健康保险与意外伤害保险中均存在医疗费用保险,以下分述之。

1. 健康保险中的医疗费用保险。所谓健康保险，系以人之健康为承保客体之保险，通常以反面之“疾病”为保险事故。① 根据中国银行保险监督管理委员会发布的《健康保险管理办法》第 2 条之规定，②我国的健康保险并不以“疾病”为唯一之承保事故，尚包括医疗、失能收入、护理和医疗意外等因健康原因导致的被保险人的损失。《健康保险管理办法》第 5 条③将医疗保险区分为费用补偿型医疗保险与定额给付型医疗保险，并将费用补偿型医疗保险定义为：根据被保险人实际发生之医疗费用的支出，按照保险合同约定的标准确定保险金数额的医疗保险。此处的“费用补偿型医疗保险”应与通常所称“医疗费用保险”具有相同之意义。据此，可厘清医疗费用保险在健康保险中之地位，如表 3 所示。

---

① 参见叶启洲：《保险法实例研习》，台北，元照出版有限公司 2011 年版，第 395 页。

② 《健康保险管理办法》第 2 条规定：本办法所称健康保险，是指保险公司通过疾病保险、医疗保险、失能收入损失保险和护理保险等方式对因健康原因导致的损失给付保险金的保险。本办法所称疾病保险，是指以保险合同约定的疾病的发生为给付保险金条件的保险。本办法所称医疗保险，是指以保险合同约定的医疗行为的发生为给付保险金条件，为被保险人接受诊疗期间的医疗费用支出提供保障的保险。本办法所称失能收入损失保险，是指以保险合同约定的疾病或者意外伤害导致工作能力丧失为给付保险金条件，为被保险人在一定时期内收入减少或者中断提供保障的保险。本办法所称护理保险，是指按照保险合同约定为被保险人日常生活能力障碍引发护理需要提供保障的保险。本办法所称医疗意外保险，是指按照合同约定发生不能归责于医疗机构、医护人员的医疗损害，为被保险人提供保障的保险。

③ 《健康保险管理办法》第 5 条规定：医疗保险按照保险金的给付性质分为费用补偿型医疗保险和定额给付型医疗保险。费用补偿型医疗保险，是指根据被保险人实际发生的医疗、康复费用支出，按照约定的标准确定保险金数额的医疗保险。定额给付型医疗保险，是指按照约定的数额给付保险金的医疗保险。费用补偿型医疗保险的给付金额不得超过被保险人实际发生的医疗、康复费用金额。

表3　健康保险的类型

<table>
<tr><td rowspan="7">健康保险</td><td>保障范围</td><td>主要产品</td></tr>
<tr><td>疾病保险</td><td>重大疾病保险</td></tr>
<tr><td rowspan="2">医疗保险</td><td>费用补偿型(如住院费用保险、门急诊医疗保险、意外医疗费用保险等)</td></tr>
<tr><td>定额给付型(如住院津贴保险)</td></tr>
<tr><td>失能收入损失保险</td><td>失能收入损失保险</td></tr>
<tr><td>护理保险</td><td>长期护理保险</td></tr>
<tr><td>医疗意外保险</td><td>意外医疗险、手术意外险</td></tr>
</table>

2. 意外伤害保险中的医疗费用保险。医疗费用保险并非只存在于健康保险之中,在意外伤害保险中,亦存在医疗费用保险。意外伤害保险是承保被保险人于保险期间内因意外事故所致之人身损害的保险。

意外伤害保险之保险标的是被保险人的身体,而身体的价值很难用金钱予以衡量,故一般采用定额保险的方式。当保险合同约定的意外伤害事故导致被保险人伤残或死亡时,因生命的丧失或身体的残疾属于抽象意义上的损失,无法用金钱予以衡量,故保险人只能按照合同事先约定的保险金额给付被保险人或其受益人死亡保险金或伤残保险金。但是,在意外伤害保险合同中,亦可以采取非定额给付之方式。当被保险人因意外伤害导致身体受到伤害而需要治疗时,此时的治疗费用是可以用金钱来计量的,而被保险人的损失除身体的伤痛外,只是其因支付医疗费用而导致其财产的减少,对于这种消极利益之保险类型,可根据被保险人实际支出的医疗费用的多少来计算保险金。因此,在意外伤害保险中,既有以给付死亡保险金或伤残保险金为目的之保险类型,亦有以填补被保险人支出之医疗费用为目的之保险类型。具体类型如表4所示。

表4　意外伤害保险的类型

	保障范围	保险事故	保险人之给付
意外伤害保险	死亡、残疾保险	因意外造成死亡或残疾	死亡保险金或残疾保险金
	医疗保险	因意外需要治疗	医疗费用保险金或住院津贴

(二)保险金给付方式分类标准下的医疗费用保险

上述按照保障范围的划分标准,虽然可以大致明确医疗费用保险在人身保险中之地位,但对于确定医疗费用保险之性质却是没有多大意义的。因而在我国我国健康保险与意外伤害保险中,按照保险金支付方式的不同,可分为定额给付型与实支实付型两种不同的种类。

1.定额给付型的健康保险与意外伤害保险

在此类保险业务中,保险人依据保险事故所造成的被保险人的死亡、伤残或疾病的具体损害结果,按照订立合同时约定的金额给付保险金。具体来讲又可以分为以下三类:

(1)保险金额给付型。在因患病等保险事故所造成的人身伤害保单中,一般规定只要患保单中所规定的疾病,即可按照保险单中约定的保险金额的数额获得保险给付。如某保险公司制定的“附加重大疾病终身保险条款”约定:被保险人在保单生效起一年后初次患保险合同所限定的十二种重大疾病之一,保险人按照保险金额给付“重大疾病保险金”。

(2)保险金额之比例给付型。在因保险事故造成被保险人死亡的保单中,一般规定按照保险金额的倍数给付保险金。例如,某保险公司制定的“永福终身保险条款”约定:被保险人于保单生效五年后因疾病身故,或者于保单生效后因意外伤害事故身故,保险人按照保险金额的三倍给付“身故保险金”。

(3)日额给付型。另外一些保险公司的保单条款中约定被保险人因患病住院或因疾病手术,即可按照住院日期定额给付一定的“住院津贴”,而不论被保险人的实际支出费用的多少。如某保险公司的“附加关爱一生长期健康保险条款”约定:一、住院保险金:被保险人因疾病或意外伤害在本附加合同约定的医院住院治疗,本公司按照实际住院日数乘以每日住院津贴金额给付住院保险金。二、重症监护保险金:被保险人在住院期间,经医生诊断确认被保险人因病情严重住入重症监护病房治疗,本公司按照实际住在重症监护病房日数乘以每日住院津贴金额的二倍给付重症监护保险金。三、重大手术保险金:被保险人在住院期间,实际接受了本附加合同所列明的重大手术之一,本公司按照五十日乘以每日住院津贴金额给付重大手术保险金,但每种重大手术保险金只给付一次。每日住院津贴金额等于主合同的基本保险金额除以1500。

上述列举的保险业务既有健康保险也有意外伤害保险,但均属于定额给付型保险,保险人承担保险责任的条件,是保险事故造成被保险人死亡、伤残或疾病的结果,只对于被保险人是否因此而支出费用或减少收入则在所不问。

2. 实支实付型的健康保险与意外伤害保险

在此类保险业务中,保险人按照约定的范围标准,对于被保险人因发生保险事故而支出的费用或减少的收入给予补偿。

例如,某保险公司制定的“个人住院费用保险条款”约定:被保险人因非器官移植而住院,住院期间实际支出的必要的合理的医疗费用,由保险人支付80%。再如,某保险公司制定的“住院费用补偿医疗保险条款”约定:在本合同保险期间内,被保险人遭受意外伤害或在本合同生效九十日(按本合同约定续保的,不受九十日的限制)

后因疾病在二级以上(含二级)医院或本公司认可的其他医疗机构住院诊疗的,按本合同约定给付比例给付住院医疗保险金。

上述保险业务是典型的实支实付型的保险,保险人承担保险责任所针对的,并非被保险人死亡、伤残或疾病的结果,而是被保险人支出必要的医疗费用并由此而造成的财产损失。在意外伤害事件造成被保险人当场死亡,或者被保险人虽然患病但并未接受治疗的情形下,鉴于被保险人并未因实际支出费用而造成去财产的减少,故保险人对于被保险人死亡、伤残或疾病的损害结果,并不在上述支付方式的保险下承担责任。

在保险金的给付方式分类标准下的健康保险和意外伤害保险的不同类型,见表5。

表5　定额给付型与实支实付型保险的保险金给付方式

给付方式	具体标准	典型保险金形式
定额给付型	保险金额给付型	重大疾病保险金
	保险金额之比例给付型	身故保险金
	日额给付型	住院津贴
实支实付型	按照被保险人实际支出之费用进行比例支付(如80%)	病房费用保险金
		医疗费用保险金
		手术费用保险金

(三)理论上对于医疗费用保险的界定

人身保险合同所保护之内容为被保险人生命身体之完整不受侵害性,如人寿保险、健康保险或是意外伤害保险等。在人身保险中,基于生命身体之无价性,保险合同当事人可以自由约定保险金额,当保险事故发生时,保险人直接以该保险金额为保险金之给付数额。因此人身保险又称为“定额保险”或“填补抽象需要保险”,因此无超额保险或重复保险发生之可能。

其中属于补偿性保险性质的，如健康保险或意外伤害保险中的医疗费用保险，“其目的仅在补偿被保险人因医疗疾病所产生之费用，被保险人不得因疾病或受治疗而获补偿得利”，因此学说上称为“中间性保险”。[①] 所谓中间性保险，亦称为“第三领域保险”“中间型态的保险”，“系指保险事故发生之对象虽为人之生命或身体，但其保险期间、保险费率计算基础、责任准备金之提存或损失填补原则之适用，均与损害保险相同”[②]。亦即医疗费用保险虽因人之身体或健康受到侵害而发生，但实际上该保险之目的在于填补被保险人因此而支出医疗费用而导致其财产的减少，是居于人身保险与财产保险“中间”的保险险种。中间性保险，通常包括对被保险人花费的医疗、护理、丧葬等费用予以补偿的健康保险、意外伤害保险或其中的附加险。[③]

在健康保险和意外伤害保险中区分其是否为人身性质之保险或补偿费用性质之保险的关键，在于确定该保险合同的目的是否在于费用的补偿。而如何判断是否是费用的补偿，理论界又回归到了保险业务中以保险金支付方式为分类标准的合同分类方式。如有学者指出，实务上常见之健康保险，可分为定额型及实支实付型，前者如防癌健康保险，条款约定如“被保险人经诊断确定第一次罹患癌症时，本公司给付‘第一次罹患癌症保险金’。但‘第一次罹患癌症保险金’之给付以一次为限”；后者如住院医疗健康保险中“实支实付型”住院医疗保险金给付，条款约定，“本公司按该被保险人住

① 参见江朝国：《保险法基础理论》，中国政法大学出版社2002年版，第82页。

② 江朝国编纂：《保险法规汇编》，台北，元照出版有限公司2002年版，第20页。

③ 参见常成、许涛：《论中间性保险的法律规制——兼谈对保险法相关条款的修改》，载贾林青主编：《海商法保险法评论》（第2卷），知识产权出版社2008年版，第62页；黄丽娟：《被保险人优先受偿原则在中间性保险领域的修正——来自于美国的经验启示》，载《西安交通大学学报（社会科学版）》2012年第6期。

院期间所发生的各项费用核付‘实支实付型住院保险金’：一、每日病房费用保险金……二、住院医疗费用保险金……三、手术费用保险金……”此二者依其填补之保险利益属性不同，分属定额保险性质之给付与损害保险性质之给付，若不如此明确区分，将不易处理是否适用复保险或保险代位之问题。①

由此可见，理论上所谓的中间形态之保险，虽然有助于认清医疗费用保险之性质，但对于我国保险合同的分类以及具体法律规范适用却是没有实益的。详言之，我国保险法将保险合同分为人身保险与财产保险，这种“非人即物”的分类标准的界限是清晰的，只是在人身保险中亦有财产属性的，从而造成了适用上的困境；而国外保险合同分类中的中间性保险，是介于“人寿保险”与“损害保险”的中间形态，在保险合同的具体的适用规则上，还是应根据中间性保险的不同属性和保险金的给付方式而作具体区分，所以这种“权宜之计”②，并不能从根本上廓清因保险合同分类所带来的理论和实务上的争议。未来改革之道，应根据保险合同中约定的保险金给付方式的不同而判断其真实属性，从而适用不同的法律规范。

二、法律规范的缺失导致“同案不同判”

对于医疗费用保险的界定及其适用规范，散见于我国《保险法》、《健康保险管理办法》、原中国保险监督管理委员会对于医疗费用保险相关问题的复函以及各地法院对于审理保险合同纠纷案件的相关规定中。这些政策法规之间的规定并不具有一致性，导致了在保险法的司法裁判中出现了截然相反的判决。

---

① 参见江朝国：《“保险法”逐条释义》（第1卷总则），台北，元照出版有限公司2012年版，第458页。

② 樊启荣：《中国保险立法之反思与前瞻——为纪念中国保险法制百年而作》，载《法商研究》2011年第6期。

（一）现行法律规范之缺失

我国《保险法》对医疗费用保险并未作出明确界定，对损失补偿原则之适用范围也未有明文规定，这一立法上的疏漏导致了医疗费用保险是否适用损失补偿原则产生了巨大的争议。

1. 我国《保险法》笼统地禁止损失补偿原则在人身保险中的适用。承前所述，我国《保险法》将保险合同区分为人身保险和财产保险，因医疗费用保险之保险标的为人身，故当然的归入人身保险之一类。传统见解一向认为，仅财产保险具有损失补偿之性质，人身保险则具有储蓄性，再者因人身无价，故不具有损失补偿之性质。也正是基于人身之无价性与专属性，保险法上有关超额保险、重复保险与保险代位等损失补偿原则所衍生出的相关制度，只适用于财产保险，对人身保险并不适用。因此，我国《保险法》将重复保险、保险代位等相关规定置于“第二章　第三节　财产保险合同”中，即表明该类规则在人身保险合同中无适用之余地。

另外，我国《保险法》第 46 条[①]亦对此作了进一步规定，从根本上否定了保险代位规范在人身保险合同中适用的可能。根据该条规定，被保险人由于第三者的原因而造成的死亡、伤残或疾病的，被保险人或受益人在向保险人领取保险金的同时，也可以向致害第三人请求损害赔偿，而保险人不享有代位求偿权。换言之，在人身保险中，被保险人可以从保险人和致害第三人处获得“双重给付”，而这种重复受偿的行为是我国《保险法》所认可的。但关于重复保险在人身保险合同中是否适用，我国《保险法》并未予以明文。按照保险法理中关于损失补偿原则只适用于财产保险之传统见解，一般认为重复保险在人

① 我国《保险法》第 46 条规定，被保险人因第三者的行为而发生死亡、伤残或者疾病等保险事故的，保险人向被保险人或者受益人给付保险金后，不享有向第三者追偿的权利，但被保险人或者受益人仍有权向第三者请求赔偿。

身保险中并不适用,故在保险实务中,对于一人投保多份人身保险之情形,有存在从保险公司重复获得保险理赔之可能。

上述我国《保险法》笼统地禁止损失补偿原则中关于重复保险、保险代位等规则在人身保险中适用的立法,并未顾及人身保险之"二元性",即在人身保险中亦存在补偿性质之医疗费用保险;而禁止损失补偿原则在人身保险中适用,则有造成被保险人获得双重或多重获偿之可能,从而造成不当得利,有违保险制度之初衷,亦极易产生道德风险。

2. 我国保险监管部门逐步明确医疗费用保险适用补偿原则。我国保险监管部门曾多次出台关于医疗费用保险是否适用损失补偿原则的意见或规定,但这些规定对待该问题的态度并不完全一致,而是呈现出一种逐渐明朗化的转变。以下对这一历史沿革做一梳理。

(1)被保险人可重复受偿,除非保险合同条款中有相关免责条款之约定。中国人民银行 1998 年在"关于医疗费用重复给付问题的答复"(银保险〔1998〕63 号)中指出:"如果在意外伤害医疗保险条款中无关于'被保险人由于遭受第三者伤害,依法应由第三者负赔偿责任时,保险人不负给付医疗费责任'之约定,保险人应负给付医疗费的责任。保险人给付上述医疗费后,不享有向第三者追偿的权利。"由此可见,在该时期保险监管部门是允许被保险人就医疗费用保险获得重复给付,除非保险合同中作出了相反的约定。这样的见解虽然可使被保险人获得更多的给付,但完全放任的态度会加剧保险合同的道德风险,于保险制度不利;另外,如有任由保险合同对该问题作出约定,会导致保险合同中的免责条款泛滥,定会侵害被保险人之权益。

(2)被保险人可重复获偿,除非保险合同中有免责条款,但对免责条款要明确说明，否则保险公司不应拒赔。原中国保险监督管理委员会2001年作出的“关于商业医疗保险是否适用补偿原则的复函”（保监函〔2001〕156号）中指出：“根据《中华人民共和国保险法》第17条‘保险合同中规定有关于保险人责任免除条款的，保险人在订立保险合同时应当向投保人明确说明，未明确说明的，该条款不产生效力’对于条款中没有明确说明不赔的保险责任，保险公司应当赔偿。各保险公司应当以此案件为鉴，切实加强条款质量，完善合同条文，特别要注意做好地方性条款的清理和善后工作。”该复函将保险合同中关于保险公司仅对被保险人之剩余损失负责任之条款认定为免责条款，故保险人应在订立合同时向投保人明确说明，否则该条款不生效力。这种做法允许双方当事人就其权利义务作出自由约定，体现了合同自由原则，并且在一定程度上限制了保险人滥用免责条款来免除自己保险金给付义务的可能，相较于前述做法，无疑一种进步，但仍囿于医疗费用保险标的为人身之固有传统，并未对其性质有清晰之界定。

（3）明确医疗费用保险为补偿性质之保险。根据中国银行保险监督管理委员会2019年修订的《健康保险管理办法》第5条之规定，医疗保险可分为费用补偿型医疗保险和定额给付型医疗保险。费用补偿型医疗保险是指按照合同约定的标准填补被保险人实际支出的医疗费用的保险险种。该条第4款进一步规定，费用补偿型医疗保险的给付金额不得超过被保险人实际支出之医疗费用。上述条款虽未明确说明费用补偿型医疗保险属财产保险之一类，但“费用补偿”之用词以及“给付金额不得超过被保险人实际发生的医疗费用金额”之用语，均符合财产保险之基本特征。另根据保险损害之不同，保险可分为积极保险和消极保险，消极保险“是为防止任何因法律规定、契约义务或事实上之必要费用而产生被保险人财产之负担而设”①。而医疗费用是被保险人为其健康而支出的必要费用,医疗费用保险之目的在于避免被保险人财产之减少,故医疗费用保险属于消极财产保险之一类。

由此可见,保险监管部门虽将医疗费用保险归入健康保险之一类,但其有不同于其他健康保险的特殊适用规则。监管机关已逐渐认识到该险种的特殊性,即医疗费用保险属于补偿性质之险种,故保险人的给付不应超过被保险人实际支出的费用。换言之,被保险人不能获得医疗费用支出之外的额外利益,否则将构成不当得利,损失补偿原则由此准用。

(二)各地法院之见解及司法裁判之现状

1. 各地法院之指导意见见解不一。虽然保险监管部门已出台《健康保险管理办法》对医疗费用保险之性质予以明确,但由于《保险法》与《健康保险管理办法》存在某种程度上的不一致,故导致了各地法院在法律的适用上出现了不一致。归纳各地法院之意见,主要有以下三类:

(1)医疗费用保险不适用损失补偿原则,但允许合同约定除外。典型者如北京市高级人民法院于 2007 年 3 月 12 日通过的《审理民商事案件若干问题的解答之五(试行)》明确规定:“人身保险所属的健康保险、意外伤害保险中关于医疗费用的保险,不适用补偿原则。保险合同另有约定的除外。”

(2)医疗费用保险适用损失补偿原则。如山东省高级人民法院《关于审理保险合同纠纷案件若干问题的意见(试行)》第 18 条规定,投保人投保多份商业医疗费用报销型保险的,因同一保险事故被保险人要求各保险人支付的保险金超过实际发生的医疗费用的,

① 江朝国:《保险法基础理论》,中国政法大学出版社 2002 年版,第 109 页。

人民法院不予支持。除保险合同另有约定外,各保险人按照其保险金额与保险金额总和的比例承担支付保险金的责任。再如,贵州省高级人民法院《关于审理人身保险合同有关问题的通知》(黔高法〔2005〕41号)规定:"人身保险是对被保险人因疾病或遭受意外伤害需要治疗时提供经济上的保障,补偿被保险人所支付的医疗费用,避免与减少可能遭受的物质利益的损失,其性质是一种损失补偿性保险,被保险人不能因为疾病或意外伤害而从中获利。"

(3)根据合同之约定来判定损失补偿原则有否适用。如上海市高级人民法院《关于审理保险代位求偿权纠纷案件若干问题的解答(一)》(沪高法民五〔2010〕2号)规定:"在保险代位求偿权纠纷中,法院应根据保险合同的约定,确定系争保险是否属于补偿性医疗保险。保险合同明确约定本保险适用补偿原则、'以实际支出医疗费作为赔付依据'等内容的,保险人在向被保险人支付保险赔偿金后,有权向第三者行使保险代位求偿权。保险合同明确约定本保险为定额给付保险或不适用补偿原则等内容的,保险人在向被保险人支付保险赔偿金后,无权向第三者行使保险代位求偿权。医疗费用保险合同对是否适用补偿原则未作约定或约定不明的,视为非补偿性医疗保险,保险人无权向第三者行使保险代位求偿权。"

2. 法院之判决以允许被保险人重复获偿为多数。在关于被保险人是否可以就其支出的医疗费用从不同的途径获得赔偿的保险纠纷中,多数法院囿于《保险法》之相关规定,判定被保险人可重复获偿;但亦有少数法院基于保险之法理或该地高级人民法院出台的审理意见判定医疗费用保险适用损失补偿原则,被保险人不可获得额外利益。以下对这两种情况做一具体分析。

(1)多数法院认为医疗费用保险属于人身保险,不适用损失补偿原则,被保险人可重复获偿;即便保险合同中约定"如果被保险人按政府的规定取得补偿,或从其他社会福利机构、任何医疗保险、单位、个人给付取得补偿,保险公司仅给付剩余部分”等条款,一般亦会被认为未尽说明义务或排除了自己的义务而认定无效。

如山东省青岛市中级人民法院(2011)青民四商终字第53号判决认为,医疗保险的被保险人所花费的医疗费用是确定的数额,与以人的生命和身体为标的的其他人身保险具有一定的区别。但是,《保险法》第95条第1项规定将意外伤害保险划分在人身保险中,未将医疗保险排除在人身保险之外。而损失补偿原则是财产保险适用的基本原则,并不适用于人身保险合同。因此,根据目前的法律规定,本院认为意外伤害医疗保险应属于人身保险,不适用损失补偿原则。保险条款第4条“如果被保险人按政府的规定取得补偿,或从其他社会福利机构、任何医疗保险、单位、个人给付取得补偿,保险公司仅给付剩余部分”的约定与保险法的规定相冲突,不能作为认定上诉人保险责任范围的依据。

辽宁省沈阳市中级人民法院(2011)沈民五终字第1243号判决亦认为,根据保险标的性质,双方签订人身意外伤害综合保险单应属于人身保险合同。而按照保险标的性质,保险合同可划分为财产保险合同和人身保险合同,财产保险合同又可细分为财产损失保险、责任保险和信用保证保险等类别。其中,财产损失保险以保险损害填补为基础,以补偿被保险人发生的财产损失或者经济损失为唯一目的,严格适用损害填补原则。而根据《保险法》第46条的规定,保险法在人身保险领域系并不承认损失补偿原则,故即便被上诉人已在交强险或商业三者险中获得赔付,亦不能减轻上诉人的理赔责任。

(2)少数法院根据保险法理作出医疗费用保险适用损失补偿原则的判决,否定被保险人可就医疗费用获得双重或多重给付。如湖南省衡阳市中级人民法院(2010)衡中法民二终字第61号判决认为,人身保险所属的健康保险、意外伤害保险中关于医疗费用的保险,其目的仅在于填补被保险人为治疗疾病所产生的费用,被保险人不能因疾病或受伤治疗而获得不当利益。这类保险在保险法基础理论上被称为"中间性保险"。保险合同中约定的意外医疗保险金则具有补偿性质,只有在损害实际发生、利益遭受损失的情况下,被保险人才能向保险人要求理赔,且理赔的金额不能超过其所遭受的实际损失。由于被保险人已经从侵权人处获取了全额的医疗费赔偿,其医疗费损失已不复存在,其要求保险公司支付意外医疗保险金没有依据,而且也不符合双方在保险合同中的约定。

另有法院直接认为,"个人住院费用医疗保险的保险标的为被保险人在保险期间因疾病住院而产生的必要的、合理的医疗费用,故属于财产保险"①。

法院针对费用补偿型的健康险与意外险纠纷作出的大量裁判案例表明,法院对于医疗费用保险是否适用损失补偿原则多数持否定态度,这一观点在理论界亦获得了部分学者的认同。② 虽有法院根据保险法理作出了相反的判决,但毕竟少之又少。否定损失补偿原则在医疗费用保险中适用的结果是,费用补偿型健康险、意外险的被保险人,可以同时获得商业保险与社会保险或侵权人的重复赔偿,在客观上造成了被保险人由于发生保险事故而获利的结果,进而为道德风险的发生提供了空间。③

三、医疗费用保险是否适用损失补偿原则之判断

我国《保险法》中的规定导致法官群体与社会公众形成以下认

---

① 江苏省南京市玄武区人民法院(2011)玄商初字第96号民事判决书。

② 参见詹昊等:《保险法原理精解与典型案例评析》,中国法制出版社2007年版,第102页。

③ 参见刘建勋:《保险法典型案例与审判思路》,法律出版社2012年版,第99页。

识:健康险与意外险,无论是定额给付性质还是费用补偿性质,因事关人的身体和寿命,故一律属于人身保险业务,财产保险公司经营的短期健康保险业务和意外保险业务只不过是行政许可之下的特例;[①]健康保险与意外伤害保险合同的订立和履行,统统适用保险法有关人身保险的规定;保险法所规定的适用于财产保险合同的损失补偿原则,不能适用于费用补偿型的健康险与意外险。

在保险法理上,人身保险是否适用损失补偿原则,逐步由对立走向统一,现如今人身保险不适用损失补偿原则几乎为学界之通说;而在人身保险中具有补偿性质之医疗费用保险是否应作为人身保险之例外,从而适用损失补偿原则,在学界的观点并不统一。以下从学理上对医疗费用保险是否适用损失补偿原则的讨论展开。

(一)医疗费用保险不适用损失补偿原则及其理由

持否定意见的观点认为,意外伤害保险及健康保险中的医疗费用部分,并不适用损失补偿原则及其派生的保险代位及重复保险等相关规定。以下就保险代位与重复保险分别展开。

1.保险代位。保险人于履行保险给付之后,可否行使代位权,持否定见解者居多。意外伤害保险及健康保险一方面具有财产保险性质,另一方面亦具有生命保险及意外保险性质,详言之,就保险人保险给付之结果能填补被保险人之医疗费用支出或减免被保险人之医疗费用支出而言,实具有财产保险之性质;但就保险给付之数额常视被保险人死亡、特定种类之伤害或残废情况而为数目大小不同之数额给付而言,非以填补损失为目的,客观上未必能够弥补损失,就此而言,又具有生命保险或意外保险之性质。由于伤害保险之医疗费用保险及健康保险之医疗费用保险的性质介乎财产保

---

① 参见刘建勋:《保险法典型案例与审判思路》,法律出版社2012年版,第99页。

险与生命保险、意外保险之间，因此关于可否代位请求医疗费用问题，见解不一，虽有主张若保险合同另有约定者，保险人可以行使代位权或向被保险人请求。但多数见解认为保险人在保险合同中订定此种约款无效。主要理由有以下四个：①

（1）被保险人已经就该医疗费用之附加保险另行给付保险费，如果允许保险人行使保险代位权，则将使被保险人另外给付保费的功能大打折扣。

（2）如果保险人给付被保险人之保险金，于加害人向被保险人赔偿之后，被保险人必须返还该保险金于保险人，则被保险人必然蒙受损失，成为实际上之受害人，因为被保险人向加害第三人请求时，必须负担相当之律师费用、谈判费用的损失，若被保险人自加害之第三人处请求获得赔偿，必须返还保险金予保险人，则无异于以被保险人之费用作为满足保险人之代位求偿之用。

（3）加害之第三人在被保险人已自保险人处获得保险给付的情形下，一般只愿给付一笔较小之赔偿额，被保险人一般亦减低请求数额，若保险人得通过约定向加害人请求，将使被保险人不能完全受偿。

（4）医疗费用与身体伤害是由于同一个原因而发生，如均因为侵权行为而发生。二者属于被保险人同一起诉原因，若许可保险人行使代位权或许可保险人向被保险人请求（当被保险人获得保险给付，复从加害之第三人获得损害赔偿时），实即发生被保险人对加害人同一原因诉讼请求权之让与。此种让与若是全部为之，则违背被保险人人身专属性权利不得转移至理论；此种让与若一部为之，不但违反人身专属权不得转移之理论，而且由被保险人、保险人分别

① 参见刘宗荣：《新保险法——保险契约法的理论与实务》，中国人民大学出版社2009年版，第259～261页。

向加害第三人请求，容易造成裁判内容矛盾及诉讼浪费，有违公共政策。

2. 重复保险。认为重复保险不适用于医疗费用保险的论者主要观点在于人身无价之理论，并进而针对相反观点发出了“生命无价，难道健康就有价”的疑问。不论各类医疗保险是作为单独险种投保还是作为附加险投保，从现阶段实际情况出发，应将其认定为人身保险性质，不适用重复保险。理由在于：①

(1)医疗费用保险的保险标的是被保险人的身体与生命。医疗费用保险指向的保险事故是被保险人的身体或生命受到伤害，而非医疗费用的支出本身。医疗费用保险投保的目的是防范疾病所带来的风险，其保险标的是人的生命或健康，没有保险价值，不存在重复保险问题。换言之，虽然医疗费用是确定的金额，但人的健康无法用货币予以衡量；被保险人因疾病而造成的医疗、误工、营养、交通等物质损失可以计算，但因疾病而造成的生理和心理痛苦却无法衡量。从这一角度观之，医疗费用保险属人身保险，不适用损失补偿原则。

(2)医疗费用保险的投保具有从属性。人身保险主要包括人寿保险、健康保险、意外伤害保险等种类，医疗费用保险一般附随上述主险种而生，目的在于对主险种进行补偿和辅助。医疗费用保险的设立与被保险人人身受损是密切相关的，不同于普通的财产性损失。

(3)享受其他保障不能成为保险公司拒赔的理由。从合同关系来看，在医疗费用保险中，享受公费医疗或其他社会医疗的投保人

---

① 参见谢宪等主编：《保险判例百选》，法律出版社2012年版，第157～158页；刘蔚文：《医疗费用类保险损失补偿原则适用的实证研究》，载《河北法学》2011年第12期。

和其他投保人所缴纳的保险费是相同的。如果在发生相同的保险事故的情况下,保险人对上述两类保险的给付金额不同,会造成投保人承担的义务相同,而实际享受的合同权利却不同,从而有违权利义务相一致的原则。

(4)对于医疗费用保险引发的争议应作出有利于被保险人的解释。将医疗费用保险定性为人身保险更有利于保护被保险人的权益,而保险公司在推出某一医疗费用保险的同时,对合同的性质、标的的指向、可能的法律后果应有充分的预测。如因约定不明产生争议,利益自然应归于被保险人。

结合上述理由,将整份保险合同视作一个整体来理解,医疗费用保险的人身保险性质显得更为明确。再言之,从当前社会保护弱者的主流思想考量,商业保险领域倾向于被保险人利益的保护也无可厚非。

(二)医疗费用保险应适用损失补偿原则

以上多数之见解,虽然言之有理,且为目前保险实务所采用。但法律之生命在于经验而非逻辑,不论是意外伤害保险中医疗费用给付,抑或是健康保险中医疗费用给付,保险人为给付之目的多在于填补被保险人因医疗费用支出所发生之损失;且医疗费用支出,性质上有客观数额,与非财产上之损失之无客观之数额者不同;在民法中,侵害身体健康所产生医疗上之损害赔偿亦与非财产上之损害并列,①因此宜肯定在医疗费用保险中损失补偿原则之适用。具体来讲分为以下几点:

1. 医疗费用保险的保险标的虽为人身,但其保险属性为财产保险。健康保险和意外伤害保险中的费用型保险,因其保险标的为人

① 参见刘宗荣:《新保险法——保险契约法的理论与实务》,中国人民大学出版社2009年版,第259~261页。

之身体,故根据保险标的分类标准,该险种属于人身保险自无争议;但从其保险金的给付目的观之,却符合财产保险之特质。以住院费用医疗保险为例,就理论上而言,这类保险的目的在于补偿被保险人因病或因伤住院所支出的医疗费用,而其身体和精神遭受的损失是无法用金钱衡量的。因此,应将该类险种认定为保险标的为人身的财产保险,似乎更能反映医疗费用保险的本质。①

2. 医疗费用之支出导致被保险人财产之减少,故医疗费用保险在保险法上属于消极保险一类。所谓消极保险,是指保险契约所保护者为被保险人消极保险利益的保险;而消极保险利益则为特定人对于某一"不利"之关系,因为此"不利"之发生而使特定人产生财产上之损失。② 与积极保险所保护的对象为已存在或将来可得之利益不同,消极保险是为防止任何因法律规定、合同义务或事实上的必要费用支出而产生被保险人财产上的负担而设立。一般而言,消极保险主要包括责任保险与费用保险两大类。费用保险指投保人或被保险人,因某特定危险事故的发生,而产生某种费用支出必要性的保险。此种费用支出的必要性,虽因投保人或被保险人未真正支出,非属直接对财产造成的损害,所以不属于积极财产的损失,然此必要性已构成消极的损害,故属于消极保险。积极保险与消极保险之区分,突破了人身与财产之界限。消极保险中的费用保险,无论是因财产的毁损抑或是人身的伤害,只要产生了费用支出的必要

---

① 但亦有不同的表述,如有论者认为:"以住院费用医疗保险为例,就理论上而言,这类保险的目的在于补偿被保险人因病或因伤住院,其遭受的损失不仅为住院所花的费用,其身体和精神遭受的损失时无法用金钱衡量的。因此,我们认为,将该类险种表述为具有一定损害补偿性质的人身保险,似乎更为恰当。"参见最高人民法院保险法司法解释小组编著:《〈中华人民共和国保险法〉保险合同章条文理解与适用》,中国法制出版社 2010 年版,第 133 页。

② 江朝国:《保险法基础理论》,中国政法大学出版社 2002 年版,第 107 页。

性，均可属之。在医疗费用保险中，被保险人因保险事故的发生而产生了医疗费用支出的必要性；而这种费用支出的必要性，则产生了对被保险人财产的消极侵害，将导致被保险人财产的潜在减少。由此观之，医疗费用保险完全符合费用保险之特质，故属于消极保险一类。

3. 医疗费用保险中仍应根据保险金的给付方式做进一步的区分。健康究竟是如同生命一般无价，抑或是当健康受损时，损失的只是医疗费用而已，此涉及很高的价值层面判断。生命的损失是不可恢复的；因疾病或意外伤害所造成的健康损失是有可能通过医疗手段完全恢复、痊愈的，也有不能复原的。可以恢复的健康损失，在健康完全恢复后，其所损失的主要还是医疗费用的支出，其他损失虽然可能产生，但并非重大；就被保险人而言，不可恢复的健康损失，除必须持续付出较多的医疗费用外，长期的医疗或身体残疾所造成的心理或精神压力，有时并不亚于生命损失所带来的伤害。具体到保险合同中来讲，对于不可恢复之健康损失，一般采用定额给付方式予以给付，不考虑被保险人实际支出之医疗费用为多少；而可恢复之健康损失，一般采用实支实付的方式予以给付，被保险人因患病或意外伤害住院，固然有身体、精神等造成的伤害，但并非保险合同所覆盖的范围。由此可知，在医疗费用保险合同中，存在定额给付与实支实付两种保险金的给付方式。定额给付的医疗费用保险合同，虽名为费用保险，但其并非单一的填补被保险人的所支出的医疗费用，实则包含慰藉被保险人精神痛苦之深层含义，并不适用损失补偿原则；而实支实付的医疗费用保险，则为完全的损失补偿保险，应适用损失补偿原则。

（三）完善我国医疗费用保险适用规范的建议

如果将医疗费用保险不作区分地定位为人身保险而不适用损

失补偿原则,可使被保险人获得多重给付,这对于保护处于弱势的保险消费者来讲是有利的;但保护不能没有限度,否则会有矫枉过正的不利后果。如若一味纵容被保险人获得多重给付,不但违反了法律上的禁止不当得利原则,还更容易造成现实中故意制造保险事故等骗保的恶性行为,扰乱保险市场的秩序,于被保险人自身也是不利的。因此,对于医疗费用保险是否适用损失补偿原则应作出明确界定。

1. 法院应转变观念,对定额给付型与实支实付型医疗费用保险不应一概而论

在实务处理中,医疗费用保险是否适用损失补偿原则应当根据保险合同的性质而定。如果保险合同约定以发票报销的实支实付的方式给付保险金的,则保险合同为补偿被保险人之医疗费用支出而设,则应适用损失补偿原则;如果保险合同所约定的保险金的给付方式为定额给付,则不应适用损失补偿原则。如某保险公司推出的《××住院费用补偿医疗保险》,从保险合同名称上就表明其适用补偿原则。又如某公司的《××长久呵护住院定额给付医疗保险》《守护专家住院定额个人医疗保险》等险种,保险合同名称就明确表明其属于定额给付型保险。这类有明确约定的合同,社会普通公众一般不会产生误解,在是否适用损失补偿原则问题上,法院应当根据明确约定的保险合同条款处理。即便保险合同没有对是否适用损失补偿原则作出约定,亦可根据保险金的给付方式作出判断。

有的医疗费用保险对是否适用损失补偿原则及其相关制度没有约定或者约定不明,保险合同前后条款约定也不明确或者存在某种程度的冲突。对于这种情况,鉴于保险实务中医疗费用保险通常是作为人身保险的附加险,社会普通公众也将它理解成不适用补偿性原则的人身保险范畴,所以,从保护保险消费者利益的角度出发,

可以将其视为定额给付型保险,不适用损失补偿原则和保险代位制度。如果投保人在投保时,保险人没有向其详细披露不同类型医疗费用保险不同的精算基础、不同保险费率所对应的不同保险保障范围等信息,投保人投保时未根据这些信息作出投保选择的,双方就医疗费用保险的类型以及是否适用损失补偿原则和保险代位求偿制度产生争议时,保险人设置的该险种的精算基础、保险费率等不应作为法院判断的依据,即使保险人确系依据补偿性保险来收取的保险费。由于保险合同未约定或者约定不明导致保险消费者对保险合同的保障产生合理期待的,保险人作为强势经济组织和保险合同格式条款的拟定者,理应承担由此所可能产生的不利益。从规范保险行业经营、保障保险消费者合法权益的角度出发,行业监管部门也应持同样的立场。

2. 保险公司应完善费率制度,对有无其他保障不能一概而论

保险公司应逐步完善费率制度,对于有其他保障(如社会保险)的投保人与没有其他保障的投保人,应采取差别费率,遵循权利义务对等以及等价有偿之法律原则。具体来讲,保险公司可在保险合同中,要求投保人告知其有无社会保险及其他商业保险,并据此收取保险费;同时应在保险合同中说明其具体承担责任之比例及方式。

另外,保险公司为了防止被保险人多次获偿,要求被保险人提供医疗费用支出的原始凭证,这种做法动机虽在于避免被保险人获得不当利益,但从法律上来讲并没有依据。从证据规则上来讲,只要被保险人提供的资料足以证明保险事故已经发生,医疗费用已经支出,保险人就应当按照保险合同的约定履行保险金的给付义务,出具原始票据并不是保险人理赔的必要条件。为了避免被保险人重复获偿,保险公司应将实支实付与定额给付医疗费用保险作出明

确区分,在合同条款中对其权责作出明确划分,并向投保人作出明确说明,唯有如此,方不会造成投保人的误解,理赔时的争议自然也就减少了。

3. 跳出"人身无价"之迷思,[①]构建实支实付型医疗费用保险中损失补偿原则的具体适用规则

实支实付型的医疗费用保险,具有填补费用支出或收入减少的保障功能,因而被保险人可以通过重复保险获利。为了避免此结果的发生,保险法应当规定,实支实付型的医疗费用保险适用重复保险制度,具体包括以下内容:投保人应当将重复保险的情况通知各保险人;保险事故发生后,各保险人按照其承保的保险金额的比例,对因保险事故造成被保险人支出的费用或者减少的收入分别承担保险金给付义务;各保险人给付保险金的总额,不能超过保险事故造成的被保险人的实际损失。

在实支实付型的医疗费用保险中适用保险代位制度,具体包括以下内容:因第三者的损害行为导致实支实付型医疗费用保险项下保险事故发生的,保险人向被保险人给付保险金之后可以向第三者追偿,被保险人对此负协助义务;前述保险事故发生后,第三者已经赔偿被保险人损失的,保险人在理赔时,相应扣减被保险人已经获得赔偿的金额;在前述保险事故发生后、保险人给付保险金之前,被保险人放弃对第三者请求赔偿的权利的,保险人不承担给付保险金的责任;保险人向被保险人给付保险金后,被保险人未经保险人同意放弃对第三者请求赔偿的权利的,该行为无效。

---

① 参见樊启荣:《"人身保险无保险代位规范适用"质疑——我国〈保险法〉第68条规定之妥当性评析》,载《法学》2008年第1期。

本章小结　保险本质之"二元说"

从海上保险至火灾保险,无论是船舶、货物还是房屋,皆以财产为保险标的物。保险之本质是什么的问题,可用损失补偿的概念予以说明。然而,当保险制度跨越至人寿保险时,保险标的由物扩张至人,因无法对其生命、身体、健康等造成的伤害以金钱予以衡量,故无法就其"损失"予以填补。因此人身保险的本质显然与财产保险有所不同,损失补偿的概念可以精确说明财产保险的本质,但却无法圆满说明人身保险的本质,因此如何为财产保险与人身保险寻求一个共同的上位概念,成为学者讨论的重心。①

现代保险本质之"二元说",认为财产保险与人身保险两者具有不同的性质,前者以填补损失为主要目的,后者以给付一定金额为主要目的;财产保险与人身保险不可能有一个统一的上位概念,若要设计出统一的定义,显然并无实际意义。故应依二者不同之本质分别定义,即保险合同不是损失补偿的合同,就是以给付一定金额为目的的合同。此种见解为许多国家的保险立法所采,典型者如德国、日本等。

据此,现代保险法根据保险金给付基础的不同将保险分为损失补偿保险与定额给付保险。损失补偿保险旨在填补可以金钱估计的具体损失,依损失补偿原则,被保险人在保险事故发生后,不得因

---

① 对于保险本质的认识,大致可归纳为三类:一、以损失观念为保险理论之中心,称为损失说;二、因损失观念未能包括保险所具有的各种性能,例如,生存保险之储蓄性质,于是在损失观念之外,寻求不同之解释立场,称为非损失说;三、财产与人身保险具有不同的本质,应分别定义,称为"二元说"。

保险给付而获得比实际损失更高的补偿。被保险人获得超额利益的可能性,应以超额保险、重复保险及保险代位等相关规定予以防止。至于定额给付保险,因被保险人遭受的是无法以金钱加以估计的抽象损害,所以无论保险人给付金额如何,均难认为被保险人因此获得超过其损失的不当利益,因此,无损失补偿原则的适用。唯此分类,方能有效规范保险合同中权利义务关系,损失补偿原则之适用范围亦得以廓清。

总而言之,在保险法上,并非为了适用损失补偿原则而对保险合同予以重新分类,而是不同险种基于其本质产生了适用损失补偿原则的内在需要,而这种需要囿于传统的分类模式不能得到满足,进而促成保险合同的重新分类。

第五章　损失补偿原则在理赔环节之落实

法律的生命在于实施。损失补偿原则之最终目标在于将其理念、规则运用到保险实务中的理赔环节中去。从实务操作之角度观察，损失补偿原则无非要解决两个关键问题，即"如何计量损失""如何补偿"。本章首先考察损失补偿原则与保险理赔之内在联系，再就保险理赔中损失的计量以及补偿的方式展开讨论，以期对我国的保险实践以及保险法的完善有所助益。

第一节　保险理赔为损失补偿原则落实之重要时点

保险理赔关乎被保险人投保目的及其权益的实现，"保险的一个基本目标是为被保险人遭受的损失提供补偿，这一功能是在理赔过程中实现的”[①]。因此理赔在保险制度之运作中系极其重要的一环。在损失补偿原则中，不论是积极地填补被保险人之损失，还是消极地禁止被保险人因保险获得不当利益，均与理赔息息相关。因为只有保险人之理赔才能填补被保险人之损失，也只有理赔制度不够周全才会造成被保险人不当得利。因此，保险理赔之法则、技术与损失补偿原则之完美落实密切相关。

一、损失补偿原则于保险理赔时之运用

保险事故发生之后，为保险理赔开始之时，这一时点是决定损失补偿原则是否被落实之重要环节。损失补偿原则中的诸多重要制度是否得以实施，均须待保险理赔时来进行判断。

(一)保险利益之有无，须待保险理赔时进行认定

保险利益是保险法上特殊的重要概念，一般认为，保险利益的特殊之处主要体现在保险利益是保险合同生效之要件，即投保人或被保险人对保险标的物不具有保险利益的，保险合同无效。这在要求保险利益在订立保险合同时必须存在的立法例中是绝对的强制性规定，如意大利《民法典》第 1904 条规定：“在保险应当开始时，被保险人对损害赔偿不存在保险利益时，该损害保险契约无效。”我国澳门地区《商法典》第 995 条规定：“损害保险合同，如订立时被保险人对损害赔偿无保险利益，则无效。”

但这种做法过于绝对，不利于保险业务的拓展，因为财产保险旨在填补损失，若无保险利益之存在，即无损失可言；若订约之际利益虽不存在或尚未确定，但保险事故发生时已确定归属于被保险人，其利益的丧失应属被保险人的实际损失。我国《保险法》在 2009

---

① ［美］埃米特·J. 沃恩、特丽莎·M. 沃恩：《危险原理与保险》，张洪涛等译，中国人民大学出版社 2002 年版，第 138 页。

年修订时,顺应了这一潮流。其第 12 条第 2 款规定:“财产保险的被保险人在保险事故发生时,对保险标的应当具有保险利益。”第 48 条规定:“保险事故发生时,被保险人对保险标的不具有保险利益的,不得向保险人请求赔偿保险金。”由此可见,在我国的保险立法上,财产保险中的保险利益并非保险合同生效要件,而仅仅是被保险人取得保险给付的前提。这一规则源于海上保险的惯常做法。因为当时交通并不便捷,商人长途跋涉去购买货物,常常在实际购买货物之前,就将购货后的回程投保,这是一种很方便的做法。因此在海上保险中要求保单签发时被保险人对保险标的具有保险利益具有不现实性。此外,在财产保险中,仅要求在保险事故发生时具有保险利益,亦有其理论上的支撑。因为财产保险合同是补偿性的合同,其着眼点是损失发生之时,“只要被保险人在损失时具有保险利益,补偿原则的目的就能完全实现。要求被保险人在投保时就具有保险利益,就可能排除了在投保以后获得财产的保险……由于可能丧失对投保后获得的财产进行承保这一有利可图的营业,保险人一般不会提出在投保时缺乏保险利益的抗辩”①。

在损失补偿保险合同中,只须在保险事故发生时查明被保险人是否对保险标的具有保险利益,并据此认定损失之主体与损失额之大小。

(二)保险理赔时,保险价值之认定

保险价值是作为评定损失的一种工具,其发挥功能的时间是保险事故发生之时。所以,在保险法意义上,保险价值是一个隐含着“时间”要素的范畴,即“法律的出发点是指损失发生时的价值”②。

---

① [美]约翰·F. 道宾:《美国保险法》,梁鹏译,法律出版社 2008 年版,第 58 页。

② [英]M. A. 克拉克:《保险合同法》,何美欢等译,北京大学出版社 2002 年版,第 752 页。

对此,多数国家或地区保险立法将其视为原则,予以明文规定。例如,日本《保险法》第18条第1款规定:"损害保险契约应填补损害的金额依照损害的发生地以及发生时间的价格为基础进行计算。"韩国《商法典》第676条第1款前半段规定:"保险人应补偿的损害额,应根据该损害发生的时间及地点的价值来计算。"其所采之理由,"盖保险价额因契约期间继续之关系,不免发生若干之增减,如商品房屋事故发生时之价额,恒较低于订约时之价额,若以订约时之价额为算定标准,则将变损失补偿为受领给付之权利,岂非与损害保险之精神大相刺谬乎"①!据此,保险价值的大小的认定亦为损失发生后,保险理赔时来进行。

考究我国财产损失保险实务,在缔约之际,保险人往往要预先查明保险价值,其方式大多以被保险人在告知事项一栏中的申报数额为主,且记载于保险人所签发的保险单中。该保险单所明确记载的"保险价值"的效力如何认定?这一问题的破解,须从缔约时查明保险价值的目的来解释。详言之,保险金额是合同约定的保险人给付责任的最高限额,为所有保险合同的必备事项;而保险金额约定之依据不能不以缔约时的"保险价值"为参照。因此,缔约之际保险人查明或者被保险人申报所谓"保险价值"之目的,是为了保险金额之约定,而不是被保险人实际损失之计算。无论是保险人自己的查明还是被保险人的主动申报,其行为之性质并非当事人双方对保险价值的"约定",而只是单方的"预估"。因此,这种预估的所谓"保险价值"仅具形式意义,并不产生实质的拘束力。"于保险申请书中,载有要保人申告之价额,此无约束保险人之效力,至多为估计损失时之一种参考资料而已焉"②。

---

① 孔涤庵编著:《保险法》,商务印书馆1936年版,第59页。

② 陈顾远编著:《保险法概论》,新北,正中书局1946年版,第187页。

当然,在定值保险的情形下,保险价值之约定为合同订立之时,且为保险合同的必备事项。我国《保险法》第 55 条第 1 款规定:"投保人和保险人约定保险标的的保险价值并在合同中载明的,保险标的发生损失时,以约定的保险价值为赔偿计算标准。"法律之所以承认定值保险,其目的在于避免因保险标的物具有主观价值而导致保险价额的争议,以及避免保险事故发生后,因为保险标的物毁损或灭失导致鉴价困难,以缔约时当事人双方"约定价值"作为保险事故发生时的"保险价值",不必重新鉴价。

总之,从时间的因素来考量,保险价值是在保险事故发生后,保险理赔时对保险利益的货币评价,并据此来确定保险人给付责任在法律上的最高限额。换言之,除定值保险外,大部分损失补偿保险之相关制度均与决定保险价值后有关,不论是足额保险、不足额保险还是超额保险。因为只有在确定了保险标的的价值之后,参酌当事人所约定的保险金额,才知道该保险究竟是足额保险、不足额保险还是超额保险。而一旦有超额保险之情形,在坚持损失补偿原则的前提下,适当地将保险金额限制在保险价值的限度内,如此可避免不当得利之发生。

(三)保险理赔时,重复保险是否成立之判断

是否构成重复保险,其判断时点应以"保险事故发生时"为准,而非以投保时点为准。重复保险以时间有重叠性为必要。时间上的重叠,指"数个保险合同"之"生效期间"的重叠,并非指"成立期间"之重叠。须特别指出的是,所谓保险期间同一,法理解释上一般多解释为"保险有效期间同一"或"同一保险期间内发生效力",并非指各保险合同之始日与末日均完全相同,而是指保险事故发生时各保险合同均在有效期间之内。其法理依据在于,重复保险制度源自损失补偿原则,在损失补偿原则下,保险的目的在于填补实际损失,

而实际损失之数额，须待至损失发生时始能确定。因此，是否构成重复保险，其判断时点，应以保险事故发生之时为准，“在保险事故发生时始有认定有无复保险存在之必要，至于数个保险契约是否同时投保，或是否同时届满，应属无关紧要”①。

(四)保险理赔后，保险代位之启动

保险代位制度，是指保险事故发生时，保险人向被保险人给付保险金后，在一定要件下，保险人代位取得被保险人对于第三人之请求权。据此可知，保险代位制度本身内含一个很重要的时间因素，即保险人完成保险理赔之后，才可享有代位权。因此保险理赔时不仅是事关被保险人获得保险赔付的程度的重要时刻，同时亦为保险代位制度启动的重要时点，对保险双方当事人意义重大。

由上可知，保险利益的有无、超额保险或重复保险的判断，其控制点均在保险事故发生时。若保险事故发生时，被保险人并不具有保险利益，则根本不会因保险事故而受到损失，当然就无须以保险加以补偿；超额保险与重复保险只有在保险事故发生时，才能确切地知道保险价值，也才能判断是否有超额保险或重复保险存在。此时若发现有超额保险或重复保险，则采用保险给付上的方法或技巧，使被保险人无法获得额外的利益。因此，既然损失补偿原则的功能之一在于防止不当得利，而被保险人获得不当得利只能通过保险理赔，所以只要对保险理赔做好管控，应可将损失补偿原则圆满的落实。

二、理赔时确定保险人补偿责任之因素

除前述保险金额、保险利益、保单中限制补偿责任的条款等对保险人责任范围有影响外，保险人决定保险金给付责任之范围还应

---

① 王仁宏：《商法裁判百选》，中国政法大学出版社2002年版，第352页。

考虑两个因素,即损失种类、保险单的形式。

(一)理赔时损失种类之判断

1. 实际损失与拟制损失。实际损失是指客观上确定由保险事故所直接导致的损失。实际损失是火灾保险所承保的典型保险损失。拟制损失是指非因保险事故直接引起的损失,但基于立法政策,将该损失视为保险事故所引起的损失。如在火灾保险中,因救助保险标的物而导致的保险标的物的损失。此时,如因为该种损失非因保险事故所致而不予填补,则给被保险人造成相当的不利益。

2. 全部损失与部分损失。全部损失,是指保险标的物全部毁损灭失,不能修复或其修复费用超过保险标的价值的情形。而部分损失,是指保险标的物仅遭受一部分损失,尚未达到全部损失的程度的情形。全部损失与部分损失之区分,主要适用于财产损失保险,因为财产损失保险的保险利益所涉及的客体大多为物。全部损失,在保险法上还可具体分为实际全损与推定全损,主要应用于海上保险。实际全损,是指保险标的物被毁灭或保险标的物丧失后不归复被保险人的情形。推定全损又称解释全损,是指保险标的物虽没有实际或全部灭失,但具有某种情形,法律推定其为全部损失。

3. 积极损失与消极损失。积极损失,是指当事人因保险事故的发生导致其现存财产的减少。典型者如财产保险中财产的毁损灭失。消极损失,是指因法律规定、合同义务或法律事实所产生的必要费用而产生的被保险人财产上的负担。典型者如责任保险中被保险人的损失、火灾保险中施救费用。

4. 非典型保险损失。所谓非典型保险损失,是指该损失并非保险标的因保险事故的发生而毁损灭失所致之实际损失或拟制损失,但仍为保险合同所承保,主要为求实务上的简便并充分保护被保险人之利益。其主要包括重置成本和标的物残余物的清理费用等。[①]重置成本,是指被毁损的保险标的物使用同品质或类似品质的物品,依原设计、规格在当时当地重建或重置所需之成本,不扣除标的物之折旧。清除费用,是指清理受损保险标的物的残余物所致的费用。保险事故发生之内容不一定与承保范围有关,如若保险人承保之危险事故、保险标的、损失等任何其中一项不在承保范围之内,保险人无责任。

(二)保单的形式的判断与保险人的责任范围

保险人在决定保险责任范围时,首先应考虑保单的形式。所谓保单的形式,是指定值或不定值保单。以下分别探讨定值保险与不定值保险中保险责任范围的确定。

1. 不定值保险中保险人的责任范围。不定值保险,即在签订保险合同时被保险财产之价值不先确定,须至危险事故发生后,再行估计其价值而确定其损失。不定值保险合同,仅记载保险金额,而将保险标的的实际价值留待危险发生后需要确定保险人责任范围时才去估算。由于保险标的在这种保险合同中所载的实际价值可能变动,因此,保险人的责任范围也是不固定的,这就是"不定值"的内涵所在。在保险实践中,不定值保险合同为大多数的财产保险合同所采用。

在保险人责任范围的确定方式上,积极保险与消极保险有所不同。(1)在消极保险中,以责任保险为例,保险人的责任以被保险人的实际损失,即依对第三人所付的赔偿额度而定,而这一数额的确定又取决于保险事故发生时第三人请求权的范围。由于该请求权的范围的大小在保险合同签订时难以预估,故在保险合同中只能事

---

① 参见叶启洲:《保险法实例研习》,台北,元照出版有限公司 2011 年版,第 285 页。

先约定一个保险金额,用来确定保费之计算标准及保险人责任之上限。保险事故发生时,保险人的责任以保险金额与第三人的请求权数额中最小的一个为准,以此来贯彻损失补偿原则与对价平衡原则。(2)在积极保险中,计算被保险人实际损失的多少,首先应确定被保险人所具有的保险利益的大小。换言之,保险人的责任应依事故发生时保险标的物的保险价值计算。在财产损失保险中,虽然在订立合同时一般也对保险标的的价值进行预估,但实为确定保险金额提供参考,待事故发生后,保险人的责任仍应重新根据实际损失的多少进行计算。由此可见,在积极保险中,保险人的责任以实际损失、保险金额、保险价值和保险利益中最小的一个为准。因为保险之目的仅在于填补被保险人的实际损失。

2. 定值保险中保险人的责任范围。定值保险,是指保险合同当事人双方在订立保险合同时事先确定保险标的价值并载明于保单中,事故发生后保险人依此数额直接履行给付。据此,定值保险合同成立后,在合同存续期间内如果发生保险事故并造成财产全部损失时,无论保险标的实际价值是多少,保险人都应当以合同中约定的保险价值作为其保险责任的依据,即事先约定的保险价值是多少,就应给付多少,而不必也不应该对保险标的重新估价。如果是部分损失,则需要确定损失的程度或比例,按损失的程度或比例进行赔偿。在定值保险合同中,除非保险人能证明投保人有欺诈行为,否则,发生责任范围内的保险事故后,保险人不得以保险标的的实际价值与事先约定的保险价值不符而拒不履行合同。定值保险,一方面为保险立法所承认,即保险法许可其"以保险合同订立时约定的保险价值"代替"保险事故发生时实际的保险价值"为计算损害的标准,以简化保险事故发生时理赔的手续;另一方面又可能出现当事人利用定值保险图不当得利的现象,而将保险标的价值大大提高,并以之为保险金额之现象。此种现象就外观而言,并非违法,因为既经"定值",则保险人于保险标的受损害时,不得再主张实际保险价值为何,否则即失去定值保险的意义。

第二节 损失的计量

保险制度功能之发挥在于损失发生时,补偿被保险人之损失。其中最为关键的是被保险人之损失如何算定的问题,①这不仅关系到被保险人获偿之程度,更关系到保险人支出之保险金的数额乃至其经营之稳定,故在保险实务中争议颇多。诚如我国早期保险法学者陈顾远先生所言:"损失额之估计乃损失保险最大之问题,当事人于赔偿损失时一切争执,类多起于此点。在保险人方面,对于保险标的之损失额自以少计为便,在被保险人方面,则以多计为利,此争执之终不能免也。"②故对于被保险人损失之计算,法律应给出明确的计算标准,"标准不能定,即争执不能免矣"③。

我国《保险法》第 55 条第 2 款规定:"投保人和保险人未约定保险标的的保险价值的,保险标的发生损失时,以保险事故发生时保险标的的实际价值为赔偿计算标准。"其中,保险标的物的"实际价值"为被保险人损失及保险人给付保险金的标准,然"实际价值"一词的含义及其计算规则是什么,我国保险法及相关司法解释未有进一步规定;在保险实务中,大多数财产损失保单仅规定按保险标的

① 本节所讨论的损失额的算定,主要限于财产损失保险中。责任保险中被保险人之损失依第三人之请求权数额而定,医疗费用保险中的损失则根据被保险人实际支出之数额而定,这两类保险中损失额的计算争议较小,在此不展开论述。

② 陈顾远编著:《保险法概论》,新北,正中书局 1946 年版,第 196 页。

③ 王效文:《中国保险法论》,中华书局 1930 年版,第 111 页。

的"实际损失"计算赔偿金的数额，对于"实际损失"如何计算，保单中也未予说明。由上述规定不明引发的理赔争议不胜枚举，并成为困扰我国保险司法裁判的难题之一。

因此，保险损失计算规则的建立，势在必行。美国保险法上对"实际现金价值"的不同计算标准及适用何种标准的争论所体现的现代财产保险补偿观念，对构建我国财产损失保险损失计量规则有重大的参考意义。以下以美国保险法上的"实际现金价值"为视角，探求保险损失估定之标准与补偿观念之现代发展，以期对我国财产保险法理论与实务之完善有所助益。

一、实际（现金）价值

我国《保险法》第 55 条第 2 款规定，应按照保险事故发生时，保险标的物的"实际价值"作为保险金的计算依据，但"实际价值"一词语义不详，可操作的空间过大，极具争议；但这样的做法并非我国所独创，在美国保险法上亦有"实际现金价值"一词。以下对比分析二者含义及其在保险法上之意义。

具有保险业"魔幻之词"①之称的实际现金价值，是美国保险法上具有特殊意义但又极具争议的概念。其广泛存在于美国财产损失保险单条款中，以确定被保险人的损失并限制保险人的给付责任，即被保险人所能得到的保险金不能超过承保财产的"实际现金价值"。在保险法理论上，实际现金价值之概念被认为是贯彻损失补偿原则重要的因素之一；在财产损失保险实务中，如何界定实际现金价值因关乎被保险人获偿之程度，故备受重视。

单从实际现金价值概念本身而言，其为一个经济学术语，但和保险法学有着密不可分的关系，诚如学者所言："实际现金价值并非

---

① Osborne J. Dykes, *Actual Cash Value: The Magic Words – What Do They Mean?* 16 Forum 391 (1981).

一个纯粹的法学概念，但也并未完全从中剥离。”[①]实际现金价值在保险法上究竟处于怎样的地位，又是如何维护保险制度的，尤值考究。

(一)财产损失保险合同中的实际现金价值

在美国，“几乎所有的财产保单中，均包含实际现金价值一词”[②]，“保险合同规定，如果损失发生，赔付的上限不超过损失发生时财产的‘实际现金价值’”[③]。典型者如纽约标准火灾保单之规定：“保险公司给付事故发生时被保险财产的‘实际现金价值’范围内的损失，但不超过在合理时间内以相同品种和质量的材料修理或重置受损财产所支出的费用。”

单从条款本身的字面意义来讲，“实际现金价值”是对保险人保险金给付责任范围的概括说明；就其实质意义而言，此条款符合火灾保险合同的基本目的，即补偿实际损失的价值。换言之，即使保险单的保险金额很高，保险公司仍然不对超过损失发生时财产的实际现金价值部分承担责任，除非保单或法律有相反的规定。

一般情况下，“保单里通常是不会对实际现金价值进行精确的定义的，需要在庭审的时候由法官来对这个术语进行界定，而法官的定义则可以说是五花八门”[④]。“但也许最常用的定义是：以目前

---

① Adley M. Shulman, *Insurance Valuation and Adjustment of Fire Loss on Dewellings: California Law v. South California Practice*, 5 UCLA Law Review 248 (1958).

② Carol Kaesebier, *Invitation to Arson: Indiana's Interpretation of Actual Cash Value*, 16 Valparaiso University Law Review 483 (1982).

③ [美]约翰·F. 道宾：《美国保险法》，梁鹏译，法律出版社2008年版，第221页。

④ [美]小罗伯特·H. 杰瑞、道格拉斯·R. 里士满：《美国保险法精解》，李之彦译，北京大学出版社2009年版，第329页。

的价格用新材料重置遭到毁损的财产，扣除折旧后所需要的货币量。”①以重置成本扣除折旧定义实际现金价值，遵循了会计学上的实际现金价值的数学公式，简明且可操作性较强，但在实务中，这并不是唯一的做法。

（二）保险法理上的实际现金价值

实际现金价值为美国保险法上的特有概念，其在保险法理上居于怎样的地位，有无与其相对应的概念，它们之间的关系又是如何？回答这些问题有助于认清实际现金价值之真实面目。

1. 实际现金价值在保险法理上表现为保险价值

前已述及，实际现金价值为保险人给付责任的限制条件，亦即损失发生时被保险人具体损失的货币体现；进言之，保险人的给付责任以事故发生时被保险财产的实际现金价值为限。从其规范目的观之，其与保险法理上的“保险价值”具有相同的内涵；保险价值为保险利益之货币表现，乃保险人给付责任在法律上的最高限额。虽然在美国保险法上有“保险利益”之概念，但并无保险利益价值即“保险价值”之概念，而是直接以保单中的实际现金价值为替代，并以此来限制保险人的给付责任。此种做法虽不及传统保险法理论上逻辑之严谨，但增强了其在实务中的可操作性。

2. 实际现金价值兼具“估计条款”之功用

“由于赔偿的金额由损失的大小而定，赔偿合同几乎总要包含描述怎样测量损失的语言（如重置成本、实际现金价值等）。”②保险合同中的这种语言被称为“估价条款”，这一条款会详细地说明损失

---

①　［美］埃米特·J. 沃恩、特丽莎·M. 沃恩：《危险原理与保险》，张洪涛等译，中国人民大学出版社2002年版，第176页。

②　［美］康斯坦斯·M. 卢瑟亚特、巴里·D. 史密斯、埃里克·A. 威宁：《财产与责任保险原理》，英勇、于小东译，北京大学出版社2003年版，第134页。

发生时怎样确定承保财产的价值。最常见的估价方法包括实际现金价值、重置成本和约定价值。① 一般认为实际现金价值为不定值保险中的估价方法，重置成本为重置成本保险中的估价方法，而约定价值则存在于定值保险中。但实际现金价值作为估价条款的作用不仅仅限于不定值保险中，"即便是重置成本型保单，也有可能出现实际现金价值条款，一旦被保险人失去按重置成本索赔的资格，保险人就可以按照实际现金价值赔偿"②。由此可见，实际现金价值作为估价条款在财产损失保险中具有基础性的作用。

3. 实际现金价值与我国保险法上的相关概念之比较

保险价值是保险法中的基础性概念，而在美国保险法中却以实际现金价值来替代；保险价值与实际现金价值虽然称谓不一，但作用并无二致；唯一不同的是，实际现金价值还具有"估价条款"之功用，故其内涵比保险价值要广。故实际现金价值兼具"保险价值"与"估价条款"的双重"身份"，具有二元属性。

反观我国《保险法》第 55 条第 2 款之规定，其中包含了"保险价值"与"实际价值"两个概念，从法律条文的逻辑来看，其规定在双方当事人未约定"保险价值"时，损失以保险标的的"实际价值"为准；换言之，除约定的定值保险的特殊情形外，在法定情形下损失的衡量标准为保险标的物的"实际价值"。由此可见，我国保险法中的"实际价值"与美国保险法中的"实际现金价值"一词当具有相同含义，只不过"实际价值"为测量损失的"方法"，并以"保险价值"为"本体"；而实际现金价值兼具了"本体"和"方法"的双重功能。诚

① 参见[美]C. 小阿瑟·威廉斯、迈克尔·L. 史密斯、彼得·C. 扬：《风险管理与保险》，马从辉、刘国翰译，经济科学出版社 2000 年版，第 468 页。

② [美]小罗伯特·H. 杰瑞、道格拉斯·R. 里士满：《美国保险法精解》，李之彦译，北京大学出版社 2009 年版，第 329 页。

如学者总结所言:“就财产保险而言,在法律上以保险价额为填补之最大限度,在契约上以保险金额为填补之最大限度,唯在实务上,填补限度应以实际损失为准,而实际损失之计算,又应以损失发生时,受损财产之实际现金价值为准。”①

(三)损失补偿原则与实际(现金)价值

实际(现金)价值因关乎被保险人之损失之大小与保险人之给付之多少,故与保险法所遵从之损失补偿原则有密切关系。

1. 实际(现金)价值为损失补偿原则实施的要素

损失补偿原则有“两个要素”②:首先必须确定“补偿给谁”;其次是决定“补偿多少”。“补偿给谁”的问题关系到保险利益,乃损失补偿原则为防止保险沦为赌博而设,这一问题现今已基本解决;“补偿多少”不仅关系到被保险人能够得到的保险金的数额,亦关乎保险人赔付额的多少,须待事故发生时根据具体情况来算定。而欲解决“补偿多少”的问题,首先应确定“损失多少”,即被保险人在事故发生时具体损失数额的大小。

在财产损失保险中,“确定被保险人损失的基本方法是确定毁损财产在受损时的实际现金价值”③。因此,实际(现金)价值作为衡量被保险人损失的基本方法,“隐含于损失补偿原则中”④,乃实施损失补偿原则的内在要素和前提条件。

---

① 袁宗蔚:《保险学——危险与保险》,首都经济贸易大学出版社2000年版,第247页。

② [美]所罗门·许布纳等:《财产和责任保险》,陈欣等译,中国人民大学出版社2002年版,第47页。

③ [美]乔治·E. 瑞达:《风险管理与保险原理》,刘春江、王欢译,中国人民大学出版社2010年版,第226页。

④ [美]乔治·E. 瑞达:《风险管理与保险原理》,刘春江、王欢译,中国人民大学出版社2010年版,第226页。

2. 实际(现金)价值为损失补偿原则实施的限制条件

损失补偿原则“意味着使被保险人在经济上恢复到受损前的同等状态”①,既不更好,也不更坏。但是,“实际上几乎没有一份保险能达到这种结果”②,因为并非被保险人的任何经济损失都能得到补偿。换言之,补偿应受到一定条件的限制,否则“将使投保人对损失是否发生漠不关心,很可能导致投保人放松对损失的防范和警惕”③,从而加剧被保险人的道德风险,有将保险合同沦为赌博之虞。诚如有学者所言:“保险合同与众不同,有其独特要素,使其区别于其他合同。这集中体现在对承保范围内的损失作有条件的承诺方面。”④这些“条件”有的能够维护损失补偿原则,有的则是为实现费率公平性而设,还有的二者兼备。其中,在维护损失补偿原则的过程中,这些条件主要体现在对被保险人所遭受的实际经济损失作有限制的赔付。这些限制包括:“(1)实际现金价值;(2)修理或重置成本;(3)不赔偿增加成本;(4)被保险人的利益;(5)其他保险(比例分担);(6)代位追偿。”⑤实际(现金)价值作为损失补偿原则的首要限制条件,是指保险人所给付的保险金额不得超过被保险人实际损失的价值;换言之,被保险人不应当从损失中获利,此为大多数的财产损失保险所遵循的原则。由此可见,保险法上的实际(现金)价

---

① [美]马克·S.道弗曼:《风险管理与保险原理》,齐瑞宗等译,清华大学出版社2009年版,第151页。

② [美]C.小阿瑟·威廉斯、迈克尔·L.史密斯、彼得·C.扬:《风险管理与保险》,马从辉、刘国翰译,经济科学出版社2000年版,第468页。

③ [美]C.小阿瑟·威廉斯、迈克尔·L.史密斯、彼得·C.扬:《风险管理与保险》,马从辉、刘国翰译,经济科学出版社2000年版,第468页。

④ [美]马克·S.道弗曼:《风险管理与保险原理》,齐瑞宗等译,清华大学出版社2009年版,第151页。

⑤ [美]所罗门·许布纳等:《财产和责任保险》,陈欣等译,中国人民大学出版社2002年版,第69页。

值的概念为保险理赔过程中的第一层限制,亦即保险人给付责任的首要限制条件。

综上所述,实际(现金)价值之术语虽源自经济学,但在保险法上扮演着至关重要的角色。在保险合同中,其限制了保险人的给付责任;在保险法理上,其兼具“保险价值”与“估价条款”的双重功能;在实施损失补偿原则的过程中,其为必备要素,既为“定损”之前提,亦为“补偿”之限制。不仅关系保险发挥其功能的程度,亦关系保险业运营之稳定,将其喻为保险业的“保护伞”实不为过。

二、衡量实际(现金)价值的标准及争议

(一)衡量实际(现金)价值的三种规则

实际(现金)价值在理论上的表述是清晰的,但是在具体适用中是难以确定的。诚如学者所言:“由于个案的差异,使得如何确定实际现金价值成为一个特殊的难题,因为没有普遍使用的规则。”[①]我国保险法并没有衡量实际价值的相关标准,只是由各个保险公司来具体操作,因此形成了实践中的混乱局面。美国的保险法的司法裁判实践中,形成了三种衡量实际现金价值的标准,可资参考,以下分述之。

1. 重置成本减折旧(宾夕法尼亚规则)

重置成本减折旧(Replace Cost less Depreciation),又称为宾夕法尼亚规则(Pennsylvania Rule),该规则是在 Fedas v. Insurance Co. of State of Pennsylvania 一案中确立的,现今“大部分州的法院都将实际现金价值解释为重置成本减去折旧值”[②]。在这项定义里,包含两个

---

① Thomas Raeburn Jr. White, *The Actual Cash Value of Obsolete Buildings*, 30 Insurance Counsel Journal 112 (1963).

② [美]小罗伯特·H.杰瑞、道格拉斯·R.里士满:《美国保险法精解》,李之彦译,北京大学出版社2009年版,第330页。

要件,即重置成本和折旧。重置成本通常指的是在损失发生当时(或损失发生后合理时间内)重新置办相同类型、相同质量的标的所要花费的成本;而折旧则“需要考虑损失发生时标的实际使用时间、使用程度、老化程度,还有其他可以影响其价值的因素。”①重置成本减折旧的“理论基础是被保险人的状况既不能好于也不能坏于损失发生时的状况”②;其逻辑基础为“任何财产都有其使用寿命”③,而重置可能会导致受损标的物(一般为使用过的)性能增加或使用寿命的延长,故“折旧额”或“改善额”应从中扣除。

重置成本减折旧的方法简单且容易确定,其测算出来的数额“可能最接近财产的实际价值”④,故被认为是“最有效率的定义”⑤。但其也备受争议:(1)逻辑上的困境。因保单中规定保险公司补偿被保险人损失发生时的财产的实际现金价值,但不超过在合理时间内以相同品种和质量修理或重置的费用。因为重置成本减折旧永远不会超过重置成本,故“保险人补偿被保险人以重置成本减折旧为限,但不超过修理或重置成本,这在逻辑上是解释不通的”⑥。

---

① [美]小罗伯特·H.杰瑞、道格拉斯·R.里士满:《美国保险法精解》,李之彦译,北京大学出版社2009年版,第330页。

② John L. Palmer, *Cheeks v. California Fair Plan Ass'n*: *"Actual Cash Value" is Still Synonymous with "Fair Market Value" in California*; *Do the Court Know What This Mean*? 26 Western State University Law Review 183 (1999).

③ John L. Palmer, *Cheeks v. California Fair Plan Ass'n*: *"Actual Cash Value" is Still Synonymous with "Fair Market Value" in California*; *Do the Court Know What This Mean*? 26 Western State University Law Review 183 (1999).

④ Carol Kaesebier, *Invitation to Arson*: *Indiana's Interpretation of Actual Cash Value*, 16 Valparaiso University Law Review 483 (1982).

⑤ John L. Palmer, *Cheeks v. California Fair Plan Ass'n*: *"Actual Cash Value" is Still Synonymous with "Fair Market Value" in California*; *Do the Court Know What This Mean*? 26 Western State University Law Review 183 (1999).

⑥ James R. Detamore, *Functional Value vs. Actual Cash Value in Partial Loss Settlements*, 50 Insurance Counsel Journal 332 (1983).

(2)重置成本减折旧还有可能会造成补偿过量。原因在于:“很多机器的使用年限短,因此折旧不多,然而机器本身却可能老化得很严重,于是便会出现折旧速度赶不上老化速度的情形;如果机器的老化程度对机器价值有重大影响,重置成本减折旧法就有可能让被保险人得到一笔横财。”①

2. 公平市场价格(加利福尼亚规则)

公平市场价格(Fair Market Value),又称为加利福尼亚规则(California Rule),该规则是在 Jefferson Ins. Co. v. Superior Court 一案②中确立的,审理该案的法院认为实际现金价值是“在市场上,在无任何强迫的情况下,买卖双方所接受的价格”③。因此如果被保险财产遭遇了全损,而这种财产又能在市场上买得到,市场价格就是最好的判断方法,因为可以很容易判断出到底赔付多少金额能够使被保险人恢复到损失发生前的经济地位。其中的道理很简单,即如果保险人给付的保险金足够让被保险人买到替代的标的物,被保险人就算是得到全面补偿。

但是,将实际现金价值定义为公平市场价格,也有其局限性。这主要表现在两个方面:(1)有些保险标的物不能单独以市场价格估价。例如,建筑物大多是连同土地一起出售的,离开了土地,这些建筑物可能就会非常廉价,如果硬要给其定价,这可能“就难免变成纯粹的猜测”④。(2)公平市场价格很有可能会低估保险标的的价值。例如,一个使用了20年的车库被毁损,如果他仅能按照旧车库

---

① [美]小罗伯特·H. 杰瑞、道格拉斯·R. 里士满:《美国保险法精解》,李之彦译,北京大学出版社2009年版,第329页。

② Jefferson Ins. Co. v. Superior Court 3Cal. 3d 398, 475 P. 2d 880(1970).

③ Jefferson Ins. Co. v. Superior Court 3Cal. 3d 398, 475 P. 2d 880(1970).

④ [美]小罗伯特·H. 杰瑞、道格拉斯·R. 里士满:《美国保险法精解》,李之彦译,北京大学出版社2009年版,第331页。

的市场价值获得赔付，那虽然他所获得的赔付使他自损失后的净价值与损失发生前相同，但是他的生活处境却变得不如从前，因为他要么自掏腰包支付额外费用来建一个新车库，要么不再拥有车库。[①]

3. 广泛证据规则(纽约规则)

广泛证据规则(Broad Evidence Rule)，又称为纽约规则(New York Rule)，该规则是在 McAnarney v. New York Fire Insurance Co. 一案中确立的，二审法院认为，在判断被毁房屋的实际现金价值时，必须考虑所有相关证据："如果承保的房屋被毁，法官可以、也应当考虑所有有可能证明准确损失数额的事实和情况，以便实现完全补偿。法官可以考虑购置成本和重置成本，可以考虑合格证人对房屋价值的看法，可以考虑被保险人所主张的保险价值，可以考虑房屋的用途，还可以考虑任何其他合理相关的事实。"[②]即法院应考虑"任何在逻辑上有助于精确估算被毁损财产实际现金价值的相关因素"[③]。

无数法院都转而采用了广泛证据规则。[④] 在多数案件中，法院明确指出适用此规则；McAarney 案经常被引用。在另一些案件中，法院虽未明确表明适用此规则，但指出应考虑相关因素来确定实际现金价值。[⑤] 在发生损失的时候，如果承保财产根本卖不出去，或者重置成本减折旧法所得出的结果不切实际，则广泛证据规则是最适

---

① 参见[美]肯尼斯·S. 亚伯拉罕：《美国保险法原理与实务》，韩长印等译，中国政法大学出版社 2012 年版，第 236～327 页。

② McAnarney v. Newark Fire Insurance Co. 247 N. Y. 176, 159 N. E. 902.

③ Norman A. Miller, *Property Losses and the Broad Evidence Rule*, 4 Forum 299 (1969).

④ 参见[美]小罗伯特·H. 杰瑞、道格拉斯·R. 里士满：《美国保险法精解》，李之彦译，北京大学出版社 2009 年版，第 334 页。

⑤ See John D. Ingram, *Reducing the Incentive for Arson: the Broad Evidence Rule*, 29 Drake Law Review 761 (1979－1980).

于判断完全补偿数额的方法。在具体适用的过程中,广泛证据规则并非弃重置成本减折旧和公平市场价格的估计方法不用,而是将其作为衡量价值的相关因素,但并非唯一因素。①

一些法院反对采用广泛证据规则,主要理由有以下两点:(1)重置成本减折旧的方法的优点是明确且容易确定;如若考量其他因素可能会"开启投机活动的大门,将使实际损失走入相关争论的迷宫,从而变得不确定"②。广泛证据规则最大的缺点是太"广泛",以至于没有提供任何指导意义,导致衡量损失的标准从一个极端走向了另一个极端。③ (2)保险公司合法合理的收取了保费,其承担的相应的责任是"财产的真实价值,并非财产对于被保险人的价值"④。

美国保险司法裁判实践中形成的上述三种衡量被保险人损失的标准,各有利弊,优劣难辨。损失计算标准的不同一根源于保单中对实际现金价值没有精确的定义,况且财产损失的计算本身就非常复杂,需要根据具体情况作出不同的判断。

(二)针对适用不同标准所带来的问题的建议

不同标准之间存在的差异造成了在保险实务中适用的混乱状态,"同案不同判"的现象时有发生,由此引发了学界的批评。正如有评论者指出:"实际现金价值这一概念虽然一直被认为是保险业

---

① Charles E. Schalliol, *The Broad Evidence Rule and Fire Insurance and Tort Recoveries for Household Goods*, Insurance Law Journal 365 (1973).

② American Ins. Co. v. Treasurer, School Dist. No. 37, 273 F. 2d 757, 759 (10th Cir. 1959).

③ James R. Detamore, *Functional Value vs. Actual Cash Value in Partial Loss Settlements*, 50 Insurance Counsel Journal 332 (1983).

④ Rocheser Am. Ins. Co. v. Short, 207 Okla. 669, 673, 252 P. 2d 490, 494 (1953).

的'保护伞',但其不能强加给任何善良的被保险人以任何不利的风险。"①正是基于此,学界主要从满足被保险人的合理期待和保单的具体设计两方面给出了建议。

1. 满足被保险人的合理期待

当保险代理人向被保险人销售保险产品时,保险行业自身已经与公众的期待组合在了一起。保险公司经常告诉消费者,"他们是'我们的好邻居',会让我们在他们的'帽子'或'保护伞'下遮风挡雨,并给我们以'庇护',以至于我们会认为他们就是我们的'救世主'"。

如果一个受过专业训练的理赔理算人不能告诉投保人什么是直接损失,如果法院不能告诉投保人"实际现金价值"的真正含义,那么不能指望一个"门外汉"有任何其他的不同的解释,除了他所期望的保单所能提供保护。买保险的目的是保护被保险人免受损失。保险公司和法院应该认清被保险人的合理期待是修理、重置或收到的保险金能够恢复财产的功能。这种标准简单、实用,对结果有可预见性,且能被广泛的接受。②

2. 保单应清晰明白与预先告知法

根据保险惯例,"价值"一词在保单中应具有特殊的含义,但保险人通常忽略了这一点。当出现争议时,唯一的解决途径是法院作出合理的解释,以确定保险合同应有的意义而非其原有意义。但并不是所有的损失均经法院确定,所以最好的解决途径是在保险合同

---

① Jack A. Gilbert, *Actual Cash Value Revisited*, 4 Canadian Business Law Journal 120 (1979).

② See James R. Detamore, *Functional Value vs. Actual Cash Value in Partial Loss Settlements*, 50 Insurance Counsel Journal 332 (1983).

中作出能够使双方当事人清晰明白的规定,以杜绝争议,①尤其是关系双方当事人切身利益的实际现金价值,保单中应给出明确的定义以及精确的计算方法。

如果上述方法仍不能奏效,有必要在保单中进一步明确说明:本保单(以实际现金价值为补偿基础)在损失发生时不足以重置被保险人的受损财产;如果被保险人想保护其财产的使用价值,建议投保重置成本保险。这种预先告知的方式可避免被保险人合理期待的落空。② 因为使用价值是被保险人想保护的对象,所以被保险人在拿到扣除折旧额后的保险金时感觉并未得到完全保障。

上述关于直接引用保险法理上的合理期待原则及运用事先声明方式之建议,虽然在某种程度上避免了陷入选择损失计量规则的困境,但掩盖了保险合同之本质。先就满足被保险人的合理期待而言,其得出的应以恢复保险标的的实用性为被保险人损失的计算标准,虽能在较大程度上保护被保险人的利益,却忽略了不同险种对不同损失计量规则之需求,从而在某种程度上损害了保险人的利益。再就预先告知法而言,虽能避免被保险人合理期待的落空,却忽略了保险损失补偿原则之基本要求:恢复被保险人至其损失发生前的状态。故上述建议仅是在现有保单规定内容的基础上"小修小补",虽然能起到一定的积极作用,但并未揭示问题的关键。

(三)以被保险人的意图为主导的保险损失计量规则

前已述及,在损失补偿原则的规范功能上,确立了保险标的物的"使用价值"为财产损失保险所保护的对象,并且保险补偿向"功

---

① See Robert McWilliams, *Valuation of Buildings for Insurance Purposes*, 1952 Insurance Law Journal 525 (1952).

② See Jack A. Gilbert, *Actual Cash Value Revisited*, 4 Canadian Business Law Journal 120 (1979).

能观念”转变。故在评估被保险人损失时,被保险人对保险标的物的“使用意图”应作为关键要素予以考量。诚如英国著名保险法学者 M. A. 克拉克先生所言:“在损失发生时,被损坏物品的市场价值或其可售出的价值,不一定是计算补偿额的量度”,“对不动产来说,补偿的基础主要取决于损失发生时被保险人的意图”,“对不动产适用的规则,一般也适用于其他有形财产”,但“其中要排除夸张的感情色彩”。① 在具体的实务操作中,主要包括以下三种情形:

1. 如果被保险人打算将保险标的物出售,估价的基础是财产的市场价值;如果在损失发生前对交易价值已达成协议,该协议价值即为被保险人之损失,除非该交易是被迫的。即使保险人规定了财产按预计的复原费用投保,这对估价基础虽有影响,但不起决定性作用,基础可能依然是财产在公开市场上的价格。

如果被保险人在损失发生前不打算立即将保险标的物出售,但在损失发生后却产生了这种想法,也许是因为他需要立即找到其他的居所,那么补偿的基础是找到替代财产的费用。

2. 如果在损失发生时,被保险人想要保留和使用保险标的物,而且它可以在合理费用下修复,即它不是一个报废物品,那补偿额为修复的费用;如果他想用保险补偿金而不是自己的钱去修复保险标的物且这是一个真实的意图,则修复的费用为损失的计算尺度,只要这种想法不是不合理的。

修复程度及费用取决于该标的物的受损程度。如果损失发生时被保险人想使用或占用该财产,修复的费用是指修复到可以使用或占用的程度所需的费用。

3. 如果被保险人想继续使用保险标的物,但该标的物完全灭失

---

① 参见[英]M. A. 克拉克:《保险合同法》,何美欢等译,北京大学出版社 2002 年版,第 749 ~ 751 页。

或不能在合理费用下修复，那么补偿额是在市场上获得一个类似物品的价格——但条件是存在这样的市场。如果该类物品有二手市场，补偿量度就是市场价格；如果没有相关市场，唯一的补偿办法就是以一个类似的新的财产来取代。①

综上所述，保险标的物的使用价值为保险所保护的对象；在保险补偿的过程中，应确立功能观念的补偿标准；而在具体的操作过程中，应主要考量被保险人对保险标的物的使用意图。故确定被保险人之损失的方法为恢复被保险标的物使用功能所需的费用。诚如有学者指出："没有必要确定市场价值是多少，也没有必要尝试确定应从重置成本中扣除多少折旧额，更没有必要考量影响估量损失的各种因素，唯一要做的是确定损失是部分损失还是全部损失。如果是全部损失，保险人则给付保险单上的保险金额，除非以相同品种或质量的材料重置的价格小于上述金额。如果是部分损失，损失的计算标准是恢复保险标的的功能性效率或修复至其损失发生前状态所需的费用，折旧额不允许扣除，除非高于保单的限额。"②

三、构建我国保险损失计量规则的建议

确定保险损失时，必须清楚地意识到，损失并非就保险标的物本身被评估的客观意义上而言，也并非由被保险人主观定之；"标的物之损失即是因保险灾害（事故）所致成，但并非和被保险人之受损失恒成等式。"③确立保险之损失应从财产毁损给被保险人造成的损失角度来认识；概言之，保险损失，既不是单纯的"物"的损失，也不是单纯"人"的损失，而是"物"之于"人"的损失。而"物"和"人"之

---

① ［英］M. A. 克拉克：《保险合同法》，何美欢等译，北京大学出版社 2002 年版，第 750 ~ 751 页。

② James R. Detamore, *Functional Value vs. Actual Cash Value in Partial Loss Settlements*, 50 Insurance Counsel Journal 332 (1983).

③ 江朝国：《保险法基础理论》，中国政法大学出版社 2002 年版，第 310 页。

间的关系则表现为保险利益，所以，在探讨保险损失这一概念时，始终不能离开保险利益这一中心。

在财产损失保险中，如果抛开保险利益这一范畴来定义保险损失的概念，直接将保险损失等同于保险标的物的价值，可能有使保险制度遭到滥用之虞。在财产损失保险之中，必须将保险标的物的价值与保险利益的价值区别开来，诚如国外学者总结所言："在保险利益是保险债的客体时，必须指出经济上的保险利益和法律上的保险利益范畴是有界限的。保险利益在经济本质上表现为物本身、其他财产和非物质财富，而法律范畴的保险利益则反映在某个人与该利益的关系上。所有保险债的客体不是这个或那个财产或非财产的价值，而是特有人与该利益的关系，该关系被注入了保险利益。"① 所以，保险损失只能是保险利益的价值，不能是保险标的物本身的价值。强调这一观点，其意义在部分保险利益的情形下尤为显著。"人们对其只享有部分利益的财产可按全值投保，但除非他们不仅为自己而且为其他对财产享有利益的人一起投保，他只能就自己利益的价值获偿"②。从认识论的角度来看，将保险价值简单地等同于保险标的物本身的价值之观点，实属为现象所蒙蔽，未揭示出保险价值在法律意义上的本质。固然，从经济学的常理来看，在有形财产保险中，保险损失当然依附于保险标的物；但是，保险损失是否必然等同于保险标的物本身的价值，则无不疑问。因此，将"保险损失"直接等同于"保险标的物的价值"，在方法论上只是一种对通常经济学观念的简单套用，没有认识到保险损失在法律上的本质。如

---

① ［俄］E. A. 苏哈诺夫：《俄罗斯民法》，付荣译，中国政法大学出版社 2011 年版，第 1416～1417 页。

② ［英］M. A. 克拉克：《保险合同法》，何美欢等译，北京大学出版社 2002 年版，第 100～101 页。

果将保险损失等同于保险标的物本身的价值,那么在被保险人对保险标的物只具有部分保险利益的情形之下,“被保险人就不是接受‘损失补偿’,而是‘通过损失致富’。”①

另外,保险损失也不应当仅从投保人或被保险人单方的主观感受来考量,必须通过保险利益为中间因素来衡量,否则势必会“打开欺诈和最可怕的邪恶之门”②,“保险将成为欺骗性损失和夸大索赔的诱因。”③因此,保险损失既不是财产本身的损失,也不是投保人或被保险人主观感受的损失,而是通过保险利益这一中间桥梁而构建起来的关系的损失。正如英国著名保险法学者M. A. 克拉克教授所言:“尽管人们提及保险合同时,好像是对某些事物的保险,但是,保险合同并不承保任何东西,被保险的是对这样的事物拥有或负有责任的人,以防止由于对该事物的侵害和灭失或由于使用或滥用该事物而给被保险人带来的损失。”④

损失并非一个纯粹的法律概念,而是一个牵涉法律规定的经济性概念。在保险法上,真正意义的“财产”为“申请保险的人与被保险的物之间的‘关系’”。⑤ 也就是说,“财产必须是这样的,被保险人可以有理由期望通过财产的安全或按时得到而获得利益,或者由于财产的损失、损坏或延误而受到损害。”⑥故在保险法上,真正意义

---

① [美]马克·S. 道弗曼:《风险管理与保险原理》,齐瑞宗等译,清华大学出版社2009年版,第152页。

② [英]M. A. 克拉克:《保险合同法》,何美欢等译,北京大学出版社2002年版,第748页。

③ [美]马克·S. 道弗曼:《风险管理与保险原理》,齐瑞宗等译,清华大学出版社2009年版,第151页。

④ 转引自江朝国:《保险法基础理论》,中国政法大学出版社2002年版,第57页。

⑤ [美]埃米特·J. 沃恩、特丽莎·M. 沃恩:《危险原理与保险》,张洪涛等译,中国人民大学出版社2002年版,第174页。

⑥ [英]M. A. 克拉克:《保险合同法》,何美欢等译,北京大学出版社2002年版,第104页。

的"损失"是指这种"关系"遭受破坏的结果;而这种"关系"又是以"保险利益"之范畴来指称的,所以保险法理认为"损失为保险利益之反面"。总之,科学地定义保险损失的概念,须厘清保险利益、保险价值及保险标的物之间的复杂关系,摒弃保险损失为保险标的物之价值的错误观念,确立保险损失为保险利益遭到破坏的结果的正确观念,以还原保险损失之本质。

针对我国《保险法》及财产损失保险单规定不明确所引发的理赔争议问题,参照美国保险实务中对实际现金价值的不同定义及理论上保险补偿观念的发展趋势,试拟如下建议,以期对我国财产损失保险损失计量规则之构建有所助益。(1)在财产损失保险的保护对象上,应确立"使用价值"为其所保障的对象,故在计算损失时,不应简单支付保险标的物的"折旧价值"或"市场价值"。(2)在补偿观念上,应确立功能观念,补偿的目的在于恢复保险标的物的使用功能,不应简单以经济标准衡量被保险的损失。(3)在计算被保险人的损失金额时,应主要考量被保险人对保险标的物的使用意图,以因恢复保险标的物的使用功能所支出的费用为损失的计算标准。当然,这一费用应在保险合同所载明的保险金额的范围之内。(4)在保险条款的设计上,应对"实际损失"如何计算作出明确规定,并对被保险人进行明确说明,以使被保险人对所买保险有合理预期。(5)在签订保险合同时,应在法律允许的范围内允许双方当事人就不同险种分别约定不同的损失计算方法,以符合不同险种对损失估定的特殊要求。(6)应积极开办重置成本保险,以更大限度地保护被保险人之利益。(7)在保险立法上,《保险法》或相关司法解释应对《保险法》第55条第2款规定之"实际价值"作出明确界定,并列明其具体计算方法和适用范围,以减少实务中的争议。试拟条款如下:保险合同应对保险标的实际价值的计算方式及标准作出明确约定。没有约定或约定不明的,应根据保险标的的使用价值或被保险人对保险标的的使用意图来评估保险标的物的价值。

第三节　补偿的方式

保险法上的损失补偿原则强调“损失多少,补偿多少”。前述损失的计量解决了被保险人“损失多少”的问题,而补偿方式的确定则关乎被保险人获得给付的形式与获得保险金的多少的问题。以下讨论保险人补偿责任的方式,再就我国《保险法》规定的不足额保险比例制补偿方式做一反思,以期完善我国保险法相关规定。

一、保险实务中补偿方式之种类

保险人补偿责任的方式,主要包括现金、恢复原状、修理、重置四种。如图 1 所示。

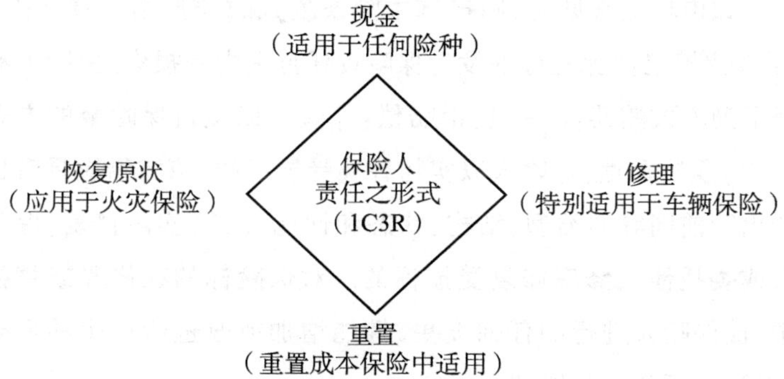

图 1　损失补偿方式

现金的给付方式适用于任何险种,以责任保险最适用。这种保险责任的承担方式是最明确、最适合解决理赔争议的方法。

恢复原状主要在保险标的因保险事故发生而遭受毁损时,保险人选择或基于法律规定使保险标的物恢复原状或以类似的实物赔偿,在火灾保险中使用较多。

修理常用于车辆保险,保险人亦可直接支付修理费用。

重置主要在重置成本保险中适用,保险合同约定为被保险人重新置换类似之财产,以填补其损失。

不同的补偿形式分别应用于不同种类的保险,于订立合同时由双方当事人根据保险的种类商定并载明于合同。

二、从比较法看我国现行法之缺失

(一)我国相关立法之缺失导致实务经营之混乱

关于补偿的方法,我国现行《保险法》并未有任何规定,而由保险合同双方当事人在保险合同中进行约定。这种立法上真空的状态,导致了保险实务中混乱的局面。

在我国的财产保险实务中,保险合同中一般约定多种补偿方式,待保险事故发生后,保险理赔时,由保险人选择以哪种方式进行补偿。如市场上常见的《财产基本险条款》和《家庭财产基本险(房屋)条款》规定:"保险标的发生保险责任范围内的损失,保险人有权选择下列方式赔偿:(一)货币赔偿:保险人以支付保险金的方式赔偿;(二)实物赔偿:保险人以实物替换受损标的,该实物应具有保险标的出险前同等的类型、结构、状态和性能;(三)实际修复:保险人自行或委托他人修理修复受损标的。对保险标的在修复或替换过程中,被保险人进行的任何变更、性能增加或改进所产生的额外费用,保险人不负责赔偿。"

观其内容,我国保险实务上有关混合型的给付方式,都做有利于保险人的规定。换言之,即选择权归属于保险人,被保险人无置喙之余地。基于保险法上补偿之需要性,保险之目的既然在于满足被保险人的补偿需要,则以何种方式补偿始能满足此等需要,只有被保险人知之最详；且于不足额保险中，若保险人选择恢复原状的方式，因此为不可分之给付，将来必发生损益相抵的问题。如此，不免有强迫交换的嫌疑；若以被保险人的立场出发，则每一宗理赔案件皆由被保险人事后决定补偿方式，将造成理赔作业之困难。

因此，在此两难之下，法律应作出原则性的规定，以此来规范实务之经营。

（二）国外立法之借鉴

德国保险合同法曾就保险人损失补偿之方式有原则性规定："保险人补偿损失应以金钱为之。"即原则上，保险人应以金钱给付作为损失填补的方式。此项规定置于损害保险章中之通则一节，故仅有损害保险适用此规定。若就保险法上个别损害的观点而言，由于其着重于个别物体的损害，则补偿损失的方式亦应以恢复原状较能与损害理论相配合。但保险法于此欲以金钱给付为原则，替代个别损害的观念。之所以如此，是因为保险制度本身具有货币经济的导向，且恢复原状将使保险给付复杂化。但由于本条并非强制规定，故并非不可在保险合同上另行约定补偿损失的方式。其第93条规定："根据保险合同的约定在重置或修理保险标的物的情形下，如果保险人仅有义务支付部分赔偿金，则除非重置或修理要求得到保险人的同意，否则投保人不能要求保险人承担超过保险价值的赔偿责任。如果由于投保人的过错导致保险标的物无法在合理期间内得到重置或修理，则投保人应在扣减保险价值后将保险金返还给保险人。"由此可见，在保险合同中，允许双方当事人根据保险合同的种类以及保险标的物的特质约定不同的保险给付方式，以顺应保险实务之需。

三、补偿方式立法之未来选择

保险法中规定一种补偿方式为我国保险实务之需，但保险法究竟应选择哪种补偿方式为保险补偿的基本方式？比较保险实务中的四种补偿方式，因修理和重置只适用于部分险种之中，不应作为一般的原则性规定；故只需比较金钱给付与恢复原状二者之优劣。

（一）金钱给付与恢复原状之比较

在民法上，损害赔偿之方式主要有两种：一为恢复原状，二为金钱赔偿。[①] 所谓恢复原状，是指恢复损害事件未发生时的状态。损害事件发生前之状态并非毫无标准，其指假设损害事件未发生而继续发展，于是提出恢复原状请求。损害赔偿义务人负担恢复原状的义务时，可能修缮该受损物或给付全新的同种类之物于权利人。故恢复原状之目的在于排除真实的损害。而所谓金钱赔偿则是按损害程度，以金钱估计，赔偿义务人给付被害人金钱，以填补其损失。此种赔偿方式在于补偿计算上的损害，而计算损害数额的时点与恢复原状的假设相同。换言之，金钱赔偿为价值的赔偿，其目的不在于排除真实的损害，而系补偿损害赔偿权利人之财产所发生之价值损失。

在上述两种损害赔偿方法中，比较二者，恢复原状乃恢复损害未发生前之状态，与损害赔偿之目的较为吻合，但事实上不能恢复者为多数；至于金钱赔偿，因所赔偿者为价值的损失，于各种损害赔偿场合均可适用，且较具有效率。但由于金钱赔偿系补偿计算上的损害，非直接将损害排除，不免与损害赔偿的目的有所出入。“英美法系认为金钱赔偿应得到优先的采用，在大陆法系各国，传统的制度和理念是让实际恢复原状得到优先的采用”[②]。

在保险法上，保险人损失填补之主要方式，亦不外乎上述之两种方式，但我国保险法并无明文规定以何者为原则，何者为例外。

① 曾世雄：《损害赔偿法原理》，中国政法大学出版社2001年版，第147页。
② 王军：《侵权损害赔偿制度比较研究》，法律出版社2011年版，第29页。

故两种不同之补偿方式在保险法上有如何不同之效果,值得讨论。第一,就履行之难易度而言,金钱给付显然较恢复原状易于执行。金钱给付义务的履行,若非巨额损失或资金调度发生困难,一般而言并无难处;但恢复原状则涉及许多技术上之困难,非保险人可独自处理的问题,且履行所需要的时间通常大于金钱给付。所以,恢复原状的补偿方式虽可直接排除损害,但未必对于被保险人最有利;反之,金钱给付虽然仅为一种价值的补偿,事实上损害的状况依旧存在,但对于补偿权利人与义务人,似为最佳之选择。第二,金钱履行之给付,可以主张抵销;恢复原状则不可能主张抵销。依民法规定,二人互负债务,而其给付种类相同,并均届清偿期者各得以其债务,与他方债务互相抵销。但依债务之性质不能抵销者,不在此限。因此,若被保险人对保险人负有金钱债务,而保险人依据保险合同对被保险人有损失补偿的义务,在二者之履行期皆已届至的情形下,保险人的金钱之给付,则可主张抵销;但保险人为恢复原状之给付,由于给付种类之不同,不得主张抵销。第三,金钱给付与恢复原状有关损益相抵之执行方式并不相同。为金钱给付之保险人主张损益相抵时,可以事先扣除的方式为之,但在恢复原状时,保险人不得以事先扣除的方式执行损益相抵。第四,不足额保险的概念对于给付金钱,其适用自无问题,但恢复原状之概念是否在不足额保险之给付中有适用之余地,不无异议。此涉及恢复原状给付之不可分性。在不足额保险中,不可能为部分的恢复。故若恢复原状在不足额保险中适用,必须要有特别的约定。虽然在理论上保险人可先为全部的恢复,再向要保人或被保险人请求偿还部分金额。但在实践中,其操作空间却不大。所以,金钱给付与恢复原状于不足额保险之适用上,并不相同。

综上,在保险的给付方式上,保险法应确立以金钱给付为原则,以恢复原状、修理、重置为例外的规定。其原因在于保险法上保险人本身并非加害人,其所为之损失补偿行为则系因为履行由保险合同所生之危险承担义务之手段,有关目的性考量之重点,似与民法不同。即保险法并非着眼于真实损害状况的排除,而是危险承担义务的快速具体履行。换言之,损失发生后,被保险人得尽快取得保险人之理赔金额,切实发挥保险危险承担之功能,始为保险人考虑损失补偿方式之首要因素。就保险人所具有集合多数危险之特性观之,若真以恢复原状为原则,除较易履行之险种外(如玻璃保险),其所带来之不便与成本消耗,将使保险人不堪负荷。综上所述,解释上以金钱给付作为损害填补之原则较佳。保险合同当事人间若另有考虑,则不妨碍在合同中自由约定。对此,我国保险法应增设条文,对此作出明文规定,以规范保险实务之经营。

(二)金钱给付原则下,不足额保险中保险金计算方式之选择

我国《保险法》第 55 条第 4 款规定:"保险金额低于保险价值的,除合同另有约定外,保险人按照保险金额与保险价值的比例承担赔偿保险金的责任。"由此可见,在保险金额低于保险价值的不足额保险情形下,我国保险法采用保险金额与保险价值的比例来确定保险人的保险责任。但关于不足额保险中保险人责任的计算方式,并非只有比例计算一种,除此之外,还有第一损失计算方式。我国《保险法》将比例制作为不足额保险赔付的原则,将第一损失方式作为例外,这种立法方式是否妥当,上述两种方式孰优孰劣,尤值探讨。

1. 比例制计算方式

在比例制补偿方式下,按保险合同中约定的保险金额与保险事故发生时保险标的的实际价值的比例来计算保险人应承担的保险责任。这种补偿方式是按保障程度,即保险金额与损失当时保险财

产的实际价值比例计算赔偿金额。其计算公式为

赔偿金额 = 损失金额 × (保险金额 ÷ 损失时保险标的之实际价值)

比例制补偿方式的理论依据在于,被保险人投保财产保险的目的就是要使受损财产获得充分保障,为此被保险人应该足额投保。如果确定的保险金额低于实际价值,则为不足额保险。不足额保险,不能获得足额补偿。正因如此,才产生了比例制补偿方式。

2. 第一损失计算方式

除比例制方式之外,有所谓第一损失计算方式,又称为第一次危险保险(First loss insurance)或实损补偿保险,①即在保险金额范围内,按被保险人所遭受的实际损失予以补偿。其特点是补偿金额一般等于损失金额,但是以不超过保险金额为限。即损失金额低于或相当于保险金额时,保险人补偿全部损失;损失金额高于保险金额时,保险人的补偿金额以保险金额为限。也就是说,赔付多少只决定于保险金额和损失金额。其计算公式为

(1)当损失金额≤保险金额时:补偿金额 = 实际损失

(2)当损失金额 > 保险金额时:补偿金额 = 保险金额

这种计算方式的逻辑依据是:将保险财产价值分为两部分,一部分是保险金额与实际价值相等的部分,作为足额投保,称第一危险、第一责任或第一损失,对这部分财产因危险发生后所导致的损失,保险人不作任何扣除而是全部赔付;另一部分是标的价值超过保险金额的部分,称为第二危险、第二责任或第二损失,对这部分损失保险人不承担责任。

在相同情形下,通过比例制计算方式与第一损失计算方式所计

---

① 参见袁宗蔚:《保险学——危险与保险》,首都经济贸易大学出版社2000年版,第217页。

算得出的保险金的数额会有较大不同。在同一房屋保险合同中，如果保险价值为100万元，保险金额为80万元。当遭受不同的实际损失时，二者计算出的保险金的数额是不同的，如表6所示。

表6 比例制与第一损失补偿方式对比 单位：万元

实际损失	比例制补偿方式	第一损失补偿方式
10	8	10
30	24	30
50	40	50
80	64	80
100	80	80

由上可知，只有在保险标的物全部损失时，比例制补偿方式与第一损失补偿方式计算得出的保险金的数额是一致的；在部分损失情形下，前者的数额总是小于后者的。众所周知，在保险实践中，保险财产发生全部损失的概率是很小的，而部分损失是常态，因此，比较而言，第一损失补偿方式是有利于被保险人的。

3. 不足额保险保险金计算方法之立法例考察

针对不足额保险保险金的计算方法，世界各国或地区有不同的立法例，可大致归纳为以下两种：(1)以比例制计算方法为原则，以第一损失计算方法为例外。比例制补偿方式并非我国《保险法》独创，日本、韩国及我国台湾地区等国家或地区的保险立法亦有相同或类似规定。日本《保险法》第19条规定，保险金额低于保险价值（约定保险价值存在时，该约定保险价值）的，保险人应支付的保险给付额为填补损害额乘以该保险金额与保险价值之比所得之数额。韩国《商法典》第674条规定，将部分保险价值加入保险时，保险人应按保险金额对保险价值的比例来承担补偿责任。但是，当事人之间另有约定时，保险人应以保险金额为限承担补偿其损害的责任。

(2)以第一损失计算方法为原则,以比例制计算方法为例外。在欧美等保险发达的国家或地区对不足额保险的规制中,大多确立了以第一损失计算方法为原则,以比例制计算方法为例外的立法。《欧洲保险合同法原则》第 8:102 条规定,即使保险金额少于保险事故发生时保险财产的价值,保险人也应赔偿不超过保险金额的任何承保范围内损失。如果保险人根据上款提供不足额保险,则其有权选择按照如下条件进行比例赔偿,即按照保险金额与保险事故发生时保险财产的实际价值之间的比例对损失进行赔偿。而且,在这种情形下,第 9:102 条规定的减损成本也应按照同样比例得到补偿。法国《保险合同法》第 L121 – 5 条规定,保险事故发生时,如果保险标的物的价值超过了保险合同的保险金额,则除非双方当事人另有约定,被保险人应当自己负担超出保险金额的那部分损失。由上可知,虽然仍有不少国家或地区采用比例制计算方法为原则的立法,但不难看出,在保险业发达的国家或地区,第一损失计算方式为立法之趋势。

不足额保险中保险金的计算方法应根据不同的险种、不同的费率计算标准等因素来确定。保险实践中应提供不同的计算方法由当事人选择。而保险法对此作出规定之目的在于当事人对此没有约定或约定不明时,给予法律上的指引。因此保险法的规定应衡平双方当事人之利益,以求合理解决争议。鉴于保险合同的附合性,保险法应着眼于保护被保险人的权利。我国的保险立法,将比例制计算方法作为不足额保险的一般计算方法,并不利于被保险人权益保护。通过立法的方式选择一种在最大限度上实现被保险人充分受偿权利的方式,而第一损失计算方法为当然之选择。未来保险法的修改,应将最有利于被保险人保护的第一损失计算方法作为一般原则,而将比例制补偿责任作为其例外,以实现实质公平。试将修改条款草拟如下:第 55 条第 4 款,保险事故发生时,保险金额低于保险价值的,除合同另有约定外,保险人应对保险金额范围内的承保损失承担保险金给付责任。

本章小结　损失补偿原则的生命在于实施

损失补偿原则在保险理赔环节的具体落实,是损失补偿原则精髓之具体呈现。因此,损失补偿原则不应只停留于理论的层面,应更多地付诸于实践。损失补偿原则之主要目标在于充分填补被保险人所遭受之实际损失,但又不能超过该实际损失。因此如何在二者之间权衡,成为损失补偿原则及其规则实施的目标。

在损失补偿原则下,衍生出了一系列的保险法上的重要制度。在单一保险中,足额保险、不足额保险、超额保险的保险给付规则,在保障被保险人获得足额补偿的前提下,避免了保险金额过大时被保险人超额受偿的情况;在多数保险中,重复保险、保险竞合的规则,在加强被保险人保障强度的前提下,可防止被保险人从多家保险公司重复受偿情形之发生;在多数债务人情形下,保险代位规则可防止被保险人既从保险公司领取保险金又从第三人处获得赔偿的情况。总之,这些规则是在保障被保险人充分受偿之前提下,防止了被保险人获得不当得利的情况的发生。

损失补偿原则的实施离不开超额保险、重复保险、保险竞合、保险代位等具体规则,但这些规则运行的前提是保险实践中对损失的计量和对补偿方式的选择。对于损失的计量,我国《保险法》规定按照保险标的的"实际价值"计算被保险人的损失;但"实际价值"一词语焉不详,缺乏明确的标准,未来改进之道,应构建以被保险人对保险标的的使用意图为标准的损失计量规则。对于补偿方式，我国《保险法》并无明文规定，而在保险实务中任由保险人选择适用，这种立法的疏漏在某种程度上损害了被保险人的利益，未来改进之道，应确立以金钱给付为原则，以恢复原状、修理、重置为例外的补偿方式。对于不足额保险的保险金的计算方法，我国《保险法》采用保险金额与保险价值的比例确定保险人的给付责任；然而这种计算方法不利于被保险人的权益保障且落后于先进国家的立法，未来改进之道，应确立以第一损失计算方法为原则，以比例制计算方法为例外的补偿原则。

结　语

保险制度以填补损失为目的，损失补偿原则即为这一目的实现所遵循的基本准则。因此，损失补偿原则在保险法中具有“奠基性的地位”①。作为保险法的基本原则之一，损失补偿原则的积极目的在于确保被保险人的投保损失得到充分补偿，使被保险人尽可能恢复到损失发生前的状态；而消极性目的则在于防止被保险人通过保险获得不当利益，以维护保险制度的运行。

我国现行《保险法》仅规定了超额保险、重复保险、保险代位等具体规则，而对损失补偿原则之概念未予明文规定。这种“上位概念隐而不显、具体制度明文列举”的立法格局，阻碍了学理上对损失补偿原则的深入探讨，妨碍了保险合同

① Walter Williams, *The Principle of Indemnity: A Critical Analysis*, 1960 Insurance Law Journal 471 (1960).

双方当事人权益之实现。根据本书上述研究，拟将主要观点总结如下：

1. 规范保险术语，区分民法上“损害赔偿”与保险法上“损失补偿”

保险法上的损失补偿原则，系由英文“The principle of indemnity”翻译而来。长期以来，我国保险法沿用民法上“损害赔偿”一词，并据此来解释保险法中的保险给付行为。然而，保险损失补偿与民法上的损害赔偿有着截然不同的理论依据和功能。保险之损失补偿，是保险人依据保险合同之约定，待保险事故发生之时，履行给付保险金的义务，从而达到补偿被保险人损失之目的。而损害赔偿则是基于违约或侵权而产生的法定的赔偿责任。据此，我国《保险法》第2条中“赔偿”一词应改为“补偿”或“给付”，以符合保险法之本质。

2. 补全损失补偿原则的体系结构

传统观点认为损失补偿原则之内容仅限于超额保险、重复保险、保险代位等具体规则，然而，损失补偿原则影响还涵摄保险利益、保险价值、保险金额等保险法上的重要概念或原则，这些概念或原则共同协助了损失补偿原则的实施。同时，保险合同中的除外责任条款、免赔额条款、共保条款等也是损失补偿原则的有机组成部分。这些内容相互支撑、相互作用，共同构成了损失补偿原则的动态体系。

3. 对保险合同应予以重新分类

我国现行《保险法》以保险合同中保险标的的性质作为分类标准，将保险合同区分为人身保险合同与财产保险合同，这种“二分法”是囿于传统保险业“人寿”与“财产”之业务形态而作出的区分。然而这种略显陈旧的分类方式并不具契约法分类意义，充其量仅为划分保险营业范围而设。保险合同法中,保险合同的分类应着眼于损失填补性质的不同而加以分类,方能体现保险合同的主要目的,并有效规范合同双方当事人的权利义务。在现代保险合同的分类模式中,以欧洲保险合同法整合团队制定的《欧洲保险合同法原则》为代表,将保险合同分为损失补偿保险与定额给付保险,并将二者分别定义。这种分类模式相较于传统的"二分法",更能有效规范合同的权利义务关系,可为我国《保险法》未来修改所参酌。

4. 损失补偿原则之规范性质逐渐柔软化

现代保险法不再墨守一旦违反损失补偿原则,保险合同就归于无效的传统,而是赋予损失补偿原则更广泛的含义,使之适用现今保险产品不断推陈出新、保险技术之革新日新月异的趋势。综观保险委付、追溯保险、定值保险及重置成本保险四大制度之形成,均为当事人双方通过合同条款对严格意义的损失补偿原则予以变通的结果。保险业者的实践推动保险法学说的发展与立法的改革,通过修正损失之定义及其量度规则来满足不同的险别之要求,通过调适补偿之观念来适应多元化的补偿需求。观念的更新与法律的改革缓解了传统严格意义的补偿原则在承保与理赔中的技术性困境,方便了损失补偿原则的实施,促进了保险理赔的迅捷与经济,保险的损失补偿功能也得到更加充分的发挥。

5. 增加关于重置成本保险的规定

重置成本保险是非常有价值的一类保险产品,其最大的优点在于可充分保护被保险人重新置换保险标的物的需求,以最大限度上实现保险的目的。从现代保险立法趋势来看,重置成本保险逐渐获得法律的承认。重置成本保险之施行始于德国,于 1928 年首次获得德国主管官署的核准;其后,法国、瑞士、日本等国,也相继开办重置成本保险。瑞典于 1980 年颁行的《消费者保险契约法》中,直接规定在房屋火灾保险等险种中，当被保险人的建筑物因火灾毁损时，由保险人直接补偿被保险人新建筑物。2008 年德国修改《保险合同法》时，于该法第 88 条、第 93 条再次确认重置成本保险之合法性。鉴于此，我国《保险法》应增加条款，以确认重置成本保险的合法地位。

6. 损失补偿原则之规范功能应着重强调充分补偿被保险人之实际损失

长期以来，我国保险法学说及立法例均着眼于损失补偿原则中禁止得利的消极功能，并将其作为损失补偿原则的全部内涵而加以强调；反而该原则最原初意义上充分补偿被保险人损失的积极功能被遗忘了。这种舍本逐末的逻辑思维，在一定程度上剥夺了被保险人获得充分补偿的权利。损失补偿原则在当代的发展表明，确保被保险人获得充分的补偿是保险合同之重心，禁止得利仅仅是其附属目标而已。损失补偿原则中，无论是内涵的界定、规则的构建，还是具体的操作运行，均应着眼于被保险人充分受偿权利的实现。据此，我国《保险法》第 56 条第 2 款应将现行之按份责任修改为连带责任，第 60 条第 3 款关于保险人的代位权应让位于被保险人的剩余损害赔偿请求权的规定应改为强制性规定，以彰显保险法充分保障被保险人充分受偿的权利。

7. 保险理赔中损失的计量应秉持“功能观念”

关于损失的计量，我国《保险法》第 55 条第 2 款规定按照保险事故发生时，保险标的物的“实际价值”作为保险金的计算依据。但“实际价值”一词语义不详，亦缺乏明确的计算方法。在保险实务操作中，以“经济观念”为指导，保险公司理赔时简单地套用数学公式（如重置成本 - 折旧）计算被保险人的损失或以其他价值（如市场价值）来替代，虽然简单易行，但恐有违损失补偿之初衷及保险之本旨。现代保险法秉持"功能观念",以保险标的物的"使用价值"为财产损失保险所保护的对象在评估被保险人损失时,被保险人对保险标的物的"使用意图"应作为关键要素予以考量。在合同没有明确约定的情况下,应以恢复保险标的物的使用功能所支出的费用为损失的计算标准。《保险法》或相关司法解释应对《保险法》第55条第2款规定之"实际价值"作出明确界定,并列明其具体计算方法和适用范围,以减少实务中的争议。

8.在不足额保险中,将比例制补偿方式改为第一损失补偿方式

我国《保险法》第55条第4款在保险金额低于保险价值的不足额保险情形下,采用保险金额与保险价值的比例来确定保险人的保险责任。在不足额保险中保险人责任的计算方式中,相较于比例制补偿方式,第一损失补偿方式更有利于被保险人权利的保障。我国《保险法》将比例制补偿方式作为不足额保险赔付的原则,将第一损失补偿方式作为例外,这种立法方式有违保险法之立法本旨。未来修改之际,应借鉴《欧洲保险合同法原则》第8:102条、法国《保险合同法》第L121-5条之规定,第一损失补偿方式作为不足额保险中保险人责任的确定方式,以彰显保险法保护被保险人权益之本质。

附：我国《保险法》相关规定修改建议

我国《保险法》关于损失补偿原则之规定有许多亟待完善之处，结合本书上述论证，以下将修改之建议加以汇总，并按照现行法之条文顺序整理如表7所示。

表7　我国《保险法》相关规定修改建议

序号	现行保险法之规定	建议修改内容	修改理由	对应章节
第2条	本法所称保险，是指投保人根据合同约定，向保险人支付保险费，保险人对于合同约定的可能发生的事故因其发生所造成的财产损失承担	本法所称保险，是指投保人根据合同约定，向保险人支付保险费，保险人对于合同约定的可能发生的事故因其发生所造成的财产损失承担	"损失赔偿"一词使用欠妥，有违保险法理，应该将其修改为"补偿"或"给付"，以符合保险法之真谛	第一章第一节

续表

序号	现行保险法之规定	建议修改内容	修改理由	对应章节
第2条	赔偿保险金责任，或者当被保险人死亡、伤残、疾病或者达到合同约定的年龄、期限等条件时承担给付保险金责任的商业保险行为	补偿保险金责任，或者当被保险人死亡、伤残、疾病或者达到合同约定的年龄、期限等条件时承担给付保险金责任的商业保险行为		
第12条第2、3款	人身保险是以人的寿命和身体为保险标的的保险。 财产保险是以财产及其有关利益为保险标的的保险	损失补偿保险是指保险人填补因保险事故发生所造成的损失的保险合同。定额给付保险是指保险人于事故发生时，依约定给付一定金额的保险合同	将“人身/财产”之传统二分法改为“损失补偿/定额给付”之现代二分法	第四章第二节
第18条第4款	保险金额是指保险人承担赔偿或者给付保险金责任的最高限额	保险金额是指保险人承担保险金给付责任的最高限额。保险人应于承保前，查明保险标的物的实际价值，不得超额承保	增加保险人查明实际价值的义务，防止保险人超额承保	第一章第三节

续表

序号	现行保险法之规定	建议修改内容	修改理由	对应章节
第55条		在第55条之前增订以下规定：第××条：保险价值是被保险人对保险标的物所享有的保险利益的价额。 第××条：除非双方当事人另有约定，保险价值应被认定为保险事故发生时替换或修理费用减去保险标的物折旧之费用	增加保险价值的定义，并对其衡量方式作出规定，以有效规范保险经营	第一章第三节
第55条第2款		在第55条第2款之后增加以下内容：保险合同应对保险标的的实际价值的计算方式及标准作出明确约定。没有约定或约定不明的，应根据保险标的的使用价值或被保险人对保险标的的使用意图来评估保险标的物的价值	对实际损失的计算方法作出原则性规定，以最大限度保护被保险人利益	第五章第二节

续表

序号	现行保险法之规定	建议修改内容	修改理由	对应章节
第55条第2款		继续增订：根据保险合同的约定在重置或修理保险标的物的情形下，如果保险人仅有义务支付部分保险金，则除非重置或修理要求得到保险人的同意，否则投保人不能要求保险人承担超过保险价值的责任。如果由于被保险人的过错导致保险标的物无法在合理期间内得到重置或修理，则被保险人应在扣减保险价值后将保险金返还给保险人	增加关于重置成本保险的规定，确认重置成本保险的合法地位	第二章第三节
第55条第3款	保险金额不得超过保险价值。超过保险价值的，超过部分无效，保险人应当退还相应的保险费	保险金额不得超过保险价值。超过保险价值的，如因当事人一方欺诈所致，他方可解除合同，并可请求赔偿损失；如无欺诈情形，则超过部分无效，保险人应当退还相应的保险费	区分善意与恶意超额保险	第一章第三节

续表

序号	现行保险法之规定	建议修改内容	修改理由	对应章节
第55条第4款	保险金额低于保险价值的，除合同另有约定外，保险人按照保险金额与保险价值的比例承担赔偿保险金的责任	保险事故发生时，保险金额低于保险价值的，除合同另有约定外，保险人应对保险金额范围内的承保损失承担保险金给付责任	将比例制补偿方式修改为第一损失补偿方式	第五章第三节
第56条第1款	重复保险的投保人应当将重复保险的有关情况通知各保险人	重复保险的投保人应当将重复保险的有关情况通知各保险人。投保人故意不为该通知义务，或意图获得不当得利而为重复保险的，除合同另有约定外，保险合同无效	区分善意重复保险与恶意重复保险	第一章第四节
第56条第2款	重复保险的各保险人赔偿保险金的总和不得超过保险价值。除合同另有约定外，各保险人按照其保险金额与保险金额总和的比例承担赔偿保险金的责任	重复保险的各保险人赔偿保险金的总和不得超过保险价值。除合同另有约定外，各保险人在其所保金额的范围内，承担连带给付义务。保险人给付保险金后，依照各个保险合同的保险金额与保险金额总和的比例，享有向其他保险人追偿的权利	将现行之按份责任修改为连带责任	第三章第三节

续表

序号	现行保险法之规定	建议修改内容	修改理由	对应章节
第58条		增加第58条第3款：投保人与保险人均不解除保险合同的，除合同另有约定外，保险人仍在原合同范围内承担相应责任	补充双方当事人在不解除合同的情形下，保险责任的承担问题	第一章第三节
第60条第3款	保险人依照本条第一款规定行使代位请求赔偿的权利，不影响被保险人就未取得赔偿的部分向第三者请求赔偿的权利	保险人依照本条第一款规定行使代位请求赔偿的权利，不得影响被保险人就未取得赔偿的部分向第三者请求赔偿的权利	改为强制性规定，以彰显保险法充分保障被保险人权益的坚定性	第三章第三节

参考文献

一、中文类

(一)中文著作

[1]曾隆兴:《详解损害赔偿法》,中国政法大学出版社2004年版。

[2]曾世雄:《损害赔偿法原理》,中国政法大学出版社2001年版。

[3]陈顾远编著:《保险法概论》,新北,正中书局1946年版。

[4]陈欣:《保险法》,北京大学出版社2010年版。

[5]陈猷龙:《保险法论》,台北,瑞兴图书股份有限公司2010年版。

[6]韩世远:《合同法总论》,法律出版社2018年版。

[7]樊启荣:《保险法诸问题与新展望》,北京大学出版社2015年版。

[8]樊启荣:《保险契约告知义务制度论》,中国政法大学出版社2004年版。

[9]傅廷中:《保险法论》,清华大学出版社2011年版。

[10]高景芳、赵宗更:《行政补偿制度研究》,天津大学出版社2005年版。

[11]管欧、刘得宽、陈荣宗等编著:《法律类似语辨异》,台北,五南图书出版公司1997年版。

[12]桂裕编著:《保险法论》,台北,三民书局1981年版。

[13]胡建淼主编:《行政法教程》,法律出版社1996年版。

[14]黄公觉:《损害赔偿法概论》,商务印书馆1936年版。

[15]黄丽娟:《论保险代位权制度的构建——以权利法定代位的制度选择为中心》,法律出版社2013年版。

[16]黄勇、李之彦编著:《英美保险法经典案例评析》,中信出版社2007年版。

[17]贾林青:《保险法》,中国人民大学出版社2009年版。

[18]江朝国编纂:《保险法规汇编》,台北,元照出版有限公司2002年版。

[19]江朝国:《保险法基础理论》,中国政法大学出版社2002年版。

[20]江朝国:《保险法论文集(一)》,台北,瑞兴图书股份有限公司1996年版。

[21]江朝国:《保险法论文集(二)》,台北,瑞兴图书股份有限公司1997年版。

[22]江朝国:《"保险法"逐条释义》(第2卷保险契约),台北,元照出版有限公司2013年版。

[23]江朝国:《"保险法"逐条释义》(第3卷财产保险),台北,

元照出版有限公司 2015 年版。

[24]孔涤庵编著:《保险法》,商务印书馆 1936 年版。

[25]黎建飞、王卫国:《保险法教程》,北京大学出版社 2009 年版。

[26]李玉泉主编:《保险法学——理论与实务》,高等教育出版社 2007 年版。

[27]梁鹏:《保险人抗辩限制研究》,中国人民公安大学出版社 2008 年版。

[28]梁宇贤:《保险法新论》,中国人民大学出版社 2004 年版。

[29]林宝清编著:《保险法原理与案例》,清华大学出版社 2006 年版。

[30]林诚二:《民法债编总论——体系化解说》,中国人民大学出版社 2003 年版。

[31]林群弼:《保险法论》,台北,三民书局 2006 年版。

[32]林勋发:《保险契约效力论》,台北,政治大学法学丛书编辑委员会 1996 年版。

[33]林勋发教授六秩华诞祝寿论文集编辑委员会:《保险法学之前瞻》,台北,元照出版有限公司 2011 年版。

[34]刘建勋:《保险法典型案例与审判思路》,法律出版社 2012 年版。

[35]刘宗荣:《新保险法——保险契约法的理论与实务》,中国人民大学出版社 2009 年版。

[36]马俊驹、余延满:《民法原论》,法律出版社 1998 年版。

[37]潘文章:《保险学:原理与个案》,台北,三民书局 1982 年版。

[38]邱锦添等编著:《最新两岸保险法之比较——兼述 2009 年

大陆保险法合同规定之评析》，台北，文史哲出版社 2010 年版。

[39]任自力、周学峰：《保险法总论》，清华大学出版社 2010 年版。

[40]沈岿：《国家赔偿法：原理与案例》，北京大学出版社 2011 年版。

[41]施文森：《保险法论文集（一）》，台北，三民书局 1988 年版。

[42]施文森：《保险法总论》，台北，三民书局 1985 年版。

[43]史尚宽：《债法总论》，中国政法大学出版社 2000 年版。

[44]司坡森：《论国家补偿》，中国法制出版社 2005 年版。

[45]司玉琢、李志文主编：《中国海商法基本理论专题研究》，北京大学出版社 2009 年版。

[46]覃有土、樊启荣：《保险法学》，高等教育出版社 2003 年版。

[47]佟柔主编：《民法原理》，法律出版社 1986 年版。

[48]汪鹏南：《海上保险合同法详论》，大连海事大学出版社 1996 年版。

[49]汪信君、廖世昌：《保险法理论与实务》，台北，元照出版有限公司 2006 年版。

[50]王萍：《保险利益研究》，机械工业出版社 2004 年版。

[51]王孝通：《保险法论》，会文堂新记书局 1937 年版。

[52]王泽鉴：《民法学说与判例研究》，北京大学出版社 2015 年版。

[53]王泽鉴：《侵权行为》，北京大学出版社 2009 年版。

[54]温世扬主编：《保险法》，法律出版社 2016 年版。

[55]吴荣清：《财产保险概要》，台北，三民书局 1992 年版。

[56]武亦文：《保险代位的制度构造研究》，法律出版社 2013

年版。

[57]最高人民法院保险法司法解释起草小组编著:《〈中华人民共和国保险法〉保险合同章条文理解与适用》,中国法制出版社 2010 年版。

[58]谢宪、李有根主编:《保险判例百选》,法律出版社 2012 年版。

[59]徐卫东主编:《保险法学》,科学出版社 2009 年版。

[60]许崇苗、李利:《保险合同法理论与实务》,法律出版社 2002 年版。

[61]许谨良:《保险学》,高等教育出版社、上海社会科学院出版社 2000 年版。

[62]薛波主编:《元照英美法词典》,法律出版社 2003 年版。

[63]杨芳:《可保利益效力研究》,法律出版社 2007 年版。

[64]杨良宜:《海上货物保险》,法律出版社 2010 年版。

[65]杨仁寿:《海上保险法论》,台北,三民书局 1996 年版。

[66]姚天冲:《国家补偿法律制度专论》,东北大学出版社 2008 年版。

[67]叶启洲:《保险法实例研习》,台北,元照出版有限公司 2011 年版。

[68]叶启洲:《保险法专题研究》,台北,元照出版有限公司 2003 年版。

[69]尹田主编:《中国保险市场的法律调控》,社会科学文献出版社 2000 年版。

[70]尹章华:《保险契约法专论》,台北,文笙书局股份有限公司 1991 年版。

[71]袁宗蔚:《保险学——危险与保险》,首都经济贸易大学出

版社 2000 年版。

[72]詹昊、陈百灵、冯修华:《保险法原理精解与典型案例评析》,中国法制出版社 2007 年版。

[73]张民安:《现代法国侵权责任制度研究》,法律出版社 2003 年版。

[74]张文显:《法哲学范畴研究》,中国政法大学出版社 2001 年版。

[75]张湘兰主编:《海上保险与索赔理赔》,人民法院出版社 2002 年版。

[76]郑玉波:《保险法论》,台北,三民书局 2000 年版。

[77]中国保险学会《中国保险史》编审委员会编:《中国保险史》,中国金融出版社 1998 年版。

[78]朱作贤:《海上保险法补偿原则研究》,法律出版社 2009 年版。

(二)中文译著

[1][澳]彼得·凯恩:《阿蒂亚论事故、赔偿及法律》,王仰光等译,中国人民大学出版社 2008 年版。

[2][德]格哈德·瓦格纳:《损害赔偿法的未来——商业化、惩罚性赔偿、集体性损害》,王程芳译,熊丙万、李翀校,中国法制出版社 2012 年版。

[3][德]汉斯-贝恩德·舍费尔、克劳斯·奥特:《民法的经济分析》,江清云、杜涛译,法律出版社 2009 年版。

[4][俄]E. A. 苏哈诺夫主编:《俄罗斯民法》(第 4 册),付荣译,中国政法大学出版社 2011 年版。

[5][加拿大]威廉·台特雷:《国际海商法》,张永坚等译,法律出版社 2005 年版。

[6][美]A. L. 科宾:《科宾论合同》(下册),王卫国等译,中国大百科全书出版社 1998 年版。

[7][美]C. 小阿瑟·威廉斯、迈克尔·L. 史密斯、彼得·C. 扬:《风险管理与保险》,马从辉、刘国翰译,经济科学出版社 2000 年版。

[8][美]G. 吉尔摩、C. L. 布莱克:《海商法》(上),杨召南等译,中国大百科全书出版社 2000 年版。

[9][美]埃米特·J. 沃恩、特丽莎·M. 沃恩:《危险原理与保险》,张洪涛等译,中国人民大学出版社 2002 年版。

[10][美]贝纳德·L. 威布、亚瑟·L. 福里特纳、杰罗姆·特鲁品:《商业保险》,于小东、英勇译,北京大学出版社 2003 年版。

[11][美]E. 博登海默:《法理学——法哲学及其方法》,邓正来、姬敬武译,华夏出版社 1987 年版。

[12][美]哈林顿、尼豪斯:《风险管理与保险》,陈秉正等译,清华大学出版社 2001 年版。

[13][美]杰弗里·费里尔、迈克尔·纳文:《美国合同法精解》,陈彦明译,北京大学出版社 2009 年版。

[14][美]康斯坦斯·M. 卢瑟亚特、巴里·D. 史密斯、埃里克·A. 威宁:《财产与责任保险原理》,英勇、于小东译,北京大学出版社 2003 年版。

[15][美]肯尼思·布莱克、哈罗德·斯基博:《人寿与健康保险》,孙祁祥、郑伟等译,经济科学出版社 2003 年版。

[16][美]肯尼斯·S. 亚伯拉罕:《美国保险法原理与实务》,韩长印等译,中国政法大学出版社 2012 年版。

[17][美]马克·S. 道弗曼:《风险管理与保险原理》,齐瑞宗等译,清华大学出版社 2009 年版。

[18][美]迈克尔·D. 贝勒斯:《法律的原则:一个规范的分

析》,张文显等译,中国大百科全书出版社 1996 年版。

[19][美]皮特·纽曼主编:《新帕尔格雷夫法经济学大辞典》(第 2 卷),许明月、夏登峻主编,法律出版社 2003 年版。

[20][美]乔治·E. 瑞达:《风险管理与保险原理》,刘春江、王欢译,中国人民大学出版社 2010 年版。

[21][美]乔治·迪翁:《保险经济学前沿问题研究》,朱铭来、田玲、魏华林等译,中国金融出版社 2007 年版。

[22][美]斯蒂文·萨维尔:《事故法的经济分析》,翟继光译,北京大学出版社 2004 年版。

[23][美]所罗门·许布纳等:《财产和责任保险》,陈欣等译,中国人民大学出版社 2002 年版。

[24][美]小罗伯特·H. 杰瑞、道格拉斯·R. 里士满:《美国保险法精解》,李之彦译,北京大学出版社 2009 年版。

[25][美]约翰·F. 道宾:《美国保险法》(第 4 版),梁鹏译,法律出版社 2008 年版。

[26][日]加腾修:《国际海上运输货物保险实务》,周学业、王秀芬译,大连海事大学出版社 1995 年版。

[27][日]田边康平:《保险契约法》,廖淑慧译,财团法人保险事业发展中心 1993 年版。

[28][日]中西正明:《伤害保险契约之法理》,盛钰译,财团法人保险事业发展中心 1996 年版。

[29][英]F. A. 哈耶克:《自由秩序原理》(上),邓正来译,三联书店 1997 年版。

[30][英]H. A. L. 科克雷尔、埃德温·格林:《英国保险史》,邵秋芬、颜鹏飞译,武汉大学出版社 1988 年版。

[31][英]M. A. 克拉克:《保险合同法》,何美欢等译,北京大学

出版社 2002 年版。

[32][英]P. S. 阿狄亚:《合同法导论》,赵旭东等译,法律出版社 2002 年版。

[33][英]P. S. 阿蒂亚:《"中彩"的损害赔偿》,李利敏、李昊译,北京大学出版社 2012 年版。

[34][英]奥梅、希尔:《OMAY 海上保险——法律与保险单》,郭国汀等译,法律出版社 2002 年版。

[35][英]哈罗德·A. 特纳:《海上保险原理》,李学锋等译,中国金融出版社 1987 年版。

[36][英]约翰·T. 斯蒂尔:《保险的原则与实务》,孟兴国、徐韦等译,中国金融出版社 1992 年版。

[37][英]约翰·伯茨:《现代保险法》,陈丽洁译,河南人民出版社 1987 年版。

(三)中文论文

[1][奥]海尔穆特·库奇奥:《损害赔偿法的重新构建:欧洲经验与欧洲趋势》,朱岩译,载《法学家》2009 年第 3 期。

[2]常成、许涛:《论中间性保险的法律规制——兼谈对保险法相关条款的修改》,载贾林青、许涛主编:《海商法保险法评论》(第 2 卷),知识产权出版社 2007 年版。

[3]邓辉:《论违反强制性规范民事行为之法律效力》,载《江西财经大学学报》2004 年第 5 期。

[4]樊启荣:《"人身保险无保险代位规范适用"质疑——我国〈保险法〉第 68 条规定之妥当性评析》,载《法学》2008 年第 1 期。

[5]樊启荣:《保险损害补偿原则研究——兼论我国保险合同立法之分类与重构》,载《中国法学》2005 年第 1 期。

[6]樊启荣:《复保险中损失分摊原则之现代整合——兼论〈中

华人民共和国保险法〉第 56 条第 2、4 款之完善》，载《法商研究》2012 年第 6 期。

[7]樊启荣：《中国保险立法之反思与前瞻——为纪念中国保险法制百年而作》，载《法商研究》2011 年第 6 期。

[8]韩长印：《不足额保险比例赔付的逻辑误区及其校正》，载《法学》2008 年第 11 期。

[9]强文瑶、韩璐璐：《农业气象新指数保险合同纠纷的法律争议问题探析》，载《保险职业学院学报》2019 年第 4 期。

[10]黄丽娟：《被保险人优先受偿原则在中间性保险领域的修正——来自于美国的经验启示》，载《西安交通大学学报》（社会科学版）2012 年第 6 期。

[11]江朝国：《对价平衡原则介入契约自由之界限——善意复保险危险发生后不得请求保费返还》，载《台湾法学杂志》2010 年第 165 期。

[12]江朝国：《社会保险、商业保险在福利社会中的角色——以健康安全及老年经济安全为中心》，载《月旦法学杂志》2010 年第 4 期。

[13]江朝国：《说明义务免除与对价平衡之个案判断》，载《月旦法学教室》2012 年第 115 期。

[14]姜南：《论保险法上的损失补偿原则》，载《保险研究》2008 年第 3 期。

[15]刘凯湘、曾燕斐：《论侵权法的社会化——以侵权法与保险的关系为重点》，载《河南财经政法大学学报》2013 年第 1 期。

[16]马天柱：《相对强制性规范——保险格式条款规制的特殊技术》，载《保险研究》2016 年第 11 期。

[17]孟一坤：《论农业天气指数保险的可保利益和损失补

偿——一个法经济学视角》,载《上海保险》2016 年第 2 期。

[18]宁金成、田土城:《民法上之损害研究》,载《中国法学》2002 年第 2 期。

[19]皮立波:《意外险、健康险:保险业的"第三领域"》,载《中国保险报》2002 年 9 月 26 日。

[20]任自力:《保险损失补偿原则适用范围思考》,载《中国法学》2019 年第 5 期。

[21]孙鹏:《论违反强制性规定行为之效力——兼析〈中华人民共和国合同法〉第 52 条第 5 项的理解与适用》,载《法商研究》2006 年第 5 期。

[22]汪信君:《欧洲保险契约法之统合与原则之发展——以损失填补原则为中心》,载《保险法学之前瞻》,台北,元照出版有限公司 2011 年版。

[23]汪志刚:《论民法上损害概念的形成视角》,载《法学杂志》2008 年第 5 期。

[24]王泽鉴:《损害概念及损害分类》,载《月旦法学杂志》2005 年第 124 期。

[25]王泽鉴:《损害赔偿法的体系、请求权基础、归责原则及发展趋势》,载《月旦法学杂志》2005 年第 119 期。

[26]王泽鉴:《损害赔偿法之目的:损害填补、损害预防、惩罚制裁》,载《月旦法学杂志》2005 年第 123 期。

[27]王泽鉴:《危险社会、保护国家与损害赔偿法》,载《月旦法学杂志》2005 年第 117 期。

[28]温世扬:《"中间性保险"及其私法规制》,载《北方法学》2013 年第 3 期。

[29]叶启洲:《论保险法上利得禁止原则之规范拘束力》,载

《东海大学法学研究》2015 年第 47 期。

[30] 杨桂元:《保险对损害赔偿责任法之影响》,载《月旦法学杂志》2001 年第 73 期。

[31] 周迅:《当前保险合同纠纷案件审理中存在的主要问题及对策分析——以基层法院相关案件的审理为依据》,载《法律适用》2013 年第 2 期。

二、英文类

(一)英文著作

[1] A. A. Tarr, *Australian insurance law*, Law Book Co. , 1991.

[2] Alison Padfield, *Insurance Claims*, Tottel Publishing, 2007.

[3] Hardy Ivamy, *General Principles of Insurance Law*, London Butterworth, 1986.

[4] John Birds, *Bird's Modern Insurance Law*, Sweet & Maxwell, 2010.

[5] John Lowery, Philip Rawlings, *Insurance Law: Doctrines and Principles*, Oxford Portlano, 2005.

[6] M. Mustill, J. Gilman, *Arnould's Marine Insurance and Average*, Stevens & Sons London, 1981.

[7] Nicholas Legh-Jones, *MacGillivray on Insurance Law*, Sweet & Maxwell, 2008.

[8] Raoul Colinvaux, *The Law of Insurance*, Sweet & Maxwell, 1984.

[9] Ray Hodgin, *Insurance Law*, Cavendish Publishing, 1998.

[10] Robert E. Keeton, *Insurance Law-Basic Text*, West Publishing Co. ,1971.

[11] Robert Merkin, *Colinvaux's Law of Insurance*, Sweet &

Maxwell, 2010.

[12] Tom Baker, *Insurance Law and Policy*, Aspen Publishers, 2008.

(二)英文论文

[1] A. A. Tarr, *The Measure of Indemnity under Property Insurance Policies*, 2 Canterbury Law Review 107 (1983).

[2] Adley M. Shulman, *Insurance Valuation and Adjustment of Fire Loss on Dewellings: California Law v. South California Practice*, 5 UCLA Law Review 248 (1958).

[3] Carol Kaesebier, *Invitation to Arson: Indiana's Interpretation of Actual Cash Value*, 16 Valparaiso University Law Review 483 (1982).

[4] Charles E. Schalliol, *The Broad Evidence Rule and Fire Insurance and Tort Recoveries for Household Goods*, 1973 Insurance Law Journal 365 (1973).

[5] David A. Fischer, Robert H. Jerry, Ⅱ, *Teaching Torts without Insurance: A Second-Best Solution*, 45 Saint Louis University Law Journal 857 (2001).

[6] Douglas R. Richmond, Darren S. Black, *Expanding Liability Coverage: Insured Contracts and Additional Insured*, 44 Drake Law Review 781 (1996).

[7] Douglas R. Richmond, *Issues and Problems in Other Insurance, Multiple Insurance and Self-insurance*, 22 Pepperdine Law Review 1373 (1995).

[8] Emeric Fischer, *The Rule of Insurable Interest and the Principle of Indemnity: Are They Measures of Damages in Property

Insurance? 56 Indiana Law Journal 445 (1981).

[9] Ernest J. Weinrib, *Corrective Justice in a Nutshell*, 52 University of Toronto Law Journal 349 (2002).

[10] Harold H. Reader, *Modern Day Actual Cash Value: Is It What the Insurers Intend*? 22 Tort & Insurance Law Journal 282 (1987).

[11] Ivar Strahl, *Tort Liability and Insurance*, 3 Scandinavian Studies in Law 199 (1959).

[12] Jack A. Gilbert, *Actual Cash Value Revisited*, 4 Canadian Business Law Journal 120 (1979).

[13] James R. Detamore, *Functional Value vs. Actual Cash Value in Partial Loss Settlements*, 50 Insurance Counsel Journal 332 (1983).

[14] Jeffrey E. Thomas, Brad M. Wilson, *The Indemnity Principle: Evolution from a Financial to a Functional Paradigm*, 10 Journal of Risk Management & Insurance 1 (2005).

[15] Johnny Parker, *Replacement Cost Coverage: A Legal Primer*, 34 Wake Forest Law Review 295 (1999).

[16] John D. Ingram, *Reducing the Incentive for Arson: The Broad Evidence Rule*, 29 Drake Law Review 761 (1979 – 1980).

[17] John G. Fleming, *Is there a future for tort law*? 44 Louisiana Law Review 1193 (1984).

[18] John L. Palmer, *Cheeks v. California Fair Plan Ass'n: "Actual Cash Value" is Still Synonymous with "Fair Market Value" in California; Do the Court Know What This Mean*? 26 Western State University Law Review 183 (1999).

[19] J. P. Van Niekerk, *Maintaining the Principle of Indemnity: Theory and Practice*, 1996 Journal of South African Law 572 (1996).

[20] Mark C. Guthrie, *Other Insurance Conflicts: A Common-Sense Proposal*, 36 Baylor Law Review 689 (1984).

[21] M. F. B. Reinecke, *The Basis of Insurance: The Indemnity Theory Revisited*, 2001 Journal of South African Law 222 (2001).

[22] Michael L. Smith, *A Reexamination of Coinsurance Clauses*, 47 The Journal of Risk and Insurance 506 (1980).

[23] Norman A. Miller, *Property Losses and the Broad Evidence Rule*, 4 Forum 299 (1969).

[24] Osborne J. Dykes, *Actual Cash Value: The Magic Words-What Do They Mean?* 16 Forum 391 (1981).

[25] Robert McWilliams, *Valuation of Buildings for Insurance Purposes*, 1952 Insurance Law Journal 525 (1952).

[26] Thomas Raeburn Jr. White, *The Actual Cash Value of Obsolete Buildings*, 30 Insurance Counsel Journal 112 (1963).

[27] Walter Williams, *The Principle of Indemnity: A Critical Analysis*, 1960 Insurance Law Journal 471 (1960).

